天津社会发展报告
（2024）

主　　编　钟会兵　蔡玉胜　王　双

执行主编　李培志

天津社会科学院出版社

图书在版编目（CIP）数据

天津社会发展报告. 2024 / 钟会兵，蔡玉胜，王双
主编. -- 天津 : 天津社会科学院出版社，2024.1
　（天津蓝皮书）
　ISBN 978-7-5563-0929-0

　Ⅰ. ①天… Ⅱ. ①钟… ②蔡… ③王… Ⅲ. ①社会发
展－研究报告－天津－2024 Ⅳ. ①D672.1

中国国家版本馆 CIP 数据核字(2023)第 207952 号

天津社会发展报告. 2024
TIANJIN SHEHUI FAZHAN BAOGAO . 2024
责任编辑：杜敬红
责任校对：吴　琼
装帧设计：高馨月
出版发行：天津社会科学院出版社
地　　址：天津市南开区迎水道 7 号
邮　　编：300191
电　　话：（022）23360165
印　　刷：天津鑫浩林云印科技有限公司
开　　本：787×1092　　1/16
印　　张：18.25
字　　数：278 千字
版　　次：2024 年 1 月第 1 版　　2024 年 1 月第 1 次印刷
定　　价：108.00 元

前　言

　　2023年是全面贯彻党的二十大精神的开局之年,也是天津全面建设社会主义现代化大都市的关键一年。这一年,天津积极践行新发展理念,融入新发展格局,通过实施"十项行动",推动经济社会高质量发展。这一年,天津深入贯彻以人民为中心的发展思想,坚持在发展中保障和改善民生,扎实推进共同富裕,持续增进民生福祉,不断提高人民生活品质,社会建设与社会治理取得显著成效。

　　《天津社会发展报告(2024)》集中反映了2023年天津社会发展的总体形势,深入分析了天津社会发展面临的挑战与问题,并提出了未来一年乃至更长时间推动天津社会高质量发展的思路和对策。本报告综合运用文献分析、实地调研、走访座谈、问卷调查和统计分析等多种社会研究方法,力求真实、准确、系统地反映天津社会发展的生动实践。

　　《天津社会发展报告(2024)》收录了"天津社会发展2023年十大亮点和2024年十大看点"和20篇研究报告。研究报告分为总报告、分报告和专题报告三部分。总报告为"天津市社会发展形势分析报告(2024)";分报告包括"天津市人口发展研究报告""天津市就业发展研究报告""天津市教育发展研究报告""天津市社会保障发展研究报告""天津市卫生健康事业发展研究报告""天津市公共文化服务发展研究报告""天津市平安建设研究报告""天津市慈善事业发展研究报告""天津市老龄事业发展研究报告""天津市妇女事业发展研究报告""天津市青年发展研究报告"11篇;专题报告包括"京津冀生态环境协同治理研究报告""京津冀公共服务共建共享发展研究报告""天津市社区治理研究报告""天津市网络舆情分析研究报告""天津市全媒体传播体系建设研究报告""天津市职业教育国际化发展研究报告""天津市'高精尖缺'人才培育研究报告""天津市滨海新区家庭服务发展研究报告"8篇。

《天津社会发展报告（2024）》由天津社会科学院组织编撰，作者来自天津社会科学院、天津市教育科学研究院、天津市生态环境科学研究院、天津市医学科学技术信息研究所等单位。

值此《天津社会发展报告（2024）》出版之际，感谢各相关单位给予的大力支持和帮助，感谢天津社会科学院出版社诸位老师的辛苦付出。此外，对蓝皮书的编写、出版提供帮助的同仁和各界朋友还有许多，在此一并致以谢意！

目　录

总报告

分报告

专题报告

天津社会发展 2023 年十大亮点和 2024 年十大看点

天津社会科学院课题组①

一、天津社会发展 2023 年十大亮点

亮点一:"十项行动"见行见效,天津高品质生活图景渐次展开

2023 年是全面贯彻党的二十大精神的开局之年。为深入推动党的二十大精神落地落实,天津集中力量实施"十项行动",将党中央宏伟蓝图转化为天津施工图和项目清单。"十项行动"中涉及社会建设领域的主要有"科教兴市、人才强市行动""中心城区更新提升行动""乡村振兴全面推进行动""绿色低碳发展行动""高品质生活创造行动""党建引领基层治理行动"等。在全面建设社会主义现代化大都市背景下,"十项行动"为天津统筹推进改革发展、民生保障、社会治理各项重点任务提供了目标指引。"十项行动"以项目制、制度化、清单化方式稳步推进,高品质生活的天津日益清晰呈现。

亮点二:20 项民心工程赓续接力,用心用情为美好生活"上新"

铆牢民心工程,一年接着一年干。2023 年是天津连续第 17 年实施 20 项民心工程,通过经年累月地解决关键小事,进而一心一意地办好民生大事。2023 年,20 项民心工程紧扣困扰群众生活的难点、痛点和堵点问题,聚焦兜底

---

① 执笔人:韩阳

保障、设施建设、生活服务等多个领域，涵盖了落实就业优先政策，强化医疗资源配置，健全社会救助体系，治理异味、噪声污染，打造便捷的公共交通，增建城市停车泊位等社会生活的方方面面。截至 2023 年第三季度末，20 项民心工程 48 项具体工作已累计完成 22 项，另外 26 项继续加紧实施，确保按时"交账兑现"。民心工程持续做好做足"服务增量"，不断扩展"惠民半径"，将民生之盼变为民生之赞。

亮点三：打赢防汛抗洪救灾"遭遇战"，全力保障人民群众生命财产安全

2023 年夏季，海河流域爆发"23·7"流域性特大洪水。作为京津冀地区洪水的主要"入海口"，天津承担着海河流域 75% 的洪水下泄任务。面对汛情"大战""大考"，天津深入贯彻落实习近平总书记关于防汛救灾工作的重要指示精神，组织各方力量争分夺秒开展抢险救援。其间，天津"防、抗、救"一体化管理、全灾种一体化应对的优势逐渐凸显，先后动员市、区两级抢险救援队伍 14.56 万人，设立 20 余个转移安置点，转移安置群众 8.6 万余人，将超过 24 亿立方米洪水下泄入海，有效保障了 1300 多万人民群众的生命财产安全，总体实现了"人员不伤亡、水库不垮坝、重要堤防不决口、重要基础设施不受冲击"，并帮助灾后群众尽快恢复生产生活秩序，取得了防汛抗洪救灾的重大胜利。

亮点四：跨省异地就医结算优化升级，区域协同发展"惠民生 暖民心"

区域协同发展不断释放民生红利。2023 年，天津实施异地就医结算十项便民措施，持续深化就医便民服务。在天津参保人异地就医服务方面，通过提升线上服务、拓展线下服务、推行"一件事一次办"、创新手工报销线上服务，让参保人异地就医更便捷；在异地参保人在津就医服务方面，扩大定点医药机构覆盖范围，深化门诊慢特病直接结算试点，提升患者就医服务体验。京津冀异地就医协同不断优化，扩大京津冀门诊慢特病直接结算病种范围，推行"互联网＋"医疗服务异地就医直接结算，深化医保公共服务体系协同建设。参保人凭升级版医保就医凭证在京津冀实现"一卡通行"，既节省时间成本，又减轻经济负担，为京津冀群众异地工作、养老等提供更大便利。

亮点五:优质教育资源供给持续增加,津城"家门口的好学校越来越多"

教育是民生之本,强国之基。天津把人民满意作为办好教育的根本价值导向,实施基础教育优质资源辐射引领2.0工程。先后优化市教委直属学校合作办学,优化区域教育发展共同体,优化远城区区内城乡学校帮扶共同体,优化优质学校集团化办学,优化义务教育学校学区化办学,优化数字化教育资源供给。截至2023年第三季度,新增义务教育学位2.72万个,基础教育优质资源布局更加合理,覆盖面和受益面进一步扩大。天津推动建设高质量职业教育、本科教育、研究生教育和继续教育体系,提高教育的科研创新能力、人才培养能力、服务保障能力和教育治理能力。以建设天开高教科创园为契机,不断开辟天津高等教育创新发展的新领域、新赛道,实现大学与城市相互滋养、相互赋能。

亮点六:公共基础设施"内外兼修",城市更新既有"面子"也有"里子"

城市生命力在于"有机生长"的品质,在于"吐故纳新"的活力。2023年,天津推进城镇老旧小区改造计划,同步实施非成套老旧房屋改造试点,既保留原建筑历史风貌,又补齐基础设施短板,延续了城市历史文脉。大力开展城市管网设施"冬病夏治",截至2023年第三季度,改造供热管网112.77公里、燃气庭院管道212.16公里,改造供水旧管网15724米,改建修复排水管道8486米。在解决问题存量的同时,也在做高品质生活增量。截至2023年10月,建成15.8公里"海河蓝丝带"自行车骑行道,利用城市闲置空间资源新建10条健身步道共20公里、100处社区户外微场地、50处乡村健身广场,更新200处社区健身园,建设提升50处口袋公园,让居民推窗见绿、出门进园。

亮点七:"津牌养老"助力幸福银发生活,老有所养跃升为老有颐养

老龄社会正加速到来。截至2022年,天津60岁以上常住老年人口320万人,占比23.48%。2023年,天津出台基本养老服务清单,建立特殊困难老年人探访关爱服务机制,深入推进特殊困难老年人家庭适老化改造工程,形成

"津牌养老"服务品牌。在城市，天津构建嵌入式社区养老服务综合体，形成"居家—社区—机构"融合发展的新型综合服务模式；在涉农乡镇，天津新建30个养老服务综合体。通过"寸草心""手足情"公益项目，培训失能老人家庭照护者1100人，发展养老床位3168张。新上线的"津牌养老"智慧养老服务平台，实现政策、资源、服务、监督一网通办，打通个性化养老服务的"最后一米"，帮助老年人在数字时代不掉队。在敬老爱老的社会环境中，"天津养老院"话题在网络上引发群体共情，不仅治愈了年轻人的"精神内耗"，也反映出天津老年人乐活舒心的幸福生活。

亮点八："百姓志愿"浓聚社会温情，新时代天津文明实践品牌增亮添彩

志愿服务是社会文明进步的重要标志。天津是我国社区志愿者组织的发祥地，形成了"百姓志愿"特色品牌。从初创阶段的志愿服务小组，到如今规模化的志愿服务团队，为群众分忧解难的社区志愿服务活动在天津薪火相传、踵事增华。2023年，天津又涌现一批精准化、常态化、便利化、标识化的志愿服务，通过"志愿＋"，将志愿服务与养老敬老、乡村振兴、公共文化、社区治理等深度融合，有效推动新时代文明实践工作。在防汛抗洪救灾、天津马拉松等重大事件或活动中，都能见到志愿服务者在发光发热。天津市新时代文明实践暨志愿服务研究中心挂牌成立，为开展文明实践和志愿服务的理论创新、实践指导、人才培养、学术交流提供坚实平台支撑。

亮点九：鲁班工坊"出海"扬名，"一带一路"上的技术驿站"津味十足"

"小而美、见效快、惠民生"的鲁班工坊，正成为"一带一路"上人文交流的知名品牌。2023年10月10日，国务院新闻办公室发布《共建"一带一路"：构建人类命运共同体的重大实践》白皮书，鲁班工坊项目被纳入白皮书，并进行了项目介绍。2016年至2023年10月，天津已在亚洲、非洲和欧洲共计20个国家建成21个鲁班工坊。鲁班工坊围绕工业机器人、智能科技、新能源新材料、先进制造、铁路运营、汽车工业、物联网、中医中药等70多个专业，合作举办包括中职、高职、应用本科、研究生四个层次的学历教育。开展学历教育达

3300 余人,面向中资企业、合作国当地企业以及师生的培训规模超过 1.2 万人,为合作国培养了大量熟悉中国技术、了解中国工艺、认知中国产品的技术技能人才,已成为职业教育服务"一带一路"建设重点项目和重要载体。

亮点十:文化生活场景"津"彩纷呈,更好满足人民群众精神文化需求

文化既是凝聚人心的精神纽带,又是增进民生福祉的关键要素。2023 年,天津持续打造多元化的文化生活场景,满足人民群众高品质的精神文化生活需要。宋元时期文物精品特展、首届天津音乐节、海河戏剧节、"你好,天津"网络短视频大赛等,既丰富了群众的文化生活场景,也增强了天津的城市文化底蕴。文惠卡政策较往年有所调整,不仅丰富品类、上调补贴,还首次创新推出戏曲卡,服务好天津的广大戏迷朋友,传承中华优秀传统文化。与此同时,西北角早点、东疆港日出、盘头大姨、天津马拉松等相继出圈,天津一举成为重要的网红城市。越来越多的人来天津"吃早点""逛市集""Citywalk"、览"津城胜迹","被埋没的宝藏城市""令人惊叹的城建""气质独特的城市"相继成为天津的新标签。

二、天津社会发展 2024 年十大看点

看点一:京津冀协同发展十周年亮出"成绩单",社会领域深度协同值得期待

2024 年是京津冀协同发展上升为国家战略的第十年。党的十八大以来,京津冀深入贯彻落实协同发展战略,打破行政分割、深化区域合作,不断探索高质量发展之路,从中积累了有益的发展经验。在京津冀协同发展进入新阶段之际,社会领域的深度协同未来可期。在社会政策、公共服务、商贸文旅等方面,天津均有可持续释放的势能。如在社会生活领域推出一批"一卡通""一网通""一次办"等便民措施,推动公共服务水平趋于均衡。推进京津冀协同创新共同体建设,聚焦区域高质量发展和民生改善重大需求,在教育医疗、

社会保障等方面加强联动协作、持续增加供给,切实保障和改善民生,不断增强人民群众获得感。

看点二:党建引领基层治理创新发展,高效能治理"有温度""见力度"

基层治理是人民群众感知公共服务效能和温度的"神经末梢"。通过党组织"下沉"社区、充分利用智慧化数字平台工具、能人引领健全基层党组织,基层治理的天津实践正步入新局面。根据《党建引领基层治理行动方案》,天津将围绕加强党的领导、为民服务、安全维稳三个板块,推进实施政治引领工程、综治能动工程、法治保障工程、德治教化工程、自治强基工程、智治支撑工程。通过四级联席会议协调联动机制,保障基层治理投入,建强基层治理骨干队伍,改进基层考核评价,持续推进基层减负增效,确保党建引领基层治理有序有效推进,不断提升群众的"幸福指数"和"满意指数"。

看点三:防洪减灾工程体系迭代提升,建成经得起人民和历史检验的优质工程

灾后重建是民生工程也是民心工程。受海河"23·7"流域性特大洪水影响,天津防洪工程不同程度受到损害。为尽快修复水毁工程,全面提升防汛减灾工程体系,天津于2023年底启动水毁工程修复和灾后恢复重建工程,总投资260亿元以上。计划2024年汛前,完成43项水毁工程修复,实现55项灾后恢复重建工程全部开工。水务灾后恢复重建项目主要包括重点行洪河道治理、蓄滞洪区安全建设、病险水闸除险加固、中心城区除涝、海堤工程、山洪沟治理等。建成后全市防洪减灾工程体系将得到全面完善和提升,为人民群众生命财产安全加强保险保障。

看点四:医疗卫生健康服务提质增效,聚焦看病"小细节"提升群众就医体验

看病就医,事关人民健康、事关民生福祉。一直以来,天津积极回应民生关切,做好民生加法,医疗保障机制不断完善、待遇水平不断提高。2024年,天

津居民医保待遇保障水平得到进一步提高,对于连续参加本市居民医保的参保人员,门(急)诊就医封顶线提高 1000 元,从 4000 元提高到 5000 元,有效减轻就医负担。同时,逐项落实《天津市基层卫生健康便民惠民服务举措》,通过促进优质医疗资源向基层下沉,推进中高级职称医师值守门诊,方便群众基层取药,加强与签约居民的联系,深化"一老一小"健康管理服务等 12 项内容,进一步方便城乡社区居民就近、便利获得基本医疗和卫生健康服务。

看点五:道路交通出行品质优化提升,"智慧交通"让高品质生活驶入"快车道"

大数据时代,百姓出行将更便捷、安全、高效。《天津市提升城市道路交通出行品质"十项攻坚"工作方案(2023)》提出,计划用五年左右时间补齐本市道路交通领域管理服务和基础设施短板,全力创造安全、畅通、有序、绿色的高品质城市交通出行环境。2024 年是开展"十项攻坚"的首个全年,天津智慧交通建设成效值得期待,进一步丰富城市交通"大脑",提供"绿波 + 诱导"服务,推广视频快处模式。重点强化学校、医院、商业文旅等重点区域交通拥堵治理,深入实施早晚高峰、恶劣天气、重大节假日等重点时段和重点路口疏导缓堵措施,切实打通交通堵点、提升群众出行体验。

看点六:便民生活服务"一圈一策",把"一刻钟便民生活圈"建成"幸福圈"

超大城市生活场景中,居民对高效便捷服务的诉求越来越高。依据"缺什么、补什么"原则,天津"一圈一策"的便民生活服务将呈现新的图景,数字技术将在便民服务中发挥更高效能,让群众感受到更高水准的便民服务。推动生活性服务领域平台经济健康发展,在养老、育幼、文化、旅游、体育、家政、医疗、电商等领域引进和培育一批高价值服务品牌,让居民足不出"圈"便能享受幸福生活。建设"国家级一刻钟便民生活圈"试点行政区,打造一批市级高质量"一刻钟便民生活圈",让"近在咫尺"的便捷生活在越来越多的社区成为现实。

看点七：更多文物和文化遗产融入现代生活，津沽文化标识引人"近悦远来"

让更多文物和文化遗产活起来，营造传承中华文明的浓厚社会氛围。2024年将开展第四次全国文物普查，也是落实《天津市关于让文物活起来实施方案（2022—2025年）》的关键一年。根据"保护第一、加强管理、挖掘价值、有效利用、让文物活起来"的新时代文物工作方针，天津将聚焦数字、跨界、改革三大理念，积极探索让文物"活"起来的有效方式。天津将在文物价值挖掘、文物资源数字创新、文博跨界融合发展、文博矩阵传播和体制机制改革五大方面持续发力，积极推动文博场馆与教育、旅游、商贸、传媒等领域跨界联动，让更多文物和文化遗产活起来，走进大众生活，焕发时代光彩。

看点八：生态环境"颜值高、有内涵"，"美丽天津"辉映美好生活底色

追青逐绿，久久为功。近年来，天津坚定不移走生态优先、节约集约、绿色低碳的高质量发展道路，协同推进降碳、减污、扩绿、增长，努力建设人与自然和谐共生的现代化大都市。2024年是天津实施"六大生态修复重点工程"的开拓之年，北部山区生态修复、河湖湿地生态修复、平原森林提质增效、海洋及岸线整治修复等重点工程都将得到有效推进，美丽天津建设迈出坚实步伐。通过持续打造山清水秀的生态空间，统筹推进发展方式绿色转型、环境污染防治、生态环境保护修复、碳达峰碳中和等工作，天津绿水青山的"生态颜值"和人民生活的"幸福指数"同步提升，为美好生活铺就"绿美空间"。

看点九："书香天津"带动"全民阅读"，馥郁书香涵养城市文化软实力

人人因阅读而成长，家家因阅读而幸福，城市因阅读而更加美好。2024年，《天津市全民阅读促进条例》正式实施，标志天津全民阅读工作进入规范化、法治化轨道。通过加强优质阅读内容供给，保障全民平等享有基本阅读权益，重点保障、促进青少年阅读，形成便利可及公共阅读圈等多项举措，有利于在天津形成爱读书、读好书、善读书的浓厚氛围。围绕"书香天津"品牌，定期举办"海河书香节""书香天津·读书月"、图书展会等推广交流活动,推进全民阅读活动进农村、进社区、进家庭、进学校、进机关、进企业、进军营、进网络,不断满足人民精神文化生活新期待。

看点十:东西部协作深化社会治理合作,双向奔赴续写新时代"山海情"

万里同好,山海同心。通过东西部协作和支援合作,天津与甘肃等地相互支持、并肩奋斗,结下深厚情谊。在构建全领域多层次高标准东西部协作新格局中,东西部社会治理的经验互鉴、理论互动、治理互促正在持续深化。天津将东西部协作和支援合作纳入全市"十项行动"及全面推进乡村振兴重点工作。在乡村振兴重点帮扶地区,通过持续开展科技、医疗、教育三支队伍"组团式"不间断帮扶,引进新技术、新项目填补当地"空白",让群众干有信心、病有"医"靠、学有优教。随着一项项民生项目落地惠及百姓,一次次交流让情谊更加深厚,东西部协作和支援合作中的天津力量、天津贡献将持续发光发热。

总报告

天津市社会发展形势
分析报告（2024）

天津社会科学院课题组①

摘　要： 2023 年天津市社会总体平稳运行，民生建设扎实推进，各项社会事业健康发展，百姓安居乐业，社会和谐有序。居民收入稳定恢复，就业形势总体平稳，各级各类教育均衡发展，社会保障体系进一步完善，健康天津行动协同推进，市民精神文化生活丰富多彩，乡村振兴升级加力，平安天津建设成效显著。展望 2024 年，天津市中等收入群体将持续扩大，就业质量将稳步提高，"一老一小"问题将有效缓解，社会文化活力也将进一步释放。当前天津社会发展面临的主要挑战有：民生领域还存在一些结构性难题；基层治理现代化水平有待进一步提升；防范重点领域风险压力的能力亟待加强。为促进天津社会高质量发展，2024 年要持续用力民生建设，坚决兜牢民生底线；坚持党建引领基层治理，推进基层治理现代化；加强社会安全建设，提高防范重点领域风险压力能力；统筹

---

① 执笔人：杨政

收入分配,继续扩大中等收入群体;落实人口发展战略,实施更积极的鼓励生育政策;实施科教兴国人才强市,建设高水平创新型城市。

关键词: 社会发展　社会建设　社会治理　民生保障

2023 年是全面贯彻党的二十大精神的开局之年,也是天津市全面建设社会主义现代化大都市的关键之年。在这一年,天津全面贯彻新发展理念,积极融入新发展格局,通过实施"十项行动",推动全市经济社会高质量发展,人民群众获得感、幸福感、安全感持续增强。

一　2023 年天津市社会发展总体形势

2023 年,天津市民生建设继续稳步推进,各项社会事业健康发展,社会关系和谐,社会秩序安定,社会总体处于良性运行和协调发展状态。

(一)工资性收入继续增长,居民收入稳定恢复

天津市通过实施一系列稳经济政策措施帮助市场主体加快恢复、更好满足群众需求,全市经济运行持续恢复,为居民持续稳定增收奠定基础。在此背景下,天津市居民收入实现稳定恢复,其中农村居民收入增长快于城镇居民。国家统计局天津调查总队抽样调查结果显示,2023 年前三季度,天津市居民人均可支配收入 40713 元,比 2022 年同期增长 4.6%。城镇居民人均可支配收入 44253 元,同比增长 4.3%。农村居民人均可支配收入 23394 元,同比增长 6.1%,农村居民的收入增长快于城镇居民 1.8 个百分点。从居民收入结构来看,工资性收入为增收主动力,经营净收入增速继续回升。2023 年前三季度,天津市居民人均工资性收入 26363 元,增长 3.8%,占人均可支配收入的 64.8%,拉动人均可支配收入增长 2.5 个百分点,增收贡献比上半年略有增加。2023 年前三季度,居民人均经营净收入 2894 元,增长 14.1%,比上半年

加快 0.3 个百分点。居民家庭非农经营活跃向好,居民经营净收入恢复性增长,且增速保持两位数。财产和转移净收入也保持增长。2023 年前三季度,居民人均财产净收入 3434 元,增长 7.7%。其中,随着经济社会恢复常态化,人员流动性不断增强,带动居民出租房屋收入增加。随着民生保障力度不断加大,居民养老和医保待遇持续提升,转移净收入继续保持增长。2023 年前三季度,居民人均转移净收入 8022 元,增长 2.7%。

(二)稳就业政策组合拳持续发力,就业形势总体平稳

2023 年 9 月,天津市就业工作领导小组印发《优化调整稳就业政策全力促发展惠民生若干措施》,强化就业优先政策,做好稳就业工作,推动全市经济社会高质量发展和"十项行动"落地见效。通过强化企业扩岗支持政策,开展金融助企稳岗扩岗业务,促进创业带动就业,加大技能培训支持力度,阶段性降低失业保险费率,积极引导基层就业,支持国有企业扩大就业,稳定机关事业单位招录规模,向应届毕业生发放求职创业补贴和加强困难人员就业帮扶等一系列政策组合拳稳定就业形势。2023 年,天津市城镇调查失业率总体呈稳步下降态势。1—2 月城镇调查失业率平均值为 5.8%,3 月城镇调查失业率为 5.7%。2023 年第一季度城镇调查失业率平均值与 2022 年第四季度持平。4 月城镇调查失业率为 5.5%,比上月下降 0.2 个百分点。5 月城镇调查失业率为 5.5%。6 月城镇调查失业率为 5.4%,比上月下降 0.1 个百分点。2023 年上半年城镇调查失业率平均值为 5.6%,低于 2022 年同期 0.3 个百分点,与 31 个大城市持平。7 月城镇调查失业率为 5.3%,比上月下降 0.1 个百分点,与全国平均水平持平,比 31 个大城市低 0.1 个百分点。8 月城镇调查失业率为 5.2%,比上月下降 0.1 个百分点,与全国平均水平持平,比 31 个大城市平均水平低 0.1 个百分点。9 月城镇调查失业率为 5.1%,比上月下降 0.1 个百分点,比 31 个大城市平均水平低 0.1 个百分点。

(三)教育结构不断优化,各级各类教育均衡发展

随着教育结构不断调整优化,天津教育已由规模扩张阶段转向高质量发

展阶段，各级各类教育事业获得了均衡发展。学前教育方面，天津市通过实施学前教育发展提升行动计划，不断巩固学前教育普及普惠水平，全市学前三年的毛入园率已达到93%以上，公办园在园幼儿占比达到50%以上。持续开展公办园等级评定和普惠性民办园等级认定工作，不断扩大优质学前教育资源和普惠性学前教育资源的覆盖面。基础教育方面，截至2023年12月初，累计新增2.85万个义务教育学位，扎实推进高质量建设基础教育综合改革国家实验区。深化学区化、集团化办学，推动优质教育资源向滨海新区、中心城区东部和北部、远郊五区辐射。新增10450个普通高中学位。实施"品牌高中"建设工程，开展"品牌高中"项目学校培育。实施普通高中"强校工程"，加强"强校工程"项目学校建设。继续开展"双减"专项行动。对隐形和变异学科类培训加大查处力度，同时完善非学科类培训机构监管体系。职业教育方面，持续深化现代职业教育体系改革，推动部市共建现代职业教育体系新模式。紧密对接"1+3+4"产业体系，探索建设高端装备制造、新能源产业链产教融合共同体，建设生物医药、海洋工程装备、信创、数字经济四个产教联合体。继续推动鲁班工坊项目建设。截至2023年10月，全国共有鲁班工坊项目27个，其中天津参与建设的项目就有22个。高等教育方面，推进5所高校14个学科"双一流"建设。深入实施顶尖学科培育计划，分赛道扶植52个学科冲击国内一流学科。试点建设服务国家战略和天津需求的交叉学科创新中心。推进一流本科专业建设，实施"六卓越一拔尖"计划2.0，开展新工科、新医科、新农科、新文科教学与实践项目建设。高水平举办第九届中国国际"互联网+"大学生创新创业大赛。推进高校海河实验室等重大科研平台建设，实施高校哲学社会科学高质量发展专项行动。

（四）社会保障网络织密筑牢，社会保障体系进一步完善

天津市十分重视社会保障事业，在坚持丰富社会保障层次的同时，不断健全完善社会保障体系。截至2023年9月，天津市基本医疗保险参保人数为1172.66万人，其中职工基本医疗保险参保人数为648.38万人，城乡居民基本医保参保人数为524.28万人。生育保险参保人数为416.79万人。2023年对

基本养老保险进行调整,包括定额调整、挂钩调整和倾斜调整三种方式,整体调整幅度为3.8%,全市243.5万人因此受益。自2023年11月1日起,天津市月最低工资标准由2180元调整为2320元。职工医保报销待遇继续提高,职工医保门(急)诊起付标准在职人员、70周岁以下和70周岁(含)以上退休人员分别为900元、800元、750元;职工大病保险报销比例提高5个百分点。正式实施跨省异地就医直接结算制度,办理异地就医备案手续后可直接进行结算,不用再回参保地结算。京津冀各统筹区参保人员在京津冀区域内所有定点医药机构普通门诊就医、住院和购药无须办理异地就医备案手续即可享受医保报销待遇。"天津惠民保"升级家庭参保优待。首次参保人群的医保内外两大保障免赔额降至1.8万元,连续参保人群的医保内外两大保障免赔额则降至1.7万元,完成家庭参保的所有被保险人医保内外两大保障免赔额降至每人1.6万元。此外,特药保障也进一步扩展药品适应症,免赔额由2万元降至0元,覆盖白血病、乳腺癌、肺癌、淋巴瘤等高发恶性肿瘤,让更多人用得起高额特药。提高失业保险金待遇标准。自2023年7月1日起,如果领取期限在第一至第十二个月,失业保险金月发放标准由1600元提高至1680元。如果领取期限处于第十三至第二十四个月,失业保险金月发放标准由1560元提高至1640元。此外,天津市继续对符合条件的高龄老人发放居家养老补贴和百岁老人营养费补助。

（五）优质医疗资源持续扩容,健康天津行动协同推进

2023年天津市优质医疗资源继续扩容。天津市中心妇产科医院原址改扩建土建工程完工。天津市胸科医院疑难病症诊治能力提升工程预计年内全部完工。天津医科大学肿瘤医院扩建二期南院工程正在加紧建设,建成后将成为全国三大顶级智能化肿瘤防治中心之一。中医二附属中医药传承创新工程已经投用。集医疗、教学、科研、预防保健于一体的三级综合现代化医院天津康汇医院主体工程竣工。北京协和医学院天津医院完成竣工验收并实现交付。中国医学科学院血液病医院团泊新院区也正在建设中。健康天津行动协同推进。通过实施一系列健康知识普及行动和健康细胞培育行动,天津居民

健康素养水平显著提升。全市儿童眼保健及视力检查覆盖率达到90%,孕产妇及婴儿死亡率继续控制在较低水平。重点慢性病发病监测和成人慢性病危险因素监测工作扎实推进,实现防、治、康、保融合发展。精神卫生综合管理工作进一步加强,"十四五"期间重大传染病预防控制取得了重大进展,多病共防机制协调运行。爱国卫生运动方面,深入推进静海、宁河、蓟州三区创建国家卫生区和卫生镇。中医药事业传承创新发展方面,推动天津中医药大学第一附属医院打造以针灸为特色的国家中医医学中心,试点建设"旗舰级""区域级""基层级"三级名医堂。推动实施中药制剂工程,努力打造津医卫药名片。

(六)文体事业加快发展,市民精神文化生活丰富多彩

随着天津经济的复苏和社会活力的释放,文体事业获得快速发展,市民精神文化生活丰富多彩。自2022年起,天津加快建设大运河国家文化公园,努力用好用足红色资源,不断加强各种文化遗产的保护传承和活化利用。继续实施文化惠民工程,创作一批津派文艺精品,举办名家经典惠民演出。为全面落实全民健身实施计划,除了全力改造原有社区健身园,还不断新建健身步道、户外微场地、乡村健身广场和"海河蓝丝带"自行车骑行道。广泛开展群众性赛事活动,加强青少年体育工作,提升竞技体育水平。2023年9月底,由市委宣传部、市委网信办、市国资委、市文化和旅游局、市体育局指导,天津旅游集团主办的"天津2023金秋海河文化体育旅游节"在津湾广场开幕。海河文化体育旅游节期间,天津推出各种精彩纷呈的文体活动,释放文体消费活力。2023年10月21日,由市委宣传部、天津社会科学院、天津市中国特色社会主义理论体系研究中心主办,南开大学、市委网信办、天津市社会科学界联合会、天津海河传媒中心协办的"习近平新时代中国特色社会主义思想高端论坛(2023)"召开。论坛以"习近平文化思想与新时代文化建设"为主题,全国各地专家学者及天津宣传思想文化战线相关负责同志等百余人参加。2023年10月,2023天津马拉松在市区成功举办。天津以体育赛事活动为平台,大力普及全民健身文化,广泛传播科学健身理念,提升城乡居民健康水平和生活品质,共享体育事业发展成果。

（七）农村改革步伐加快，乡村振兴升级加力

天津继续加快农村改革步伐，推进乡村全面振兴，促进农村居民收入持续增加，全市农业农村经济运行总体保持稳定增长态势。2023年第一季度，全市农业农村经济运行实现"开门红"。第一产业增加值26.62亿元，同比增长4.4%。农林牧渔业固定资产投资同比增长29.0%。上半年全市第一产业增加值80.54亿元，同比增长4.2%。农林牧渔业固定资产投资同比增长23.7%。2023年前三季度，第一产业增加值151.93亿元，同比增长4.4%。农林牧渔业固定资产投资同比增长13.5%。农村居民人均可支配收入23394元，同比增长6.1%。在农业基础设施建设方面，新建高标准农田24万亩，创建粮食作物绿色高质高效示范区7万亩，小站稻入选国家农业品牌精品培育计划。建成农村人居环境整治示范村150个，农村治理水平和生活环境全面提升。持续提高"津农精品"品牌知名度，拓展"津""京"双城供给影响力。现代农业产业园、农业产业强镇、农业现代化示范区建设加速推进，小站稻、蔬菜、畜牧、水产等优势主导产业也获得了全产业链发展，天津特色农产品开始覆盖京冀并畅销全国。农村集体产权制度改革方面，稳妥探索村集体经济组织市场化运行机制，推进跨区域农村产权流转交易市场建设。强化农村土地承包管理，按照国家部署，稳妥有序做好农村宅基地制度改革和集体经营性建设用地入市改革试点。推动教育、医疗卫生等公共服务资源城乡均衡配置，实施农村人居环境整治提升五年行动，推进农村全域清洁化工程，完善垃圾处理、污水处理、厕所等设施日常管护机制。

（八）发展与安全有效统筹，平安天津建设成效显著

平安天津建设持续用力。天津市探索创新"党建引领＋社区警务＋群防群治"新模式，借助党员进社区报到、警保联动、社区志愿服务等机制，不断整合社会治理资源和力量，挖掘群防群治最大潜力，为平安天津建设汇聚新力量、注入新动能。坚持和发展新时代"枫桥经验"，聚焦社会治理难点、痛点，积极探索新形势下群防群治工作新机制、新模式，有效整合各类社会资源，激发人民群众力

量,引导社会组织、热心群众参与群防群治。截至 2023 年 9 月,全市群防群治力量已达 56.9 万余人,为构筑共建共治共享的社会治理新格局提供了有力支撑。在矛盾纠纷多元化解方面,《天津市矛盾纠纷多元化解条例》自 2023 年 1 月 1 日起施行。该条例对于保障当事人合法权益,维护社会和谐稳定,建设更高水平的平安天津具有重要意义。在平安天津的地方实践方面,公安宝坻分局以原筑社区为试点,组织社区民警、网格员对社区矛盾纠纷和法治需求进行梳理,整合司法、行政、调解、群团等多方社会资源,深入推进矛盾摸排、源头防范、多元解纷、普法宣传。公安和平分局牵头成立朝阳里社区见义勇为志愿者服务站,大力弘扬见义勇为精神,营造见义勇为、见义众为的良好社会氛围。公安宁河分局召开"俵口义警"义务巡逻队成立仪式,积极探索"民警 + 辅警 + 义警"全覆盖的基层治理新模式,借助群防群治力量,共建平安和谐社区。公安河北分局墙子派出所吸纳美团骑手加入群防群治队伍,借助骑手走街串巷、熟门熟路的职业优势,打造"送餐 + 巡逻 + 宣传"新模式,公安河西分局以党建引领凝聚各方力量,联合市公安局特警总队和武警、街工委等多个党组织打造党建联盟,构建"联防联控"社会治理新模式,全力维护辖区稳定。公安武清分局按照"1 + 2 + N + X"工作模式,广泛吸纳保安员、志愿者、网格员、入党积极分子等社会力量,组建"栖仙妈妈""中信广场红袖标"志愿巡逻队和"蓝精灵"反诈宣传队等群防群治组织,继续做优做强"武清乡贤志愿服务队"。

二 2024 年天津市社会发展形势展望

展望 2024 年,随着中国式现代化的不断推进,天津市将奋力开创全面建设社会主义现代化大都市的新局面,天津市社会发展也将因此呈现出新的特点和趋势。

(一)中等收入群体将持续扩大

习近平总书记指出:"扩大中等收入群体,关系全面建成小康社会的必然要求,是转方式调结构的必然要求,是维护社会和谐稳定、国家长治久安的必然要求。"中等收入群体对于维持社会良性运行和协调发展具有重要作用。扩大中等收入群体,不仅有利于满足人民群众日益增长的物质文化生活需要,实现共同富裕的目标,而且有利于维护社会公平,促进社会和谐稳定。扩大中等收入群体规模的关键在于维持经济增长的同时,居民收入也要保持同步增长。天津市在扩大中等收入群体方面具有良好的经济基础和社会条件。根据国家统计局公布的数据,2023 年上半年,全国居民人均可支配收入 19672 元,天津人均可支配收入 26655 元,同比增长 4.7%,位居全国第五。天津是全国城乡收入差距较小的省份。近年来,天津市不仅在经济领域积极推动产业结构优化升级,还致力于各项社会事业的均衡和协调发展,注重引进和培养各类人才,不断充实壮大中等收入群体。因而可以预见,未来天津中等收入群体还将持续扩大。

(二)就业质量将稳步提高

习近平总书记指出:"就业是最大的民生工程、民心工程、根基工程,是社会稳定的重要保障,必须抓紧抓实抓好。"就业连着千家万户的饭碗,是劳动者赖以生存和发展的基础,是人民群众最关心、最直接、最现实的利益问题之一。就业事关民生福祉和社会稳定,2024 年天津将采取更为积极的就业政策。未来将全面完善重点企业清单。安排人社服务专员跟踪对接就业容量大、涉及国计民生和生产保供的企业,为其提供岗位收集、用工指导、人员推荐、技能培训、政策宣传等就业服务;实施天津市重点群体创业推进行动,重点聚焦高校毕业生、农村劳动力、就业困难人员等重点群体;推动各类职业院校、职业培训机构和符合条件的企业大规模开展急需紧缺职业(工种)技能培训,支持企业开展新型学徒制技能培训;继续实施阶段性降低失业保险费率至 1% 的政策;积极引导基层就业。实施"三支一扶"岗位招募计划和大学生志愿服务西部计划,每年选派优秀大学生开展为期 1 至 3 年的志愿服务;继续实施应届高校毕业生学历、学位证书容缺后补机制;以科研院所、科技型企业、专精特新"小巨人"企业等为重点,认定一批覆盖不同行业领域的就业见习基地。给予就业见习基地见习补贴;落实就业困难人员认定及援助政策,对零就业家庭、低保家庭、残疾等人员及时提供"一对一"就业帮扶。

（三）"一老一小"问题将得到有效缓解

截至 2022 年底，天津市 60 岁以上常住老年人口 320 万人，占比 23.48%，老龄社会正加速到来。为积极应对人口老龄化挑战，天津市已经基本建成四级养老服务体系。天津市在养老服务和基础教育方面具有较好的发展基础，近年来又持续强化"一老一小"等重点人群公共服务，不断改善群众的获得感和感受度。随着资源结构的优化和政策集聚效应的显现，天津的"一老一小"问题将有效缓解。过去 5 年，天津市累计新增养老机构床位 2 万张，老年日间照料服务中心（站）达到 1357 个、"老人家食堂"达到 1701 家。不断加强老年人健康管理服务，做实儿童健康管理服。强化 3 岁以下婴幼儿的养育照护、健康指导和干预。截至 2023 年 12 月初，在涉农区农村乡镇新建 30 个养老服务综合体。开展"寸草心""手足情"公益助老项目，培训失能老人家庭照护者 1000 人，发展养老床位 3000 张以上。上线"津牌养老"智慧养老服务平台，实现养老服务网上通办。2024 年，天津还会依据人口结构和代际变化趋势，将"积极老龄观""健康老龄化"理念融入经济社会发展全过程，建设一批养老服务设施，探索"嵌入式"融合养老模式，营造更加友好适老的社会环境；继续新增义务教育学位，深化学区化、集团化办学，推动优质教育资源向远郊五区辐射。

（四）社会文化消费活力将进一步释放

天津市在奋力开创全面建设社会主义现代化大都市的过程中将不断释放经济活力、社会活力和文化活力。2024 年，随着社会活跃度的提高，天津的社会文化消费活力将进一步显现。根据国家统计局天津调查总队的调查数据，天津文旅市场自春节以来高开稳走、加速回暖，居民文化娱乐服务消费复苏势头强劲。2023 年前三季度，居民人均文化娱乐服务支出 711 元，增长近 2 倍。其中，居民出游热情高涨带动相关消费强劲复苏，人均用于团体旅游、旅馆住宿费的支出增长均超 3 倍，人均购买景点门票和电影话剧演出票的支出增长超 2 倍。随着天津经济结构和产业结构的调整升级，再加上积极的稳就业政策,经济发展将创造更多的财富和机会,不断激发整个社会的流动性、积极性和创造性。同时,经济发展也会为社会发展提供更多的物质基础和经济支持,促进教育、医疗、文化等各项社会事业的健康发展。

三 天津市社会发展面临的挑战

近年来,天津市在社会建设领域取得了不少成就,但在社会发展方面也面临一些挑战,突出表现为民生领域还存在一些结构性难题,基层治理现代化水平有待进一步提升,防范重点领域风险压力的能力亟待加强。这些问题如果解决不好,将影响和制约天津全面建设社会主义现代化大都市的进程。

(一)民生领域还存在一些结构性难题

天津市在民生领域仍存在不少结构性难题。在收入、就业、教育、医疗、住房和社会保障等民生领域积累了一些老百姓急难愁盼的民生问题,这些民生问题大都具有结构性,突出反映了社会发展中不平衡不充分的问题。未来要想方设法解决民生领域的各种结构性难题,否则将影响和制约天津经济社会的健康发展。在收入分配方面,要尽快扭转国民收入分配中居民份额下降的趋势,提高劳动报酬在初次分配中的比重;在就业方面,要想方设法解决结构性失业问题,在稳定就业的基础上,不断提高就业质量;在教育方面,要让老百姓的孩子在"有学上"的基础上,争取实现"上好学";在医疗卫生方面,在解决"看病难"的前提下,尽快解决"看病贵"的问题;在住房方面,坚持房住不炒的同时,加快保障性住房建设;在社会保障方面,要进一步健全保障层次,完善社会保障网络,提高保障水平。

(二)基层治理现代化水平有待进一步提升

天津市基层治理现代化水平有待进一步提升。基层治理现代化是城市治理体系现代化的坚实基础,直接关系着百姓安居乐业和城市的健康发展。天津市在基层治理现代化方面还存在一些亟待改善的问题。基层治理队伍结构亟需优化,政社互动不够充分,制度建设还不完善,精细化管理不到位,信息化支撑不充分,民众参与意愿不强、参与度不高。我们要努力建设的社会主义现代化大都市既是高质量发展的大都市,也是高效能治理的大都市,高效能治理助力高质量发展。天津要建设高效能治理的社会主义现代化大都市,就必须不断提升基层治理现代化水平,想方设法提高基层治理的社会化、法治化、智能化、专业化水平。

(三)防范重点领域风险压力的能力亟待加强

天津市防范重点领域风险压力的能力有待进一步加强。未来要筑牢城市安全防线,就必须持续开展安全生产重点行业领域风险隐患专项整治,推进城市内涝系统化治理,健全防洪防潮工程体系,提高防灾减灾救灾和重大突发公共事件预警预报、处置保障能力。统筹做好重要民生商品保供稳价和煤电油气运保障供应,全面加强食品药品监管。加强和改进人民信访工作,建设更高水平的平安天津。未来天津要努力筑牢网络安全屏障,强化关键信息基础设施安全保护、数据安全管理和防护、网络安全工作统筹协调、网络安全宣传教育,营造网络安全人人参与、人人有责、人人共享的浓厚氛围。加强网上宣传舆论引导,及时回应社会关切,努力营造清朗的网络空间。

四 促进 2024 年天津社会高质量发展的对策建议

天津社会要实现高质量发展,就必须坚持以人民为中心的发展理念,把促进共同富裕作为出发点和落脚点,促进高质量发展与高品质生活有机结合,让发展成果更多、更公平惠及全体人民。

(一)持续用力民生建设,坚决兜牢民生底线

民生是人民幸福之基、社会和谐之本。应继续坚持在发展中保障和改善民生。推进婴幼儿托位建设,尽力增加义务教育学位和普通高中学位,推进基础教育综合改革国家实验区建设,推进现代职业教育健康发展,推动高等教育

高质量发展。加强师德师风建设,培养高素质教师队伍;加快优质医疗资源持续扩容,推进部市共建专业国家区域医疗中心,争取获批国家血液病医学中心和国家中医医学中心。推动基层医疗机构标准化建设。推进城市医疗集团和区域医共体建设,推广"互联网＋医疗健康"模式,深入实施重点人群健康提升和慢性病防治等行动;健全灵活就业社保政策,维护新就业形态劳动者劳动保障权益。健全基本养老、基本医疗保险筹资和待遇调整机制,提高大病保险报销比例和居民医保住院最高支付限额,将基本医保门(急)诊政策范围内个人负担的医疗费用纳入大病保险保障范围,落实重特大疾病医疗保险和救助制度,推进长期护理保险制度试点建设,健全职工生育保险制度。完善异地就医直接结算,常态化制度化开展药品和高值医用耗材集中带量采购。健全分层分类社会救助制度,推动救助事项"一城通办"。

(二)坚持党建引领基层治理,推进基层治理现代化

进一步明确抓基层、抓基础的鲜明导向。加强基层组织、基础工作和基本能力建设,加快推进基层治理现代化。努力建设人人有责、人人尽责、人人享有的基层治理共同体。探索党建引领基层治理创新新模式,推动力量重心和政策保障下沉,形成社区与社会组织、社会工作者、社区志愿者和社会慈善资源"五社联动"机制,构建网格化管理、精细化服务、信息化支撑和开放共享的治理服务体系,实现基层治理从"单线作战"向"整体推进"的转变,进而全面提升基层治理效能。推动公共安全治理模式向事前预防转型,坚持学习发展新时代"枫桥经验",发挥好三级社会矛盾纠纷调处化解作用,切实将矛盾纠纷化解在基层萌芽状态。开展全域平安示范创建活动,加强智慧平安社区建设,严密防范和严厉打击各类违法犯罪行为,建设更高水平的平安天津。

(三)加强社会安全建设,提高防范重点领域风险压力能力

要深入贯彻总体国家安全观,牢固树立底线思维,增强预判性,打好主动仗。不断深化传统社会安全领域的制度建设,探索新社会安全领域治理的新思路、新方法。在推动解决大量信访积案的同时,严厉打击各类违法犯罪行为,积极维护社会大局的安全稳定。全面加强应急管理和安全生产工作,实施安全生产15条措施,组织开展一系列综合性隐患排查整治,推进危险化学品、燃气、消防、建筑施工、交通运输、农村经营性自建房等重点行业领域隐患整治,严格落实安全度汛各项措施,让人民群众的生命财产安全得到有效保障。

(四)统筹收入分配,继续扩大中等收入群体

培育中等收入群体,既要不断提高经济总量,发挥好初次分配的基础作用,又要发挥好税收等政策的调节作用,缩小收入分配差距,畅通低收入群体上升通道。初次分配方面,要调动社会各阶层的积极性。要鼓励共享企业权益,推行管理层和员工持股。要优化企业营商环境,依法保护企业家权益。培育战略性新兴产业,改造提升传统优势产业,提供更多的高质量就业岗位。二次分配方面,以基本公共服务均等化调节收入分配差距。统筹城乡发展,逐步缩小教育、医疗卫生和社会保障等领域的城乡差距。三次分配方面,依托慈善公益和志愿服务事业,让发展成果更好惠及全体人民。发挥道德的力量,培育乐善好施、扶危济困的良好社会氛围。支持和发展社会工作服务机构和志愿服务组织,壮大志愿服务队伍,健全志愿服务体系。为慈善事业和志愿服务发展创造更为优越的政策环境①。

(五)落实人口发展战略,实施更积极的鼓励生育政策

在老龄少子化问题日趋严峻的形势下,主动调整生育政策,积极配套生育支持措施是解决当前人口问题、促进经济发展、保持社会稳定、保障人民幸福生活的重要手段。为此,天津市应尽快推动落实《关于进一步完善和落实积极生育支持措施实施方案》,加快建立积极生育支持政策体系,为推动实现适度生育水平、促进人口长期均衡发展提供有力支撑。其一,提高优生优育服务水平。改善优生优育全程服务,提高儿童健康服务质量,加强生殖健康服务,提

---

① "关于统筹做好一、二、三次分配壮大我市中等收入群体的建议",天津市政协网站,http://www.tjszx.gov.cn/yzjy/system/2022/10/13/030008756.shtml,访问时间:2023年10月15日。

高家庭婴幼儿照护能力。其二,优化生育休假制度,完善生育保险等相关社会保险制度。其三,增加普惠托育服务供给,降低托育机构运营成本,提升托育服务质量。其四,构建生育友好的就业环境。鼓励实行灵活的工作方式,推动创建家庭友好型工作场所,切实维护劳动就业合法权益。

(六)实施科教兴国人才强市,建设高水平创新型城市

实施科教兴市、人才强市行动。坚持科技是第一生产力、人才是第一资源、创新是第一动力,推动教育优先发展、科技自立自强、人才引领驱动,一体化推进科教人才资源高效配置,打造自主创新的重要源头和原始创新的主要策源地。利用丰富的科教资源,构建创新生态,厚植创新文化,提高创新的聚集度、活跃度、开放度、辐射度和贡献度,推动建设高水平创新型城市。大力培育战略科技力量,加快建设全国重点实验室、海河实验室,瞄准关键领域和核心技术,研发一批标志性创新成果。强化企业创新主体地位,促进各类创新要素加快向优质企业集聚。提高知识产权创造、运用、保护、管理和服务水平,高标准建设知识产权保护高地城市和创造运用强市。加快建设高质量教育体系。抓好促进公平和提升质量这两件大事,构建优质均衡的基本公共教育服务体系。推动学前教育普惠发展、义务教育均衡发展、高中阶段教育多样化发展。推进职普融通、产教融合和科教融汇,构建产业、行业、企业、职业和专业"五业联动"的职业教育办学模式。全面提升高校的科研能力,推动高等教育内涵式发展。坚持"天下才天津用"的用人理念,实施"海河英才"行动计划升级版。完善"高精尖缺"人才培养引进机制和激励政策,加大战略科学家、科技领军人才和一流创新团队的引育力度。培养高素质技能人才队伍,打造"海河工匠"品牌。构建"近悦远来"的人才生态,将天津打造成高端人才集聚地、产业人才荟萃地、青年人才向往地。

说明:本报告所使用数据主要来自天津市统计局、国家统计局天津调查总队和天津市政府相关部门网站。

分报告

天津市人口发展研究报告

施美程　天津社会科学院数字经济研究所副研究员

摘　要： 天津市人口发展的特征和趋势表现为常住人口趋于稳定，户籍人口逐年增加；人口老龄化速度加快，家庭小型化趋势明显；外来人口增长趋缓，家庭化迁移比例低。天津市人口发展面临的挑战主要是支撑经济增长的人口红利式微，人口集聚能力亟待提升；社会人口抚养负担持续加重，流动人口服务体系仍需完善；人口老龄化速度快、规模大，银发经济蕴含巨大消费潜力。建议提升人口集聚能力，促进人口稳定适度增长；把握老年消费升级趋势，顺势而为大力发展银发经济；适应人口结构变化形势，优化公共服务资源配置。

关键词： 人口发展　人口规模　人口结构　人口老龄化

一　天津市人口发展的特征和趋势

人口要素变化是关系天津市经济社会发展的重要市情，天津市人口发展在规模、结构、分布等方面呈现以下特征和趋势。

(一)常住人口趋于稳定,户籍人口逐年增加

近年来,天津市常住人口规模稳中略降。"十三五"时期,天津市常住人口减少53万人;2021年末全市常住人口总量为1373万人,比2020年减少13.6万人;2022年末全市常住人口总量为1363万人,比2021年减少10万人。受外来人口规模急剧下降的影响,常住人口增长已经降至近20年来的历史最低水平。

户籍人口增长呈加快趋势,但增速相对平稳缓慢。"十二五"期间,天津市结束了实行二十年之久的"蓝印户口"政策,出台居住证制度,启动实施积分入户政策,开启了户籍迁入的多种新路径,为扩大引进各类人才和优秀外来建设者、优化户籍迁入人口结构提供了制度支持。5年间全市户籍人口增加42.05万人,年均增长率为0.84%,比"十一五"时期提高0.07个百分点。进入"十三五"以来,天津市实施了更加积极的人才落户新政以大力引人。一方面,为发挥人才集聚效应,2018年5月16日启动"海河英才"行动计划,放宽对学历型人才、资格型人才、技能型人才、创业型人才和急需型人才的落户条件。2021年再次打造"海河英才"升级版,提出2.0版"鲲鹏计划"。截至2023年6月底,已累计引进人才46.4万人,大幅提高了全市技能劳动者总量,对天津市人口发展产生深远影响。另一方面,为了继续推动在津长期居住、稳定就业的非户籍人员有序实现市民化,天津市不断完善居住证积分政策,充分发挥引导人口稳定就业、鼓励技能提升的作用。通过优化积分落户指标体系,取消落户名额限制,"十三五"时期共为7.66万人办理了积分落户。2022年1月1日起实施的新修订办法进一步放宽申请条件,将原来需"连续缴纳社会保险费满1年"方可申请积分,修改为"连续正常缴纳社会保险费满1年或者自2014年1月1日本市实施居住证管理制度以来累计正常缴纳社会保险费满3年"。积分落户和人才新政互为补充,全方位吸引普通劳动者和人才精英落户,为天津户籍人口增长注入强劲动能。"十三五"时期,天津户籍人口增加了103.78万人,是"十二五"时期的2倍多,年均增长率高达1.94%。

表1　2011—2022 年天津市常住人口、户籍人口规模　　　单位:万人

年份	常住人口	户籍人口
2011	1341	996.44
2012	1378	993.20
2013	1410	1003.97
2014	1429	1016.66
2015	1439	1026.90
2016	1443	1044.40
2017	1410	1049.99
2018	1383	1081.63
2019	1385	1108.18
2020	1387	1130.68
2021	1373	1151.56
2022	1363	—

资料来源:《天津统计年鉴》(2012—2022)《2022 年天津市国民经济和社会发展统计公报》。

(二)人口老龄化速度加快,家庭小型化趋势明显

进入 21 世纪以来,天津市人口年龄结构的变动呈现出三个特点:一是人口老龄化速度加快,60 岁及以上年龄人口比重十年间上升了 8.64 个百分点;二是少儿人口和老年人口占比同时上升带来人口抚养系数快速上升,总人口抚养系数从 2010 年的 22.42% 增至 2020 年的 39.33%;三是劳动年龄人口总量减少且占比持续下降,15—64 岁劳动年龄人口占全部人口的比例,从 2010 年的 81.68% 下降至 2020 年的 71.77%,十年间约下降了 10 个百分点。

第七次人口普查数据显示,天津市 65 岁及以上人口占比 14.75%,较全国平均水平高 1.25 个百分点。环渤海、华北、东北地区共包括七省两市(北京、天津、河北、山西、内蒙古、辽宁、吉林、黑龙江、山东)均为老龄人口多、老龄化

程度高的地区。2020 年七省两市 65 岁及以上人口达到 5450.1 万人,占常住人口的 14.76%,比全国平均水平高 1.26 个百分点,占全国 65 岁及以上人口的 28.6%。长期以来,外来人口为延缓天津市常住人口老龄化发挥了重要作用,但"十四五"时期天津老年人口数量将大幅增加,如果外来人口不能保持相应的快速增长,人口老龄化率还会迅速上升。假设天津"十四五"时期外来人口增长率维持2010—2020 年的平均水平,测算到 2025 年 60 岁及以上和 65 岁及以上人口占常住人口比重分别超过 25% 和 18%。

2020 年天津市家庭户共有 4867116 户,平均人口规模为 2.4 人,较 2010 年减少 0.4 人,家庭规模小型化特征明显。从天津市家庭户规模结构来看,家庭户规模以四人及以下为主,累计占比 94.8%,五人户及以上规模的家庭占比较低,并呈现随家庭户人数增加,占比逐渐减少的特征。占比较高的有二人户(1727332 户,占比 35.49%)、三人户(1209181 户,占比 24.84%)和一人户(1167393 户,占比 23.99%),其中一人户家庭占比(由 12.56% 增至 23.99%)、二人户家庭占比(由 28.64% 增至 35.49%)较第六次人口普查时期有较大增幅,三人户家庭占比(由 37.09% 降至 24.84%)有较大降幅。小型化、老年化、独居化的家庭结构变化趋势意味着传统的家庭成员互帮互助的形式进一步弱化,日益增加的老年照护的社会负担需要引起足够重视。

表 2　2010—2020 年天津市家庭规模变迁

家庭规模	2020 年		2010 年		增减(2020—2010)	
	户数(户)	占比(%)	户数(户)	占比(%)	户数(户)	占比(%)
合计	4867116	100	3661992	100	+1205124	0
一人户	1167393	23.99	460072	12.56	+707321	+11.43
二人户	1727332	35.49	1048811	28.64	+678521	+6.85
三人户	1209181	24.84	1358188	37.09	-149007	-12.25
四人户	511932	10.52	471303	12.87	+40629	+2.35
五人户	167772	3.45	232468	6.35	-64696	-2.90
六人户	65668	1.35	69847	1.91	-4179	-0.56

家庭规模	2020 年		2010 年		增减（2020—2010）	
	户数（户）	占比（%）	户数（户）	占比（%）	户数（户）	占比（%）
七人户	11920	0.24	14268	0.39	−2348	−0.15
八人户	3353	0.07	4787	0.13	−1434	−0.06
九人户	1165	0.02	1171	0.03	−6	−0.01
十人户	1400	0.03	1077	0.03	+323	0.00

资料来源：第六次和第七次全国人口普查数据。

（三）外来人口增长趋缓，家庭化迁移比例低

第五次人口普查时天津市的外来人口只有 87.3 万人，占常住人口（1000.88 万人）的 8.72%。2005 年，滨海新区开发开放被纳入国家战略后，天津市外来人口快速增长，到 2010 年第六次人口普查时已增加到 299.15 万人，占常住人口（1299.29 万人）的 23.12%。这一时期天津市外来人口增长速度在国内主要大城市中居前位，这种爆发式增长势头一直持续到 2014 年。同时，积分落户和海河英才行动计划相继实施，部分外来人口落户成为户籍人口，外来人口规模增长趋缓。2020 年第七次人口普查时，天津市外来人口达到 353.5 万人，仅比 2010 年普查时多 54 万人，远少于 2000 年和 2010 年两次普查期间 212 万人的增量。与国内主要城市横向比较 2010—2020 年外来人口增长数量和占常住人口比重可知，天津市外来人口年均增长 5.4 万人，低于北京（13.7 万人）、上海（15 万人）、广州（46.2 万人）和深圳（42.2 万人），外来人口占常住人口的比重与上述四个城市相比也是最低的，2020 年天津市外来人口占常住人口的比重只有 25.49%。外来人口增长减缓对天津市常住人口规模和结构将产生深远的影响。《天津市人口发展"十四五"规划》提出，到 2025 年天津市常住人口达到 1500 万人左右。要实现该目标，"十四五"期间常住人口需年均增长 23 万人。由于天津市常住人口自然增长率已趋近于零，人口增长只能依靠外来人口流入。如果外来人口增速仍然延续减缓趋势，天津市"十

四五"常住人口规模目标恐难实现。

表3　从"六普"到"七普"五城市外来人口增长比较

地区	"七普"人口（万人）		比"六普"时增长（%）		外来人口所占比重（%）	
	常住人口	外来人口	常住人口	外来人口	常住人口	外来人口
天津	1386.6	353.5	7.17	18.16	25.49	23.12
北京	2189.3	841.8	11.63	19.49	38.45	35.92
上海	2487.1	1048.0	8.04	16.74	42.14	39.00
广州	1867.7	937.9	47.05	97.03	50.22	37.48
深圳	1756.0	1243.9	68.46	51.29	70.84	78.87

资料来源:第六次和第七次全国人口普查数据。

　　根据2010年第六次人口普查统计,为工作就业来津的外来人口占80.77%,为学习培训来津的只有3.68%,因其他原因(为子女就学、照料孙子女、寄挂户口、拆迁/搬家、养老/康养等)来津的外来人口合计只占5.39%。到2020年第七次人口普查时,为工作就业来津的外来人口比例下降为49.7%,为学习培训来津的外来人口提高到11.05%,其他原因来津的外来人口已占到27.33%。尽管外来人口来津原因从较为单一的就业工作发展到越来越多元化,但与北京、上海等城市相比,天津的家庭化迁移比例仍然较低,主要表现为集体户比重高,单位就业的比例大,随迁的附属人口比重小。2020年47.66%的天津市外来人口属于集体户,52.34%的外来人口是家庭户。中心城区外来人口家庭化的比例不到一半。54.2%的外来人口租房居住,其中有3.76%的外来人口是租赁廉租房或公租房。从居留稳定性来看,家庭化迁移要明显高于单个人迁移,因为前者在做出继续流动选择的时候会面临除本人工作和生活之外其他家庭成员如配偶的工作生活及子女学业等诸多因素的制约。而且举家迁移会带动家庭成员的就业、创业和购房置业等行为,这些都会提高长期居留意愿。相反,单个人迁移者在抵御经济波动、突发变故等冲击方面的韧性更差,流失可能性更大。

二　天津市人口发展面临的多重挑战

城市发展是人口发展的根基,需要与之适配的人口条件作为支撑。"十四五"时期是天津夯实制造业立市战略、建设社会主义现代化大都市的关键时期,人口作为重要的生产要素、消费主体、社会构成基本单元,发展中面临诸多挑战。

（一）人口红利式微,人口集聚能力亟待提升

天津市所有区域中劳动年龄人口占比均在 58% 以上,市内六区劳动年龄人口比重较低。15—59 岁劳动年龄人口总量最多的是滨海新区,达到 141.79 万人,占全市劳动年龄人口总量的 15.76%;其次是西青区和武清区,和平区、宁河区和红桥区总量较少,占 2.5%—3.2% 左右。西青区和津南区的 15—59 岁人口占本区域全部人口比例最高,均超过 70%,其次是东丽区、滨海新区、北辰区、静海区和武清区,超过 65%,南开区、河西区、河东区、红桥区和河北区这一数值的占比较低。劳动力比重的整体水平表明人口红利尚存,但逐渐下降的趋势也预示着其对经济增长的支撑作用越来越弱了。

从发展趋势上看,天津市集聚外来人口和保持人口活力的前景并不乐观。一方面,我国即将迎来人口峰值,出生人口逐年减少、死亡人口逐年上升,人口负增长已近在眼前,2021 年全国人口仅增加了 48 万人。劳动年龄人口早在 2011 年就达到峰值,此后便逐年下降。中青年劳动力占劳动力总量的比重也在下降,意味着流动性最强的中青年劳动力会越来越稀缺。另一方面,以农民工为主体的外来人口的流动方式也在变化。根据国家统计局开展的农民工监测调查,近年来外出农民工特别是跨省流动农民工增速明显趋缓,流动方向也从中西部地区往东部地区的跨省流动转为省内就地近距离就业打工,这意味着天津市吸引外地农民工流入的难度会相应增大。

"十三五"时期天津市出台了一系列引才政策,放宽户籍迁入限制,鼓励外来人口流入,但常住人口增长尚未达到预期目标。主要原因是经济处于结构

转型升级和增长动力转换时期,传统产业逐步被新兴产业替代,对劳动力需求总量没有明显提升。与此同时,发展战略性新兴产业所需的高质量人才表现出结构性稀缺和不足,比如代表青年就业群体和高技能人才的大学毕业生留津比例逐年下降。根据天津市教委统计,2018—2020年天津籍毕业生在津就业人数分别占天津籍总毕业人数的75.4%、68.8%和61.3%,外地毕业生相应比例为33.4%、30.6%和21.9%,连续三年呈现小幅下降趋势,说明越来越多的高校毕业生不愿意选择留津就业。这些都从侧面反映出现有的人才引进和鼓励外来人口迁入的政策措施还需要改进。

(二)社会人口抚养负担持续加重,流动人口服务体系仍需完善

2020年天津人口抚养比为39.33%,其中少儿人口抚养比为18.77%,老年人口抚养比为20.56%。分区域看,蓟州区人口抚养负担最重,高达48.61%,其次是河西区、南开区、河北区、宁河区、红桥区、河东区、宝坻区、和平区、静海区和武清区,西青区、津南区、东丽区、北辰区和滨海新区的人口抚养负担较轻。从抚养负担结构上看,蓟州区、静海区、宁河区、宝坻区、武清区和和平区的少儿抚养负担较重,超过20%,红桥区、西青区和河北区负担较轻,低于16%;老年人口抚养负担较重的区域是河北区和红桥区,老年抚养比达到30%左右,负担较轻的是津南区、西青区、东丽区和滨海新区,在13%—16%之间。各区域少儿人口与老年人口占比的差异,对未来托幼服务、养老服务以及医疗资源提出了不同程度的需求。少儿抚养负担较高地区如蓟州区,需要在托幼服务和义务教育资源方面增加财政性公共支出预算;市内中心区域(和平区除外)整体的老年抚养负担都较重,因此在老年生活照护、养老医疗服务方面的需求更为集中,意味着社会用于退休金和养老保障、医疗保障等社会福利的支出将增加。

过去十年,天津市人口流动的一个显著特征是市域内人户分离加剧,人户分离人口占常住人口比重大幅提高。由于城市基础设施和基本公共服务建设具有一定滞后性,频繁的人口流动和较大的人户分离人口比重波动会影响基本公共服务建设规划的合理性,导致供给短缺或过剩,特别是那些根

据常住人口规模按比例配置的基本公共服务项目，如基层医疗卫生服务资源、小学和幼儿园学位数等。各区的义务教育发展基础本就存在不小的差距，人户分离人口流入进一步加剧了教育资源的不平衡。从小学专任教师与6—11岁小学学龄儿童数量对比来看，2020年天津市内各区之间相差很大，和平区为9.76：1，津南区为25.33：1。考虑到人户分离人口与人户一致人口对基本公共服务的差异性需求，在制定基本公共服务规划时必须根据实际情况区别对待。

（三）人口老龄化速度快规模大，银发经济市场尚待培育壮大

人口年龄结构变动所带来的人口红利从两方面促进了经济增长：一方面是劳动年龄人口绝对数量增加，提高了生产性人口相对于消费性人口的比例，充裕的劳动力供给有利于经济增长；另一方面是劳动年龄人口的相对增加降低了社会抚养比，从而将收入中的更多部分用于储蓄和资本供给。2020年天津常住人口总负担系数为39.33%，虽然与2010年相比提高了16.91个百分点，仍明显低于50%的理论临界值，也低于全国平均水平（45.9%）。天津市人口抚养比总体水平以及内部结构变化，一方面表现为少儿人口比重回升，表明全面放开二孩政策取得一定成效；另一方面表现为劳动年龄人口比例下降，老龄化程度明显加快，导致未来30—50年将持续面临人口高龄化压力。

除了发展速度快，基数大也是人口老龄化的一个典型特征，这意味着规模巨大的老年人口中蕴含着广阔的市场空间和巨大的消费潜力。银发经济覆盖养老、卫生健康服务、家政服务、日常生活用品、保险、金融理财、旅游娱乐、教育、咨询服务等多个领域。据《中国老龄产业发展报告》预测，到2050年中国老龄人口的消费潜力将增长到106万亿元左右，占GDP比重将增长至33%。即将步入老年的"60后"，消费观念和消费能力已与上一辈相比有了巨大的转变和质的不同，更加追求高品质生活、享受高品质服务。从天津市情况看，2021年老年人家庭的人均消费支出达到37040元，高于全市平均水平，银发群体显示出较强的消费能力，老年家庭在食品烟酒、衣着、交通通信等方面的支

出占比下降,医疗保健等消费占比提升,消费特征正加快从实用型向享受型过渡,从传统的衣食住行等实物消费向医疗保健、护理、家政、健康和疾病咨询等服务消费转变,文化、休闲娱乐、艺术、体育、旅游等精神消费需求不断增加。然而,银发经济发展尚处于起步阶段,相关产品和服务供给仍难以满足日益增加的老年人群体消费需求,行业发展面临很多痛点,主要表现在银发经济产品和服务的市场供给能力较弱、供给质量不高,行业发展不均衡,市场主体规模小,标准体系不健全等。

三 天津市人口发展的对策建议

《天津市人口发展"十四五"规划》提出,人口发展要为开启现代化建设新征程创造良好人口条件,为推进经济社会高质量发展提供坚实基础和持久动力。"十四五"时期,天津应继续坚持包容开放的人口政策导向,进一步提升人口集聚能力,保持人口规模稳定和适度增长,并将人口结构变化趋势切实融入经济社会发展的制度安排和政策设计中,推动人口与经济、社会公共服务、资源环境等协调发展。

(一)提升人口集聚能力,促进人口稳定适度增长

1.为外来人口就业创业创造更多机会

解决生计问题是影响人口流动决策最重要的因素。因此,天津市在推进高质量发展过程中必须保持就业需求不断增长,为外来人口提供更多更好的事业发展机会和前景。一是发挥项目牵引作用。围绕天津市先进制造定位加大招商引资力度,吸引更多企业来津投资布局,特别是吸纳就业能力强的新兴产业,积极承接北京非首都功能疏解,鼓励企业整建制迁入。二是大力发展民营经济。加大政策支持力度,强化法治保障,帮助民营企业发展转型和民营经济人士健康成长,充分发挥民营企业在就业吸纳和就业稳定中的作用。三是鼓励创新创业。加快发展各类创新创业载体,汇集创业力量,降低创业门槛,加大政策支持,强化科技金融支撑,营造良好创新创业生态,让"大众创业、万

众创新"成为推动城市转型和吸引外来人口的新引擎。四是弥补营商环境短板。改进政府管理和服务方式，规范市场行为，提高对小微企业、私营企业发展的支持力度和服务水平，稳定市场主体预期，增强外来人口在津自谋职业、自主创业的信心。

2.为外来人口长期定居提供稳定预期

外来人口来天津永久迁移的意愿较高，不仅因为大城市提供的就业机会多、发展前景好，而且可以享受良好的居住环境和优质的公共服务。因此，要从生活保障方面为外来人口长期居留提供长远打算和信心支撑。一方面，要提鼓励和支持外来人口家庭化。完善鼓励家属随迁政策，比如，放宽家庭成员的落户条件、提供就业创业支持、解决子女入学和老人看病问题，等等，解除外来人口家庭在津生活的后顾之忧。另一方面，要提高公共服务水平。根据单个外来人口及家属随迁的实际情况和不同阶段需求，做好就业、住房、生育、教育、医疗、养老等方面的公共服务制度安排和政策设计，特别是要通过大力发展保障性租赁住房建设和创新租赁住房供给方式解决好外来人口及其家庭的阶段性居住需求。

（二）把握老年消费升级趋势，顺势而为大力发展银发经济

1.培育有竞争力的养老项目

目前全国各地的养老产业缺乏统筹，存在体量小、结构单一、同质化竞争等问题，天津的银发经济大多集中于医疗保健和养老服务行业，尚未形成集聚优势和规模经济效应。一方面，要加强对银发经济高质量发展的顶层设计和统筹规划，为养老项目的发展目标、阶段任务、行业分布、重点项目等提供明确的指导，在养老服务体系、健康支撑体系、老年用品产业、科技化智能化升级等领域做好系统谋划、超前布局、集中优势发展。另一方面，要加强银发经济产业园区、养老服务产业集群、老年用品市场交易平台等方面的多方合作共建，优先培育一批带动力强、辐射面广的龙头企业，形成一批具有国际竞争力的知名品牌，推动养老相关产业向价值链中高端跃升，将天津打造成全国银发经济标杆城市。

2. 加强银发消费需求和市场供给的挖掘培育

根据银发消费特征,从需求侧和供给侧同时发力,深入研究老年人消费现状、特点、心理,引导老年人梳理科学理性健康的消费新理念,推动老年人消费升级。一是以需求为导向,聚焦重点消费品和旅游、健康、家政等服务消费,培育银发经济重点领域。二是相关企业应针对老年人需求的特殊性、差异性和多样性,准确定位市场和精确细分市场,开发设计多样化、个性化的老龄用品和服务。三是积极培育银发消费新业态,实施"银发＋行业"行动,打造"互联网＋银发"服务新模式,支持养老、文化、旅游、餐饮、体育、家政、教育、养生、健康、金融、地产等行业融合发展,为老年人提供"点菜式"就近便捷服务,创造银发经济的新业态、新模式。四是借助最新数字化技术手段,不断创新打造"智慧银发经济",探索智能化养老服务应用场景。

(三)适应人口结构变化形势,优化公共服务资源配置

1. 加快推进社会养老服务体系的构建与合理配置

随着天津市人口年龄结构持续老化,老年人口特别是高龄老人的规模和比重不断增加,老年人的抚养和照料负担将进一步加剧。与此同时,生育意愿和生育水平持续处于超低水平,日益小型化的家庭能为养老照护提供的资源也将更加紧缺。针对这一趋势,政府应加快构建社会养老服务体系,让有养老及医疗服务需要的老年人能够老有所养、病有所医。目前天津市 60 岁及以上老年人相对比例的区域差异较大,老年人口占比最高和最低的区域几乎相差一半,市内中心区域(和平区除外)的老年人口比重整体水平相对较高,其次是蓟州区、宁河区、和平区、宝坻区、北辰区;老年人占比较低的是东丽区、滨海新区、西青区和津南区。因此,各区域要在政策性公共支出及基础设施建设中因人施策、因地制宜,根据区域内老年人口规模及变动趋势科学合理构建医疗卫生和养老服务体系。

2. 注意基础教育资源结构的重新配置与动态调整

人口年龄结构效应和生育政策调整对天津义务教育阶段的少儿人口规模变化产生了较大影响。2010—2020 年,天津 5—9 岁少儿人口规模十年间

增加了 67.17% ,10—14 岁少儿人口十年间增加了 45.29% ,0—4 岁婴幼儿人口十年间增加了 32.14% 。不同年龄阶段人群规模变动需要对现有教育资源结构重新进行配置,动态调整教育资源的整合与衔接。从不同城区 0—14 岁人口的绝对规模上看,少儿人口总量最多的是滨海新区,其次是武清区、西青区、蓟州区、静海区和津南区,少儿人口总量较少的是河北区、宁河区、和平区与红桥区。因此,未来基础教育资源的空间优化配置,应该根据各区域的少儿人口绝对数量和相对比例的差异,配置相应的托幼服务机构和基础教育资源。同时,针对教育发展中存在的突出问题与主要矛盾,改革和完善教育体系中的制度安排,满足新形势下人才培养需要的同时,降低政策衔接不畅引发的学生在升学过程中逐级流失带来的损耗,进而提升各阶段教育发展的协调性和公平性。

注:本报告系国家社科基金一般项目(20BRK026)的阶段性研究成果。

参考文献:

[1]《天津市人口发展"十四五"规划》。
[2]《2022 年天津市国民经济和社会发展统计公报》。

天津市就业发展研究报告

牛　磊　天津社会科学院社会学研究所副研究员

摘　要： 就业是民生之本。天津市顺应新时代经济社会发展趋势,坚持稳中求进的工作总基调,始终坚持把解决人民群众就业问题放在重要位置。从总体看,2023 年天津市就业形势总体稳定,新就业形态发展迅速,就业服务措施更加优化。但天津仍面临就业压力多元化、重点群体就业存在"难点"、创业促进力度有待加强、就业服务效能有待提升等挑战。建议通过稳岗拓岗,提高就业容量;多措并举,推进重点群体就业;创业创新,激发就业活力;优化服务,增强就业质效等措施,促进天津市实现高质量就业和充分就业,为天津市稳定社会大局、实现经济社会持续健康发展提供助力。

关键词： 就业发展　高质量就业　充分就业

就业是最基本的民生。为有效解决就业问题,近年来国家出台了一系列重大政策部署。2023 年是全面贯彻落实党的二十大精神的开局之年。面对新形势新任务,天津市坚持稳中求进的工作总基调,积极贯彻落实国家的相关政策部署,更是把解决人民群众就业问题放在重要位置,用稳就业"实招"筑牢民生保障根基,助力天津经济社会持续健康发展。从总体看,目前天津市就业形势总体稳定,但仍面临一定的挑战,需要采取相应措施在高质量就业和充分就业方面进一步优化。

一 天津市就业现状分析

(一)就业形势总体稳定

2023 年天津市政府工作报告提出"全年城镇新增就业 35 万人,城镇调查失业率 5.5% 左右"的目标任务,并强调全力确保就业局势总体稳定,落实落细就业优先政策。截至 2023 年 9 月底,天津市通过深入实施就业优先政策,聚焦高校毕业生、农民工等重点群体做好就业服务工作,保持就业大盘稳定,实现城镇新增就业 29.14 万人,组织 23622 人参加就业见习,开展补贴性职业技能培训 8.2 万人次,帮扶 2.99 万人就业困难人员就业。提高失业保险待遇标准,惠及失业人员 15.37 万人。[①] 城镇新增就业人员稳定增长和各项就业措施有效实施,说明天津市就业形势总体保持稳定态势。

在 2023 年就业工作中,天津市注重加强重点群体就业支持。探索产教融合"微专业"建设,鼓励各高校根据企业需求开设"微专业"课程。综合运用鼓励就业见习、企业吸纳、灵活就业、基层就业等政策工具,强化公共招聘对接服务,精准做好困难毕业生和离校未就业毕业生实名制帮扶,促进高校毕业生等青年及早就业。[②] 对于高校毕业生,2023 年初印发《关于做好天津市 2023 届高校毕业生就业创业工作的通知》《关于做好天津市 2023 届高校毕业生就业创业工作的通知》《天津市开展 2023 年高校毕业生等青年就业创业推进计划实施方案》等通知要求,对各高校和相关单位在高校毕业生招聘活动等方面进行了部署,有利于高校毕业生用足用好相关政策资源。2023 年 8 月 9 日,天津市人社局专门召开人力资源社会保障工作调度推进会议,要求坚决扛起推动高质量充分就业政治责任,千方百计促进更加充分和更高质量就业。目前天

[①] 孟若冰:《20 项民心工程三季度"答卷"出炉》,《天津日报》2023 年 10 月 17 日,第 2 版。

[②] "全力保持就业局势总体稳定 努力提升就业质量",北方网,https://edu.youth.cn/wzlb/202305/t20230530_14551285.htm,访问时间:2023 年 5 月 30 日。

津市就业形势总体稳定。

（二）新就业形态发展迅速

随着互联网、大数据和云计算等信息网络技术的广泛应用,新就业形态不断涌现。新就业形态的出现为人们的美好生活提供丰富产品和服务的同时,也提供了大量的创业就业机会,尤其是给弱势群体带来就业机遇。把新就业形态培育好,是做好稳就业工作的重要内容。为此,天津市通过出台相关政策措施、举办"海河英才"创新创业大赛等方式,大力促进新就业形态的发展。

2023年2月1日,《天津新闻》报道:目前在天津,云账户服务的新就业形态劳动者达48万人。快递小哥、外卖骑手、网约车司机等从事平台经济的新就业形态劳动者不断增多。仅以美团天津鼓楼站为例,专送人员就达130余名,而这样的站点在天津市有60余个,从业人员超过8000名。天津作为"工匠之城",始终将新业态、新技术、新工艺所需技能人才队伍建设摆在突出位置。从培训、培养、使用、激励等环节持续发力,努力锻造高素质、技术精、专业强的技能人才队伍。[①] 天津市人才创新创业联盟也通过支持引进高端紧缺人才、人才培养和激励评价、联盟平台载体建设和加强联盟人才服务保障等措施加快推动人才引领高质量发展,为新就业形态培养急需的高技能人才。天津市还积极发展农村电商等新产业新业态,推进农村一、二、三产业融合发展,为农民工提供更多就近就业机会。随着信息网络技术的发展和人才创新创业联盟的推动,天津市新就业形态发展迅速,已成为带动就业的重要渠道,也为天津市经济发展注入了新动能。

（三）就业服务措施更优化

为提升就业服务质量,推动就业创业工作再上新台阶,天津市在就业服务方面围绕"四聚焦"加以优化。一是聚焦优先导向扩增量。全面落实减负稳岗扩就业政策,持续扩大就业容量。紧盯信创、智能制造、生物医药等领域新增

---

① 廖晨霞:《天津创新技能培训打造"工匠之城"》,《天津日报》2023年9月17日,第2版。

大项目、好项目,拓展就业新空间。二是聚焦创业带动增活力。实施重点群体创业推进行动,通过实施"创业环境优化"计划、"创业主体培养"计划等8项计划,推动重点群体创业。三是聚焦重点群体兜底线。实施未就业毕业生服务攻坚行动,拓宽市场化就业渠道,办好"百日千万"网络招聘等活动,组织1.2万人参加就业见习。加强困难人员就业援助,帮扶2万人以上就业困难人员就业,确保零就业家庭至少一人就业。四是聚焦服务提升创品牌。深入实施就业服务质量提升工程。打造"想就业、找人社"公共就业服务"津"字招牌,组织开展系列专项公共就业服务活动,促进供需有效对接。①

同时,天津市还全面优化并贯彻落实稳岗返还、一次性扩岗补贴、留工培训补助等就业服务措施。具体为:为适应"数字天津""健康天津"、制造业高质量发展等需求,加大技能培训支持力度。为切实发挥阶段性缓缴社会保险费政策效果,促进保市场主体、保就业、保民生,对已办理阶段性缓缴社会保险费的用人单位,可最迟于2023年底前补齐缓缴社会保险费。每招用1名高校毕业生,为其缴纳失业保险费1个月以上的,且审核补助时仍处于正常参保缴费状态,企业可享受一次性扩岗补助。补助标准按每人1500元一次性给予企业。落实就业困难人员认定及援助政策,对零就业家庭、低保家庭、残疾等人员及时提供"一对一"就业帮扶,实行动态管理,帮助就业困难人员尽快实现就业。此外,还实施了阶段性降低失业保险费率、募集就业见习岗位、压实工作责任、强化经办服务等优化公共就业服务的惠民生、暖民心政策措施。

---

① "天津落实落细就业创业工作:打造"津"牌就业 增进民生福祉",天津市人力资源与社会保障局网站,https://hrss.tj.gov.cn/xinwenzixun/meitijujiao/202303/t20230320_6144920.html,访问时间:2023年3月20日。

二 天津就业发展面临的挑战

（一）就业压力呈现多元化

由于产业结构升级、城乡区域格局调整和技术创新发展等多因素叠加，天津市在就业方面面临压力多元化的挑战。第一，受国际经济低迷、国内经济增速放缓形势的影响，天津市对经济发展方式和产业结构进行了调整，导致有些就业问题凸显。部分行业尤其是传统劳动密集型产业，因产能过剩和技术更新，就业岗位减少；高校教育培养模式滞后于经济社会发展需求，致使部分专业的高校毕业生因缺乏符合市场需求的技能而出现供过于求的情况；有些行业需要具备高端能力和技能的人才，但是很多劳动力缺乏这方面的能力和技能等。第二，随着经济逐步进入新常态，城乡和区域发展不均衡对就业的影响越来越明显。通常天津市内六区和经济发展较好的区域就业机会较多，而农村地区和经济欠发达区域的就业压力较大。城乡和区域发展不均衡导致的差距在工资水平、社会保障和公共服务等方面对就业的影响也较为明显。第三，科学技术的不断进步与发展给社会发展带来巨大动力的同时，也对劳动力素质、能力等方面的要求越来越高。尤其是人工智能等新兴技术的日益广泛应用，容易形成对就业数量的"创造效应"与"替代效应"，特别是就业"替代效应"会导致部分传统岗位消失、加剧就业人员的就业压力，所以更应引起高度重视。

（二）重点群体就业存在"难点"

第一，高校毕业生就业方面。天津市2023届高校毕业生已突破20万人。随着大学生人数持续处于高位，高校毕业生就业压力越来越大，而且高校毕业生就业的总量压力和结构性就业问题持续存在。受传统观念、社会文化和学生个体认识等因素的影响，高校毕业生就业观念还相对保守，"一次就业定终生"的思想仍然存在。有的学生即便不就业，也不愿从事不满意的工作。由于缺乏实践经验和创业资金等，大学生自主创业的主观能动性不强，应对自主创业挑战的准备不足。同时，部分毕业生所学专业与就业岗位不对口的问题依然存在，面临接受相关培训或转岗以提高就业竞争力的挑战。第二，农民工就业方面。就业环境差、专业技能与文化教育水平低、劳动时间长和职业薪酬低等原因，可能导致农民工就业机会不稳定、满意度低。同时，大部分农民工从事的是技能要求较低的工作，参加技能培训的机会少，限制了其在就业市场中的竞争力和发展空间。第三，其他就业困难群体，由于身体状况欠佳、年龄偏大或技能不足等，就业竞争力低。而且其大部分家庭收入用于基本生活支出，很少能用于各种职业培训，难以实现自我提升，致使就业困难持续存在。

（三）创业促进力度有待加强

天津市制定实施了一系列促进创业的相关政策措施，并取得了一定的成效，但受就业观念和工作方法等影响，创业促进力度仍有待进一步加强。第一，随着天津社会经济的不断发展，中小企业和私营个体户数量不断增加。但受传统就业观念影响，其中仍缺乏创业文化的宣传和体现。比如高校学生毕业、退伍军人转业和人员失业后，就业意识中仍然存在找个相对稳定的单位参加工作，想自己去干一番事业的少，自主创业的氛围没有形成。第二，当前"创业带动就业"项目和规模的着眼点较小，对现有较大规模企业的深入挖掘和利用不够。政府和职能部门多从政策出台和号召引导方面入手，在创业中如何充分发挥社会资源整合能力等方面还有很大潜力需挖掘和激发。第三，从目前创业技能培训方面看，存在培训学员的基础参差不齐、培训时间较短、实践培训较少等问题，致使有创业意愿的人员经过培训后，其能力仍未能达到创业的基本条件，在真正创业时仍需要自己在不断摸索中前进。创业是一项系统工程，需要政府在创业促进力度上给予全方位的支持和帮助。

（四）就业服务效能有待提升

就业服务效能关系到千家万户的切身利益。目前天津市就业服务效能要真正满足企业和劳动者的需求还有待进一步提升。主要表现在：就业服务信息不对称问题仍然存在,就业服务机构对就业市场信息难以及时获取,导致求职者对市场需求、就业机会和职业发展等信息了解不足。而用人单位的招聘信息和需求不可避免地存在未能充分、及时传达给求职者的问题。同时天津就业服务机构提供的就业渠道有限,主要还是依赖传统的如校园招聘、招聘会等就业渠道,缺乏一个用人单位与求职者之间线下线上充分交流的平台,从而无法满足所有求职者的需求,尤其是影响新兴行业招聘信息的畅通,对有跨地区就业需求的求职者也无法提供足够支持;就业服务机构在职业规划和指导方面,因无法对求职者的技能水平、实践经验、工作需要和用人单位真正需求等充分了解,从而缺乏个性化的就业建议和指导。

三 促进天津实现高质量就业的对策建议

就业是基本的民主,稳就业就是稳民生。当前和今后一段时期,天津经济社会发展保持总体稳定的同时,也存在一些不稳定、不确定性因素。受其影响,天津市就业发展依然面临多重困难,需要积极应对。为进一步做好就业工作,实现更高质量就业,需要从以下四方面进一步完善和优化。

(一)稳岗拓岗,提高就业容量

1. 增强助企服务,稳定岗位存量

要全面落实就业优先战略,助力企业发展和稳定岗位存量紧密结合是根本。第一,优化企业营商环境。认真贯彻落实天津市《优化调整稳就业政策全力促发展惠民生若干措施》等政策,尤其是强化企业扩岗支持政策、开展金融助企稳岗扩岗业务等措施。积极听取企业发展思路和计划,主动帮助企业改善经营,协调解决企业在生产经营、项目运作中遇到的实际问题,稳定企业用工需求,充分发挥企业稳就业主体的重要作用。第二,帮助企业积极应对各种内外部风险和挑战,全力做好企业稳岗就业"加法",降费返保"减法",打好"减免返缓奖补"政策组合拳。坚持减负、稳岗、扩就业并举,激发企业发展活力和动力,全力促进企业稳就业。第三,强化助企惠企政策宣传。宣传中聚焦

群众关切和企业需求,扩大助企纾困政策宣传渠道和覆盖面。疏通和解决企业办事的"堵点""难点",确保助企、惠企政策落实到位,为企业高质量发展提供有力的政策保障,让政策红利充分转化为企业发展动力。

2. 抓好岗位开发,扩大就业增量

要扩大就业增量,还需要加快全方位就业服务体系建设,广泛动员社会责任感强的用人单位提供更多就业岗位。比如推动产业转型升级赋能,加大企业急需紧缺职业(工种)的技能培训,引导并支持企业开发更多产业领域的就业岗位;引导和鼓励社会资本对服务业的投入,加快服务业发展及品质化升级,提升服务业对就业的吸纳能力,将服务业打造成拓岗就业的重要支撑;挖掘基层专职就业岗位,包含推动就业社保、教育培训、医疗卫生、养老服务、社会工作等领域社会服务机构的就业机会;积极有效、最大限度地多渠道开发公益性就业岗位,充分安置就业困难人员;支持并鼓励街道(乡镇)社工站、社区社会组织等的培育发展,充分挖掘社区服务需求,扩大就业见习范围等。

3. 发展数字经济,拓宽就业新空间

《2023 中国数字经济前沿:平台与高质量充分就业》研究报告中提道,据不完全统计测算,以抖音、京东、淘宝等为代表的平台,2021 年为我国净创造就业约 2.4 亿人,为当年约 27% 的我国适龄劳动人口提供就业机会。可见,数字经济改变了传统经济下的就业形态,在拓宽就业新空间、优化就业结构中发挥了重要作用,已成为新就业岗位的"孵化器"和"蓄水池"。为此,应大力发展互联网、物联网、人工智能等新兴产业,做大做强数字经济平台,并和实体经济实现深度融合。引导和鼓励网约服务、直播带货、电商、快递等新兴行业的发展,带动越来越多的人通过线上实现持续扩大岗位供给;加强校企合作,促进产学融通,将数字经济教学与实践操作相结合,顺应数字经济中的就业形态变化,不断拓展数字经济就业创业空间,为天津市实现高质量就业注入动力;完善数字经济就业政策和保障体系,优化数字经济就业创业发展环境,让就业者通过数字平台可以实现职业信息搜索、职业指导、就业服务等,让就业者便捷享受到数字经济下的公共就业服务。

(二)多措并举,推进重点群体就业

1. 促进高校毕业生就业

"高校毕业生就业事关民生福祉和社会稳定。做好这项工作,不仅要在'毕业季'集中发力,更要以系统、长远的眼光综合施策,完善就业链条、健全长效机制、汇聚多方合力,推动就业优先战略发挥更大效用。"[1]为此,应把促进高校毕业生就业摆在就业工作的首位,促进高校毕业生就业。除了引导高校毕业生转变就业观念、树立正确的择业观,还应稳定机关事业单位岗位规模,加大优秀高校毕业生在就业中的储备力度;支持国有企业扩大招聘规模,充分吸纳毕业生就业;提高基层吸纳高校毕业生就业能力,引导大学毕业生流向社区基层就业;鼓励街道(乡镇)社工站、社区社会组织充分挖掘社区服务需求,推动有关城乡社区、社工站设立就业见习岗位。此外,还应在加大就业培训力度、鼓励灵活就业创业、简化求职就业手续、优化人才评价机制等方面做好服务,促进高校毕业生高质量充分就业。

2. 加强对就业困难人员的扶持

对于就业困难人员,应通过充分挖掘岗位需求、丰富岗位种类、创造更多就业岗位等措施进一步加大扶持力度,全方位、多层次、多渠道推动就业困难人员实现就业或再就业。为此,应建立就业困难人员认定标准动态调整机制,深入推进困难人员就业暖民心行动,提供"一对一"就业援助,优先推荐低门槛、有保障的爱心岗位,统筹发挥公益性岗位的兜底帮扶作用;通过完善就业困难人员就业扶持政策,搭建就业指导、职业培训、创业实践平台等,对就业困难人员实施就业帮扶;在就业困难人员相对集聚区域,规范建设"零工驿站",通过灵活就业,帮助他们更好地实现在家门口就业。

3. 加大促就业专项行动力度

在贯彻落实相关促就业政策部署的同时,为扎实做好保就业工作,确保全年就业目标任务顺利完成,应加大促就业专项行动力度。为此,可以实施保就

---

① 邱超奕:《持续加力促进高校毕业生就业》,《人民日报》2023 年 8 月 10 日,第 14 版。

业百日攻坚专项行动，重点解决就业政策落地落实、就业服务提质增效、重点群体就业促进、就业帮扶及权益维护中的突出问题。各高校继续深入开展"访企拓岗促就业"专项行动，调研企业单位用人需求，主动挖掘有效资源，拓宽就业渠道，推进校企深度合作、供需对接，为高校毕业生开拓更多就业岗位和机会、实现高质量就业保驾护航。加大"春风行动""就业援助月"等专项行动，通过大范围政策集中宣传，多渠道推介就业创业项目，提升职业指导、职业介绍等就业服务水平，推出个性化暖心关怀举措，让有需求的农村劳动者和就业困难人员都能享受到促就业专项行动的帮扶。

（三）创业创新，激发就业活力

1. 落实政策，促进创业带动就业

天津市出台了一系列就业创业政策，只有"健全创业带动就业政策，落实创业担保贷款贴息、创业带动就业补贴等创业扶持政策。鼓励支持事业单位专业技术人员创新创业"[①]，才能真正激发劳动者就业创业的积极性，从而促进创业带动就业。第一，加大创业简政放权力度，贯彻落实鼓励创业发展的优惠政策、劳动关系和社会保障制度等，拓展创业空间，激发创业主体活力，创造更多创业机会。第二，提升创业带动就业服务。及时掌握创业主体基本情况，采取电话联系、短信推送、上门走访等方式主动广泛、深入的服务，实施"送政策、送培训、送服务"精准扶持。开展具有行业特色的创业沙龙、讲座培训和座谈研讨等活动，吸引更多创业者实现有效交流与合作。第三，以"大众创业、万众创新"为契机，认真落实高校毕业生创业带动就业促进计划和民工返乡创业引领工作，进一步调整优化扶持政策，依托创业服务载体，帮扶和鼓励其自主创业。在资金扶持、人才培训、租金减免和项目孵化等方面提供全方位服务，推动创业带动就业倍增效应进一步释放。

2. 营造全民创业的浓厚氛围

促进全民创业的关键是营造全民创业的浓厚氛围。浓厚的创业氛围是促

---

① 许婷：《后疫情时代就业形势分析与对策——以福建省龙岩市为例》，《就业与保障》2022 年第 9 期。

进全民创业最重要、最直接的孵化器,是真正激发人民群众干事创业的重要保障。为此,应强化全民创业的观念,大力弘扬自强、拼搏、进取、开拓和实干的创业精神,在全社会营造崇尚创业、争相创业、人人创业、创业光荣的氛围;大力宣传创业典型,包括党政干部、农民、大学生、下岗职工各类创业典型,用典型激励人、鼓舞人、启迪人,让群众学有榜样、干有劲头、赶有标兵;要破除阻碍创业的体制和机制障碍,降低创业门槛,加大创业扶持力度,进一步优化政策环境,完善和落实鼓励和扶持创业的各项优惠政策;要搭建创业舞台,加强创业教育,普及创业意识,让创业成为每个人的价值取向和自觉行动;大力培育创业文化,形成政府激励创业、社会支持创业、劳动者勇于创业的新机制,在全社会形成浓厚的创业文化氛围,真正实现创业带动就业。

3. 建设多元化创业孵化产业园区

创业孵化产业园区不仅在培育高新技术企业和企业家方面效果显著,而且在推动企业建立创新机制、盘活资产,尤其是促进就业方面具有重要作用。要建设多元化的创业孵化产业园区,让创业孵化产业园区真正发挥作用,应为创业者提供开放的办公环境和齐全的办公设施,并以较低的价格使用这些办公资源,帮助创业者改善创业办公条件,克服创业初期的暂时困难;同时使创业者在园区内可以自由交流创业经验,把握行业热点,解决技术难题,发掘有市场价值和商业潜力的项目,为创业者和投资人的交流合作提供便利。应不断开拓创新,完善创新创业的各项服务功能,为创业者提供符合实际需求的、面对面的个性服务,保证和提高科技创业的成功率。应有一个政策宽松、功能齐全、服务到位又充满生机活力的创业环境,不仅更好地吸引众多的创业者,而且能促进信息交流和资源共享,有效提高工作效率,促进孵化项目的稳定发展。

(四)优化服务,增强就业质效

1. 加强就业信息服务平台建设

就业信息服务平台建设是推进就业服务均等化的基础工程,是实现岗位供需双向快速有效对接的桥梁和纽带。要加强就业信息服务平台建设力度,切实解决好服务群众就业"最后一公里"问题。应加强人力资源供需信息库建设,健全和完善就业信息服务所必需的软硬件设施和相应的支撑服务系统,为就业对象提供稳定、高效、便捷的服务;建立健全招聘信息、线上求职和供需双方线上远程面试等功能。这不仅可以有助于企业用工和劳动者求职信息的及时发布,而且可以与各人力资源就业服务平台实现信息数据共享,提高用人单位和求职者的匹配率和成功率;加强对就业服务政策、就业形势和培训等内容的宣传和解读,引导企业规范用工管理,创造更多社会价值。引导求职者转变就业观念,提高自身素质,更好地实现人生价值。最终实现政策实施、就业管理、招聘服务等全程信息化,推动就业工作由"群众跑腿"向"数据跑腿"转变。

2. 加大就业创业培训力度

科技发展和产业变革日新月异,对就业者的职业素质要求越来越高。结合科技发展趋势和市场就业需求,高度重视就业培训是有效缓解天津市经济新常态背景下人才短缺的重要途径。第一,结合市场需要,围绕产业升级,以线上和线下相结合的方式,全面开展就业技能培训进社区、进企业、进校园,搭建就业者职业生涯发展的绿色通道。第二,创新培训方式和内容,提升培训的实效性。一方面,就业培训要坚持需求导向,创新推广学徒制、多媒体培训、学工一体等培训方式。还可以通过"订单式""定向式""定岗式"等方式实施"靶向式"培训。另一方面,更新优化培训内容和课程设置,确保有培训需求的企业和个人能够找到与其岗位相匹配的培训内容。健全培训绩效评估体系,对培训中发现的各种问题及时进行修订与完善。第三,整合资源,完善在线技能培训平台,引导有就业需求的人自主学习职业技能,努力提高就业者的适配度。尤其是针对部分个性化、特殊性岗位,在培训专业或方向等方面真正实现需培尽培。

3. 提升"津"牌就业高质量服务

高质量服务是促进高质量就业的重要保障。尤其是随着新业态新职业的不断涌现,要打造"津"牌就业,只有提供优质就业服务才能保证就业的质量和效率。第一,必须树立现代服务理念。明确就业对象就是我们提供服务的消费客户,而客户对服务的满意程度决定了服务产品及其提供服务机构的价值,真正把就业服务内容标准化、客户化、价值化。第二,提升就业服务能力建设,完善就业各环节的信息管理服务系统。加快就业数据的整合,提高数据使用效率,推动就业服务信息化、个性化。科学有序地推进劳动力供给和需求匹配,尽可能缩短用人单位招聘和劳动者求职的时间。第三,打造"想就业、找人社"公共就业服务"津"字品牌,构建全覆盖、全过程、便捷、高效的公共就业服务体系。在天津市就业服务人员树立"想就业、找人社"工作理念和提高就业服务能力水平的基础上,开展比如组织就业专项或帮扶服务、开展专题栏目、畅通就业服务渠道等具有"津味"特色的一系列活动,唱响"想就业、找人社"公共就业服务"津"字品牌。只有把"津"牌服务做好,并在促进高质量就业中充分凸显出来,才能刺激就业的有效需求,真正解决就业问题。

天津市教育发展研究报告

杨春芳　　天津市教育科学研究院副研究员

摘　要： 天津市全面深入贯彻落实党的二十大精神,以高质量发展"十项行动"为抓手,深入实施科教兴市战略、人才强市战略、创新驱动发展战略。围绕深入落实科教兴市和人才强市战略,扎实推进"大思政课"综合改革,深入推进基础教育综合改革国家实验区建设,持续深化部市共建现代职业教育体系新模式,全面推动高等教育改革发展,着力深化职普融通、科教融汇、产教融合,教育支撑和服务社会主义现代化大都市建设的作用更加凸显。天津市将加快推进教育强市建设,深入推进基础教育综合改革国家实验区建设各项任务,持续深化产教融合、科教融汇,深入落实京津冀教育协同发展,加快推进教育数字化转型创新等,为全面建设社会主义现代化大都市提供有力的基础性、战略性支撑。

关键词： 科教兴市　职普融通　产教融合　教育强市

2023 年,天津市坚持以习近平新时代中国特色社会主义思想为指导,全面贯彻落实党的二十大精神,以办好人民满意教育、建设高质量教育体系为目标,深入推进教育现代化"十四五"规划各项重点任务。深入落实科教兴市和人才强市战略,深化职普融通、产教融合、科教融汇,加快推进教育强市建设。

一 天津市各级各类教育发展概况

天津市始终坚持教育优先发展,以为党育人、为国育才为根本目标,全面贯彻党的教育方针,完善立德树人根本任务落实机制,坚持和加强党对教育工作的全面领导,不断深化思政课改革创新,提高基础教育办学质量,加快推进高校"双一流"建设,深化现代职业教育体系建设改革,打造职业教育创新高地,高质量建设天开高教科创园,不断深化教育重点领域改革,推动教育事业高质量发展。

(一)持续深化落实立德树人根本任务

1. 大中小学思想政治教育不断深化

天津市大中小学思想政治教育取得了一系列里程碑式的进展,成立天津市中小学课程思政研究中心,在全国率先研究制定《天津市中小学课程思政建设实施方案》,研究制定涵盖基础教育各学段和特殊教育,覆盖语文、数学等全部国家课程的 41 个学科课程思政教学指南,为中小学课程思政建设提供专业指导。2023 年,由天津科技大学牵头组建的"大中小学思政课一体化共同体"成功获批。在此基础上,进一步完善"1 + N + X"的习近平新时代中国特色社会主义思想课程体系,聚焦发挥思政课关键课程作用,在机制建设、课程改革、师资队伍、课内外协同等方面深化改革创新,统筹推进大中小学思政课一体化建设,全面提升学生的思想政治理论素养,努力培养堪当民族复兴重任的时代新人。

2. "大思政课"综合改革深入推进

2023 年,作为全国首批"大思政课"建设综合改革试验区,天津市制定"一主、三辅、一平台、两机制"的总体设计,探索完善思政课教师队伍全流程阶梯式培养体系,设立区校共建思政课协同创新基地、大中小学思政实训基地、思政课主题教室,推进大中小学思政课教学内容和目标有效衔接,不断深化推进试验区建设。建设思政课教学改革重点实验室,深入推进实践教学改革试点,积极培育职教思政特色品牌。不断深化"三全育人"综合改革,滨海新区、和平区、河西区、南开区等11个区入选"大思政课"综合改革示范区,南开大学、天津大学、天津师范大学等20所高校入选"大思政课"综合改革示范校。①

3."双减"工作全面深化落实

2023年,天津市继续坚持"巩固、深化、提升、防风险"总思路,持续推动"双减"工作走深走实。全市义务教育学校充分发挥育人主阵地作用,坚持减轻负担与提质增效并重,不断完善德智体美劳全面培养、"五育并举"的育人体系,整体提升学校办学质量和育人水平。深入落实新时代基础教育强师计划,各学校合理配备音、体、美等学科教师,有力解决教师队伍学科结构性矛盾。制定实施《天津市义务教育课程实施办法(试行)》,开齐、开足、开好各类课程,进一步深化义务教育课程改革。深入实施课后服务"重实效、提质量"专项行动、课堂教学"提质增效"专项行动,以及作业设计质量提升专项行动,提升"双减"实效。制定实施《天津市规范面向中小学生的非学科类校外培训的实施方案》,进一步深化校外培训机构治理,全面规范非学科类培训行为,完善非学科类培训机构监管体系。深入落实《教育部等十八部门关于加强新时代中小学科学教育工作的意见》,举办赋能"双减"系列科普资源对接活动,积极搭建市级科普基地与中小学科普资源对接交流平台,如南开大学物理科普基地、天津商业大学青少年创客科普基地等与中小学签署科普赋能"双减"进校园共建协议,激发青少年科学兴趣、培养科学思维、提升科学素养,②全面整合社会优质资源,丰富课后服务内容,提高课后服务质量。

（二）深入推进基础教育优质均衡发展

1.学前教育更加普及普惠

2023年,天津市在学前教育普及普惠上达到新高度。深入推进实施学前

---

① "天津启动"大思政课"综合改革示范区、示范校培育建设工作",中国教育新闻网讯,https://no1news.com/news/382285.html,访问时间:2023年2月14日。

② 《我市举办赋能"双减"系列科普资源对接活动》,《天津日报》,2023年6月12日,第5版。

教育发展提升行动,各区普惠性学前教育资源覆盖率达到80%以上,深入开展优质园与薄弱园结对帮扶,进一步扩大优质学前教育资源和普惠性学前教育资源覆盖面,学前教育普及普惠水平得到进一步巩固。

2.义务教育优质均衡发展深入推进

2023年,天津市在推动义务教育优质均衡中取得新进展。在义务教育优质均衡发展三年行动基础上,深入推进河西区、红桥区、北辰区、武清区4个义务教育优质均衡先行创建区建设,与教育部签订《义务教育优质均衡发展备忘录》,加大统筹力度,完善区域义务教育优质均衡发展动态监测机制,持续深入推进义务教育优质均衡发展。深入实施薄弱农村学校提升工程,进一步改善农村中小学办学条件。建成滨海新区大港中塘镇中学、河东区实验学校、河北区五十七中(初中部)、河西区鲁能小学、南开区水上小学李七庄校区、东丽区雅郡小学、津南区天津实验中学津南学校、西青区辛口镇第二中心小学、北辰区运河小学等18个义务教育学校,新增义务教育学位2.72万个,[①]各区义务教育学校布局更加合理。

3.普通高中育人方式持续深化转变

天津结合实施普通高中新课程新教材,大力推进普通高中育人方式持续深化转变。进一步在全市实施"品牌高中"建设项目,在全市遴选30所"品牌高中"项目培育学校,引领全市普通高中学校丰富育人方式,多样化发展,由标准化、规范化发展进一步向高质量、特色化发展转变,以品牌高中校建设辐射带动全市普通高中整体质量的提升。同时,为贯彻落实国家《"十四五"县域普通高中发展提升行动计划》和《普通高中学校办学质量评价指南》,大力实施"强校工程",出台《天津市普通高中"强校工程"实施方案》,在全面完成普通高中现代化标准建设的基础上,在全市遴选35所"强校工程"项目学校,加快提升相对薄弱学校的办学质量,进一步缩小城乡普通高中办学差距。

4.优质教育资源全面辐射引领

2023年,天津市在优质教育资源辐射引领上探索出一系列新做法。将

---

① "天津20项民心工程最新进展",网信静海,https://baijiahao.baidu.com/s? id = 1780145091897872798&wfr = spider&for = pc,访问时间:2023年10月10日。

"优化调整教育资源,满足群众教育需求"列入 20 项民心工程,出台《关于实施基础教育优质资源辐射引领 2.0 工程的若干措施》,明确优化市教委直属学校合作办学、优化区域教育发展共同体、优化远城区区内城乡学校帮扶共同体、优化优质学校集团化办学、优化义务教育学校学区化办学、优化数字化教育资源供给 6 项重点任务,深入推进优质教育资源辐射,优化优质教育资源配置,使优质资源布局更加合理,覆盖面和受益面进一步扩大,带动全市基础教育质量整体提升。

5. 特殊教育质量进一步提升

天津市在特殊教育发展中出台一系列新举措。为进一步提升特殊教育水平,制定《天津市"十四五"特殊教育发展提升行动实施方案》,明确到 2025 年,适龄残疾儿童义务教育入学率达到 99%,随班就读比例达到 50%。聚焦特殊教育事业更加公平而有质量的发展,在教师队伍建设、课程教材建设、教育教学改革等方面不断推出举措,加快构建布局合理、学段衔接、普职融通的高质量特殊教育体系。推进随班就读,建立健全学校随班就读工作长效机制,确保适龄残疾儿童应随尽随。做好送教上门,科学认定服务对象,规范送教上门形式和内容,确保残疾儿童完成义务教育。在促进职业教育和特殊教育的融合发展方面,进一步优化职业教育课程设置,支持城市职业学院特教班、聋人学校中职部和视力障碍学校中职部增加适应听障、视障学生学习特点和市场需求的专业类别,促进残疾人的康复与职业技能上的双提升,促进残疾人实现最大限度的发展,全面提高特殊教育质量。

(三)深入推进国家职教创新示范区建设

1. 现代职业教育体系建设不断深化

2023 年,天津市现代职业教育体系改革亮点纷呈。天津市深入落实教育部提出的全国职业教育改革领军者、新高地定位,围绕加强关键能力建设、全面贯通人才成长通道、服务产业转型升级、打造国际交往中心、做优做强"鲁班工坊"五个方面,持续深化现代职业教育体系建设。教育部和天津市人民政府联合制定《关于探索现代职业教育体系建设改革新模式的实施方案》,明确提出组建区域产教联合体、组建产业链产教融合共同体等五个方面 17 项重点任务,细化分解任务分工,力争用 2—3 年时间,建成产教深度融合、职普相互融通,更好服务人的全面发展和经济社会高质量发展的现代职业教育体系。同时,天津职业教育着力加强与高等教育和继续教育的协同创新,着力在建立课程教材产教联合开发机制、完善"工匠之师"培养培训体系、创新拔尖技术技能人才选拔培养机制、校企共建产业学院等方面积极探索,不断取得新突破。

2. 职业教育产教融合不断深化

2023 年,天津市职业教育产教融合迎来大发展。近年来,作为全国新时代职业教育创新发展标杆,天津市坚持以世界一流职业教育促进产业转型升级,通过产教融合培养大批高素质技术技能人才,为智能制造提供人力支撑,赋能高质量发展。紧密对接"1 + 3 + 4"产业体系,试点建设高端装备制造、新能源 2 个产业链产教融合共同体,实行校企联合招生,更好服务产业链技术改造,深化产教融合。2023 年 10 月,天津经济技术开发区生物医药产教联合体、天津港保税区高端装备制造(海洋工程装备)产教联合体、天津滨海高新技术产业开发区信创产教联合体、天津东疆综合保税区数字经济产教联合体正式揭牌成立。[1] 联合体以职普融通、产教融合、科教融汇为导向,通过以教促产、以产助教,以服务生物医药、高端装备、信创、数字经济等产业高质量发展为目标,依托重点产业链,发挥产业园区优势,汇集全市四个领域的重点企业、高校、科研院所等,深化产教融合、产学合作,充分发挥政府统筹、产业聚合、企业牵引、学校主体作用,打造兼具人才培养、创新创业、促进产业经济高质量发展功能的产教联合体。同时,天津滨海高新区信创产教联合体和天津经开区生物医药产教联合体是教育部公布的第一批市域产教联合体。[2]

3. "鲁班工坊"高质量打造职业教育输出体系

2023 年天津市更加重视"鲁班工坊"的高层次、长远性、系统性研究。天津市积极推进国际品牌"鲁班工坊"在国内外的知识产权保护工作,完成在英

① 《天津市产教联合体成立》,《天津日报》2023 年 10 月 11 日,第 2 版。
② 《我市两单位入选教育部首批市域产教联合体》,《天津日报》2023 年 10 月 11 日,第 2 版。

国知识产权的申请。组织开展"鲁班工坊"质量评估，对巴基斯坦"鲁班工坊"、印度"鲁班工坊"等建设情况，从项目管理、成效经验以及特色成果等多个方面进行全面验收评估，强化对海外"鲁班工坊"建设质量的监管服务。天津在海外已建成的"鲁班工坊"，围绕智能科技、新能源新材料、先进制造等重点领域，开设覆盖铁路运营、新能源材料、中医中药等 14 个大类 54 个专业，形成了从中职到高职、应用本科和研究生层次的国际职业教育体系，为"一带一路"合作共建国家和中资企业培养了大批国际化本土人才。"鲁班工坊"人才培养标准和专业建设质量获得广泛认同，已有 12 个国际化专业教学标准获得合作国教育部批准，并纳入其国民教育体系。随着建设标准的不断完善，"鲁班工坊"已成为"一带一路"倡议深入推进的重要助推器和职业教育"走出去"的"国家名片"。

（四）继续推进高等教育高质量内涵式发展

1. 高校"双一流"建设持续深化

2023 年，天津市高校"双一流"建设取得可喜成绩。天津市深入落实教育部新一轮高校"双一流"建设要求，加快天津工业大学、南开大学、天津大学、天津医科大学、天津中医药大学 5 所高校、14 个学科"双一流"建设。以学科建设为抓手，带动人才引育和科技创新，建设创新人才培养高地。支持天津师范大学、天津科技大学、天津体育学院建设 7 个"优先发展学科（群）"。深入实施顶尖学科培育计划，扶植 52 个冲击国内一流的基础学科、新兴学科、交叉学科和哲学社会科学学科，试点建设服务国家战略和天津需求的交叉学科创新中心。[①] 深入开展新工科、新医科、新农科、新文科教学与实践项目建设等，扎实推进一流本科专业建设。

2. 人才自主培养质量全面提升

2023 年，天津市持续探索拔尖创新人才培养新路径。全市本科高校以产业需求为导向，紧密对接 12 条重点产业链，深度调整学科专业设置，深入推进

---

① 《我市以"双一流"建设引领高等教育发展》，《今晚报》2023 年 2 月 10 日，第 1 版。

学科链、产业链一体发展,进一步深化供给侧结构性改革。进一步完善专业动态调整机制,开展专业设置调整和新专业建设评估,加强产业需求旺、就业前景广、人才缺口大的学科专业布局建设,推动有条件的高校探索书院制、学分制、导师制交叉融合的创新育人模式。天津市教委联合市发展改革委、市科技局、市人社局等制定出台《天津市进一步支持大学生创新创业的若干举措》,进一步加强创新创业教育示范校和示范项目建设,推进创新创业教育学院和实践基地建设,推出大学生在津创新创业项目等,以创新带动创业、带动成果转化,全面提升人才培养质量。

3.促进校地协同产学研深度融合

2023 年,天津市深入实施高校企业协同创新伙伴行动,深入推进服务产业特色学科群建设计划,探索出"学科 + 产业"的学科建设新模式。天津市教委与市科技局、市工业和信息化局、市人社局联合,深入实施服务产业特色的学科群建设计划,如天津财经大学数字经济与平台治理、知识工程与数字政府治理 2 个学科群,天津理工大学信创及生态技术、医药与生命健康产业、工业绿色低碳技术与资源循环利用等 4 个学科群入选,以五年为一个周期,全面对接天津"1 + 3 + 4"现代工业体系,支持高校加快高水平科技成果转化,更好对接服务国家重大战略和天津市重大需求。如天津城建大学与津燃华润燃气有限公司、天津市地下铁道集团有限公司等 12 家公司签约校企协同育人共建,全面推进产教融合和科教融汇。天津城建大学不断深化教育教学改革,完善新工科人才培养模式,坚持将科研、教学、实践有机整合,依托产教融合示范学科专业创建校企协同创新联合体,打造"实践教学—工程实训—实习培养—校企联合"全方位实践平台,成立 18 个劳动教育特色工坊,建设 378 个实习实训基地,大力提升新工科人才培养质量,扩大就业创业,推进产业转型升级。①

---

① "天津城建大学与 12 家企业签约协同育人",中国教育新闻网,http://www.jyb.cn/rmtzcg/xwy/wzxw/202309/t20230926_2111097928.html,访问时间:2023 年 9 月 27 日。

二　面临的挑战

2023 年,天津市深入贯彻落实党的二十大提出的教育、科技、人才"三位一体"统筹安排、一体部署,全面对照中国式现代化发展的全方位人才需求、科技需求,锚定"四高"奋斗目标,加快构建高质量教育体系。但是,对照教育强国建设规划纲要明确的目标和任务,在加快推进教育强市建设上仍存在亟待提升的方面。

1. 基础教育综合改革需提升集成效果

作为基础教育综合改革国家实验区,天津市已细化制定建设方案,明确构建"1 + 4 + 3 + N"整体育人框架,着力破解制约基础教育改革发展的瓶颈,系统探索全面提高基础教育质量的有效路径,旨在"到 2025 年,初步建立结构完善、优质均衡、特色明显、富有活力、品质卓越的基础教育育人体系,打造全国基础教育综合改革和高质量发展新高地"。[①] 但是,在深化单项改革和综合改革集成效果上,天津市需紧紧把握住深化基础教育综合改革落地见效的重要"窗口期",在完善学校教育公共服务体系方面,进一步统筹课堂教学、作业改革和课后服务改革,让学生在校内学足学好。在聚焦体美劳教育质量提升和探索创新人才早发现早培养方面,加大创新力度,深入落实《关于加强新时代中小学科学教育工作的意见》,从顶层设计上有力推进学校主阵地与社会大课堂有机衔接,全面提高学生科学素质,进一步完善时代新人全面发展培养体系,不断提高育人质量。

2. 职普融通、产教融合、科教融汇机制仍需完善

职普融通、产教融合、科教融汇,是一体实施科教兴国战略、人才强国战略、创新驱动发展战略的重要契合点,也是努力开辟发展新领域新赛道、不断塑造发展新动能新优势的重要突破口。[②] 作为部市共建的职业教育创新示范

---

① 《基础教育综合改革有了任务书路线图》,《天津日报》2022 年 12 月 28 日,第 2 版。
② 曾天山:《中国式现代化与职业教育高质量发展》,《职教论坛》2023 年第 1 期。

区,职业教育在深化产教融合、推动职普融通、深化完善现代职业教育体系方面仍需进一步深化,特别是在建立课程教材产教联合开发、校企共建产业学院、强化产教联合体建设方面需要进一步细化落实,推动教育链与创新链、产业链、人才链的深度融合,不断提升高素质技术技能人才、大国工匠的培养质量。

3.教育数字化转型仍需加快推进

当前数字时代的教育新形态对教育数字化提出新要求。天津市亟需做好加强教育数字化建设的超前布局,进一步推动教育数字化向智能化、自动化发展,推动教育信息化与数字信息实现深度融合,以智慧教育深度赋能教育发展。具体而言,基础教育学校推动数字化在拓展教学时空、优化课程内容和学生学习方式、精准开展教学评价等方面仍有很大发展空间,基于数字化背景下构建新型的教与学模式、进一步优化教学方式变革等,距离数字化赋能的目标要求还有一定差距,数字化赋能教学质量提升行动亟需进一步深化。此外,教师的数字素养亟需提升。

三 展望与建议

2024年是深入落实"十四五"规划的攻坚之年,天津教育将进一步围绕全面建设高质量发展、高水平改革开放、高效能治理、高品质生活的社会主义现代化大都市奋斗目标,深入贯彻落实习近平总书记关于加快教育强国建设的重要指示精神,细化推进教育强市建设的重点任务、评价指标,在持续深化改革创新中不断激发教育发展活力,全面提升教育服务高质量发展的能力。

(一)展望

天津市将全面实施教育强市建设,加快建设高质量教育体系,抓素质教育促进人的全面发展,抓职业教育对接产业升级发展,抓高等教育驱动和服务创新发展,全面提高人才自主培养质量,促进经济转型、科技创新和社会进步。第一,全面落实立德树人根本任务,在深化思政改革创新、推进"双减"工作中取得突破性进展。第二,持续深入推进基础教育优质均衡发展,全面推进基础教育现代化。第三,进一步深入推进国家职教创新示范区建设,持续以现代职业教育体系改革和职业教育产教融合为重点,深化职业教育改革创新发展。第四,继续推进高等教育高质量内涵式发展,从高校"双一流"建设、拔尖创新人才培养质量、校地协同产学研深度融合等方面,全面提升高等教育治理能力和治理体系现代化。

(二)建议

1. 加快推进基础教育综合改革

天津市要进一步深化推进基础教育综合改革国家实验区建设,着力在思政教育创新、拔尖创新人才早期培养、优质资源辐射引领、中小学办学活力改革、普通高中育人方式改革、"滨城"基础教育先行示范六个重点领域深化重点项目、重点任务。

一要持续深入实施"双减"赋能提质项目,实施课堂教学"提质增效"专项行动,研究制定义务教育各学科课堂教学评价标准,深化课堂教学改革;深入实施作业设计质量提升行动和课后服务提质增效行动,多措并举提升课后服务质量和吸引力,满足学生个性化需求。

二要加快实施拔尖创新人才早期发现与培养项目,深入学习贯彻习近平总书记关于加强青少年科学教育的重要论述,深入实施"青少年科创计划",细化具体落实举措,探索建立中小学科学教育研究中心、创新人才早期发现与培养研究中心,通过试点开展创新人才选拔与培养,探索研究中小学创新潜质学生识别、早发现早培养机制,深化实施青少年科学素养提升行动,加快青少年创新人才培养。

三要持续深入实施基础教育优质资源辐射引领项目,结合城市更新项目,加大统筹协同力度,科学合理设计,将优质教育资源嵌入各城市更新板块,进一步统筹中心城区与环中心城区、远城区结成教育区域发展共同体,完善结对帮扶与合作共建工作模式。

2. 深化京津冀教育协同创新

2023 年 10 月,京津冀三地教育部门共同签署《京津冀教育协同发展行动计划(2023—2025 年)》,对新阶段的京津冀教育协同发展作出新部署。该行动计划从推动重点区域取得重大突破、推动高等教育创新发展、加快职业教育融合发展,以及提升服务区域经济社会发展能力四个方面明确提出加快推进京津冀教育协同发展的重点任务,明确在深化教育协同上将重点关注雄安新区、北京市通州区、北三县、天津滨海新区等重点区域的教育水平和办学质量。

一要通过派驻优秀管理团队、加强资源共享等方式,积极支持雄安新区教育质量的提升与发展。依托京津冀教育协同发展共同体,共享北京名师、名课程等优质资源,进一步深化提升天津滨海新区教育品质,提升各级各类教育发展水平。

二要进一步聚焦重点发展的共同产业领域,开展技术联合攻关,联合京冀高校和企业举办"校企紧握手"系列对接活动,提升科技创新增长引擎能力,增强技术技能和人才供给能力,加快推进高校协同发展。

3. 加快深化产教融合科教融汇

天津市要进一步深化产教融合,促进教育链、人才链与产业链、创新链有机衔接,大力推进高等教育和职业教育供给侧改革,进一步健全完善产教融合与经济社会发展同步联动机制,丰富产教融合创新载体,推动校企合作向纵深迈进。

一要进一步建优建强国家级创新平台,推动中央驻津高校、科研院所在津布局重大科技基础设施、全国重点实验室等科技创新平台。要加快高标准建设天开高教科技园,加大力度支持高校科技成果优先在天开园转化,高校创新创业项目优先向天开园转移,鼓励高校教师依托天开园开展创新创业活动,支持高校与天开园内企业和科研机构深化产学研合作,把天开园打造成科教融汇示范园区。

二要进一步推进大学科技园建设。依托高校学科优势,结合所在区发展定位和产业布局,持续推进国家级、市级和培育级大学科技园建设,支持大学科技园进一步拓展空间规模、优化服务链条。

三要进一步深化校企协同育人,深入实施高校服务产业特色学科群建设,推动校企合作开发课程教材,及时把新技术、新工艺、新标准引入教育教学实践,进一步深化产教融合,促进教育链、人才链与产业链、创新链紧密结合。

4. 加快推进教育数字化转型

天津市要深入落实国家教育数字化战略行动,聚焦共享、应用、服务、机制四个方面,加快推进数字赋能的教育教学、资源供给和治理体系改革,着力以教育数字化促进教育现代化,以数字化独有的优势促进教育向着更加公平、优质的方向发展,强化以数字化赋能高质量教育体系建设。

一要加快推进现代信息技术与教学的深度融合,加快探索构建数字化背景下的新型教与学模式,推动数字化在拓展教学时空、共享优质资源、优化课程内容与教学过程、优化学生学习方式、精准开展教学评价等方面的广泛应用。基于系统化的知识点逻辑关系,建立数字化知识图谱,创新内容呈现方式,培养学习者高阶思维能力、综合创新能力、终身学习能力。

二要积极推进教育数字化赋能学校教育治理,推动学校基于大数据治理重构学校内部治理体系,不断完善数字化教育教学管理与各项业务流程,不断提升现代化治理水平。

三要深入推进教育部及天津市智慧教育示范区、示范校建设,以学生为中心,有组织地进行各种平台资源的整合,做好教育内部资源和社会资源的有效对接,互相借力、互相整合,实现共享。

四要统筹推进教育数字化和学习型社会、学习型城市建设,纵深推进教育数字化战略行动,重点做好大数据中心建设、数据充分赋能、有效公共服务等,通过科技赋能和数据驱动,全方位赋能教育变革,积极探索突破学校教育的边界,积极构建人人皆学、处处能学、时时可学的高质量个性化终身学习体系。

天津市社会保障发展研究报告

田絮崖　天津社会科学院社会学研究所助理研究员

摘　要： 社会保障已成为全体人民共享国家发展成果的基本途径和有力保障。2023 年，天津市持续完善社会保障制度化和法制化建设，进一步实现社会保险立体式全覆盖，努力构建新时代和谐劳动关系，全面提升社会保障公共服务能力，加强社会保障建设助力高质量发展，促进社会保障发展取得长足进步。尽管如此，天津市社会保障发展仍存在社会保障制度改革有待深化、多层次社会保障体系有待加强等问题，仍然面临数字化转型和人口结构转型方面的挑战。基于此，建议天津市持续提升社会保障制度化和法制化水平，建立健全多层次社会保障体系，加快推动社会保障发展数字化转型，提高社会保障财政可持续性，推动社会保障长期健康有序发展。

关键词： 社会保障　社会保险　和谐劳动关系　可持续发展

社会保障是全体人民共享发展成果的基本途径，是筑牢民生底线的制度支撑。党的二十大报告指出，要"健全覆盖全民、统筹城乡、公平统一、安全规范、可持续的多层次社会保障体系"①，为新时代我国社会保障发展明确了战略方向。2023 年，天津市在深入贯彻党的二十大精神和中央经济工作会议精神，全面落实习近平总书记对天津工作"三个着力"重要要求基础上，聚力聚焦

---

① 习近平：《高举中国特色社会主义伟大旗帜 为全面建设社会主义现代化国家而团结奋斗——在中国共产党第二十次全国代表大会上的报告》，人民出版社，2022 年，第48 页。

"十项行动"，将重视保障和改善民生作为推进经济社会高质量发展的重要抓手，推动社会保障持续取得重大成就，对维护改革发展稳定大局发挥了积极作用，为今后社会保障健康持久有序发展奠定了坚实基础。

一 天津市社会保障发展现状分析

（一）社会保障制度化和法制化建设持续完善

科学合理有效的制度建设是推进社会保障可持续发展的基础和支撑，天津市始终坚持加强制度设计，强化压力传导，畅通政策实施路径，持续完善社会保障制度化和法治化建设。

第一，以新发展理念引领社会保障制度建设全局。一是突出"以人民为中心"的发展思想在社会保障领域的实践。天津市社会保障工作始终以习近平新时代中国特色社会主义思想为指导思想，践行"以人民为中心"的发展理念，突出问题导向，广泛开展调查研究，找准人民群众最关心的现实问题，补齐民生短板。二是将新发展理念融入年度社会保障发展的总体布局。2023年是全面贯彻落实党的二十大精神的开局之年，也是天津市全面建设社会主义现代化大都市的关键之年，天津市以创新发展理念引领社会保障制度化和法治化建设，以协调发展理念推进京津冀和全国社会保障共享共建，以绿色发展理念成功举办"中华人民共和国第二届职业技能大赛"，以开放发展理念促进数字化社会保障发展，以共享理念推进多层次社会保险体系建设，推动社会保障事业取得全面进步。

第二，以系统性思维提升社会保障制度化水平。一是完善人社系统内部管理和监督制度。2023年，天津市开展向服务对象"问需求、找差距、提效能"活动，共向企业群众问需求7483次，收集各类需求和意见建议1882件，全市系统累计健全完善制度21项。部署开展"廉洁窗口建设年"主题活动，协同第三方机构明察暗访，对各窗口单位部署开展情况进行监督，切实保障人民群众利益。制定实行月度调度机制和不定期抽查制度，积极推动主体责任压稳落实,从严推进农民工工资给付问题过程监督。制定发布标准化管理办法、标准制定与复审程序等制度,推进社会保障公共服务体系标准化、制度化建设。二是创新社会保障制度出台路径和实施方式。首次在天津市和全国人社系统建立政策法规观察员制度,突出了科学立法和民主立法的创新实践。首创在政府支持下,高校、领军企业、培训机构三方协同实施的数字人才产教融合"订单班"模式制度,整合多方资源,打通体制机制阻碍,实现多方协同联动参与。

第三,以规范化思路推进社会保障法治化建设。一是持续构建科学可行的法律法规体系。天津市政府颁布《天津市职业技能培训规定》,自 2023 年 2 月 1 日起施行,这是全国第一部职业技能培训工作省级政府规章,也是天津市首次从法律层面对职业技能培训工作进行规范,标志着天津职业技能培训工作迈入法治化发展新阶段。同时制定《职业培训监督管理暂行办法》等 10 余项配套文件,全面推进职业技能培训法治化建设。新增出台《天津市社会保险基金管理巩固提升行动方案》《天津金融助企稳岗扩岗工作实施方案》《天津市进一步加强劳动人事争议协商调解工作的实施方案》等多项法律法规。二是加强法治思维在社会保障发展中的实践。天津市仲裁院和天津大学、南开大学两所院校的法学院共建教学实践基地,推进法治理论与仲裁实务相结合。蓟州区、北辰区、南开区、西青区人社局建立完善"以考促学"考法制度,促进工作人员法治素养全面提升。北辰区人社局开展各类法治工作培训成效显著,工作人员依法行政能力全面提高,连续多年无行政败诉案件,构建起科学可行的法律法规保障体系。

(二)社会保险进一步实现立体式全覆盖

社会保险是社会保障的核心组成部分,天津市切实回应群众多元化社会保险需求,持续打造立体式全覆盖的社会保险体系,织密织牢社会保障安全网。

第一,社会保险覆盖面持续扩大。一是持续推进全面实施全民参保计划。自 2017 年天津市全面启动全民参保计划以来,参保人数逐年提升。天津市基本养老保险、失业保险、工伤保险参保人数分别由 2021 年末 765 万人、372 万人、410 万人，上升至 2022 年末 800 万人、392 万人、410 万人，参保人数持续由广覆盖到全覆盖迈进。二是构建起多层次社会保险体系。健全养老保险体系建设，持续完善养老保险待遇资格认证常态化管理工作机制，提升养老保险资格认证服务效能，打造养老保险待遇资格认证天津品牌。创新在工伤保险体系建设，在全市 30 家用人单位设立工伤预防驿站，推动工伤保险整体工作发展。在全国率先实行工伤认定"申请即受理"服务制度，全面提升工伤保险管理服务效能，切实维护用人单位和职工工伤保险权益。完善失业保险体系建设，进一步提高失业人员基本生活保障水平，自 2023 年 7 月 1 日起，提高失业保险金发放标准。启动"2023 年春风行动暨就业援助月专项服务活动"，为符合条件的服务对象及时兑现失业保险。

第二，社会保险基金管理能力持续巩固提升。一是社会保险基金保障监管能力不断提升。天津市自 2023 年 6 月启动"社保基金管理巩固提升行动"，明确了三年内将按照深化整改、强基固本和全面优化三个阶段部署实施的总体部署，确定落实教育引导、专项整治、制度建设、运行管理、数据赋能、基金监督 6 个方面 19 项任务。二是社会保险基金抗风险能力不断增强。天津市推动健全社保基金保值增值和安全监管体系，切实担负起保障基金安全的政治责任，强化主体责任落实，加强社会保险制度的组织管理。坚持从源头上防止社保资金被滥用和挪用，欺诈骗保、套保或贪占社保基金问题等得到进一步解决，风险防控能力显著增强，有力保障了社保基金安全平稳运行。

（三）努力构建新时代和谐劳动关系

和谐劳动关系不仅和群众民生利益密切相关，也和社会健康持久平稳发展有重要关系。天津市持续构建新时代和谐劳动关系，优化营商环境，激发新业态、新动能，提升人民群众生活水平。

第一，积极构建多元化劳动争议解决途径。一是劳动关系协商协调机制不断完善。积极实践多部门联动的劳动关系争议协商调解机制，提升部门联动效率,促进协商机制规范化发展。持续改进调解服务方式,规范调解工作程序,提高调解工作效能。积极开展劳动关系领域的风险排查,深入部分区域性商会和企业开展争议协商调解工作专题调研,指导推动商会和企业建立健全调解组织,促进劳动争议纠纷在企业内部得到有效化解,促进劳动关系和谐稳定。二是创新调解仲裁化解机制路径,提升调解仲裁案件处理效能。近年来,天津市仲裁案件调解率不断上升,2023年审结完成近年来受理涉及人数最多、涉案标的额最大的重大集体劳动争议案件,共为劳动者挽回经济损失1061万元。建立青年仲裁员志愿者联系企业活动常态化长效化工作机制,指导企业规范用工管理,督促用人单位完善劳动仲裁制度,推动用人单位提高自主预防解决争议的能力,维护劳动者合法权益,促进企业长远发展。

第二,劳动者权益得到切实保障。一是落实农民工权益保障。始终将保障农民工劳动报酬权益作为重点工作,通过压紧压实属地责任、强化政府监管、健全制度体系、完善预警平台等规范化流程,保障农民工工资支付。2023年,天津市保障农民工工资支付工作进入考核等级全国A级获通报表扬。二是妇女和未成年工劳动权益保障体系基本建立,保障机制逐步完善。在全市范围内开展女职工和未成年工劳动权益保障专项执法行动,突出检查女职工就业较为集中的行业企业和未成年工从事禁忌劳动的行业。在企业内部广泛进行普法宣传排查,查处违法案件,纠正违法行为,从源头提高用人单位依法保障女职工和未成年工劳动权益的自觉性。

第三,劳动风险防控能力持续提升。一是构建起多部门联动的劳动风险预警排查机制。加强人社部门和市总工会、市司法局、市高级人民法院等的沟通协作,积极开展劳动关系领域风险隐患排查,整合信息和优势资源,畅通协同治理工作模式,提升劳动风险预警整体排查能力。二是持续完善劳动风险源头预防机制。强化劳动普法政策基层宣传,提升社会公众对劳动法律法规的认知度,从源头上探索劳动风险化解机制。一方面,在企业中开展法治宣传活动。组织仲裁员进入企业开展普法讲座,针对企业所面临的劳动争议败诉率高、内部制度不完善等问题,向企业提供合理建议。另一方面,在群众中广泛开展法律法规宣传活动。组建普法宣传员和志愿者队伍,深入人民群众和用人单位讲授法律知识和人社法规政策,帮助企业开展法治培训。人力资源和社会保障法治宣传教育基地挂牌运行。开展"五四青年节"法律法规宣传活动,采取"走进群众、走近群众"的工作路径,就群众提出的申请劳动仲裁等问题进行法律法规和政策解释,从源头上提升风险防控能力。

(四)社会保障公共服务能力全面提升

社会保障公共服务能力建设是提升政府效能,打造服务型政府的主要路径和必然要求。天津市持续创新社会保障公共服务方式,提升群众社会保障服务满意度,着力实现社会保障公共服务的全面提升。

第一,社会保障服务经办流程持续系统化规范化。一是强化社保服务经办流程顶层谋划。以"一网、一窗、一次"为目标,以"标准化、智能化"为抓手,形成通用基础、服务保障、服务提供、技术支撑四大类共292项标准体系,构建起领导小组、工作专班、创新工作组三级组织架构,形成有部署、有调度、有督导的工作闭环。二是强化社保公共服务体系标准化建设。成立由领导干部担任委员的标准化委员会,下设标准化工作办公室,形成"标准化委员会统一领导、标准化工作办公室统筹协调、工作组技术支持、职能部门各负其责"的工作模式。完善服务标准化制度建设,截至2023年9月,天津市公共服务标准体系共有通用基础标准44项、服务保障标准95项、服务提供标准110项、技术支撑标准43项。三是强化服务监督考核流程,确保服务实效。建立健全以第三方评议为主体,行风监督员、服务体验员为补充,日常巡查为常态的窗口长效监督机制,定期开展监督考核行动。组织量化评估考核。组织开展"服务流程监督评估"活动、巩固流程治理质量,提升专项行动成果。同时深入基层窗口单位开展服务流程体验,提升群众满意度。

第二,提升社会保障经办服务队伍建设。一是强化干部社会保障公共服务能力建设。扎实开展"局处长走流程""青年干部在一线"活动,推动活动走深走实。领导干部走访调研人社系统窗口,亲身体验办事流程,开展联系服务基层座谈交流,现场研究解决实际问题。截至2023年8月11日,"局处长走流程"活动参与116人次,制定问题和需求清单104个,整改措施120条;"青年干部在一线"活动参与 31 人次,发现问题 36 个,提出对策建议 41 条,有效提升干部公共服务能力。二是对基层社保服务工作者进行业务培训,提高业务能力。统筹优化公共就业服务队伍能力,召开 2023 年首期天津市公共就业服务业务骨干培训班,市区人社部门、财政部门,各街镇优秀基层工作人员代表等 160 余人参加培训。

第三,数字化社会保障公共服务实践路径不断创新。一是持续推进社会保障公共服务数字化平台建设。完善"互联网 + 社保"建设,搭建一体化公共服务平台,新增 38 项"网厅办"、31 项"自助办"、100 多项项目网上办事项。在"天津人力社保"App、微信、支付宝小程序等平台,加载人脸识别自助认证功能,持续优化养老保险待遇资格认证流程。与移动、联通公司开展失联修复比对,完善离退休人员基础数据。开展网络公众平台服务号等多渠道退休人员线上养老金调整情况服务。推进天津市社保卡"一卡通"建设,加快在社会保障领域应用全覆盖。推动"智慧信访系统"推广应用,打造联系畅通、规范有序、便捷高效的信访渠道。二是数据赋能提升社会保障信息安全性。利用区块链技术,推动"区块链 + 职称证书"功能正式上线,通过建设综合链管系统,依托信息不可篡改、透明可追溯、保密性等技术特点,保障用户社保信息安全,提升用户使用服务体验。利用数字化和信息化技术手段,加强社会保险基金数字化管理效能,有效维护社保基金安全。

(五)加强社会保障建设助力高质量发展

社会保障在助力高质量发展,持续保障和改善民生,扎实推进共同富裕中发挥重要作用。天津市将社会保障纳入经济社会高质量发展规划,确保社会保障在人才培养和区域合作共建战略布局中发挥好助推器作用。

第一,搭建社会保障人才服务体系。一是优化人才社会保障政策。优化技能人才社保政策,完善职业技能人才等级评定制度,完成职业技能等级认定社会培训评价组织遴选工作。推进数字技术工程人才培育,成功举办数字技能人才培养研讨会,高质量推进数字技术工程师培育项目,助力制造业立市战略实施。二是在强化社会保障高层次人才服务支持。首次在公安系统设立博士后创新实践基地,加快推动协和留学人员创业园建设,成功举办"第四届海河英才创新创业大赛""海外赤子回国创业金融服务对接活动"等,助力创业企业提高项目落地成功率,优化高层次人才创业环境,促进高层次人才成果转化。

第二,加强社会保障发展多方合作,助力营商环境持续优化。一是增强"政—企"合作。简化企业社保开立流程,优化工伤费率核定经办流程,实现企业开立与工伤费率核定"一窗通办",减轻企业事务性负担,提升企业社保开立便利化智能化水平。组织成立巡回宣讲团,依托行业协会和商会,深入开展人社政策进企业巡回宣讲活动,采取线下宣讲与线上推广相结合、宣传政策与收集建议相结合等形式,广泛听取企业的意见建议,解决企业面临的实际问题。二是广泛开展"政—企—银"合作。人社部门和银行系统充分发挥工作协调和信息共享机制,出台小微企业贷款政策,降低小微企业融资成本,助力小微企业快速恢复发展。三是深化"政—企—校"合作,助力区域共享共建。深入推进技工院校"工学一体化"人才培养模式改革,支持企业深度参与"工学一体化"课程标准和课程设置方案,打造企校协同育人新路径。天津铁道职业技术学院经过探索实践总结,形成可复制、可推广的鲁班工坊人才培养模式,促进区域人才教育融合发展。

二 天津市社会保障发展面临的问题和挑战

（一）社会保障制度改革有待进一步深化

制度是动态演化的过程,社会保障制度设计需要和经济社会体制机制转型过程相适应,天津市在经济社会发展领域仍然面临持续深化改革的任务,社会保障顶层设计也面临深化改革的挑战。一方面,社会保障制度化过程仍然呈现出一定的碎片化特征,主要表现在社会保障政策覆盖面较广,但是对重点领域和特殊人群的保障制度和相关制度与法律法规不够健全,存在社会保障人群和领域不均衡的问题。在制度的规划设计环节,缺少整体性链条式思维,部门之间缺乏统一有效的协同联动机制。另一方面,社会保障法治化过程有待在规范化和稳定性上进一步落实。在法治规范化方面,存在社会救助等领域立法较为缓慢,新业态从业人员工伤保险等特别法律制度有待进一步完善,社会保障相关法律法规仍需细化等问题。在法治稳定性方面,需要进一步考虑法律法规的可持续性发展,其中不仅要考虑到法律法规的长期性问题,也要为法律法规的修订和完善留出相应的空间。

(二)多层次社会保障体系构建仍然有待加强

社会保障是人民群众共同参与和发展的事业,需要满足人民群众多层次、多方面的需求,需要多层次社会保障体系与之相适应。当前天津市多层次社会保障体系建设仍然在多层次社会保障框架构建和多元主体参与机制等方面有待加强。一方面,多层次社会保障体系框架的构建有待完善。在社会保障领域,社会保险、社会救助、社会福利和补充保障对社会保障的整体性发展上分别发挥着支撑性、兜底性、提升性及促进性作用。[①] 当前天津市社会保险制度发展较为充分,相对的,其他领域在制度建设、法治建设和财政支持等方面发展仍然较为缓慢,存在社会保障体系内部发展不均衡的问题。另一方面,多元主体参与机制有待加强。多层次社会保障体系是一个复杂的制度体系,责任主体也具有复杂性和多元性的特征,除了政府,市场主体、社会组织、企业等用人单位、家庭以及个人均为社会保障的参与主体。当前仍然存在政府责任较为集中,市场和社会主体参与社会保障不充分的问题,影响了社会保障体系的协调化实施和可持续发展。

(三)社会保障发展面临数字化转型挑战

数字经济的快速发展,不仅对产业结构转型升级产生了巨大影响,也给社会保障持久可持续发展带来相应的挑战。一方面,数字化新业态群体的出现

---

① 刘欢、向运华:《基于共同富裕的社会保障体系改革:内在机理、存在问题及实践路径》,《社会保障研究》2022 年第 4 期。

导致社会保障制度需要进一步优化和调整。近年来，天津市数字经济发展和制造业升级加速融合，催生了网络经济、数字经济、共享经济等经济形式在内的新产业和新业态，新业态劳动者数量迅速增加，由此出现了更为复杂的新型劳动形态和劳动关系，对社会保障制度覆盖面的持续扩大和新型劳动者权益保障制度的构建提出了更高要求。另一方面，数字化技术的提升使得社会保障公共服务面临进一步升级的挑战。当前天津市在推进社会保障数字化和智能化发展过程中，仍然存在对大数据利用不足、政府部门之间尚未建立起完备的数据和信息共享机制等问题。在充分利用现有工作平台和资源，提升社会保障数据信息采集效率，强化数据互通共享，提升全民参保登记数据采集有效性，以及充分运用数字化信息技术提升社保基金风险预警和防控能力等方面，仍然有较大提升空间。

（四）社会保障发展需要进一步和人口结构转型相适应

社会保障的持久有序发展受到人口结构转型的直接影响。当前天津市在人口结构转型方面存在生育率下降、适龄劳动力减少、人口预期寿命延长，以及退休老人的总数持续上升等问题，在社会保障财政支持可持续性上面临挑战。一方面，存在社会保障资金投入来源渠道单一的问题。当前社会保障资金的主要来源是政府财政，而人口老龄化趋势为政府公共财政支出带来较大压力。相对的，市场和社会投入的积极性尚未得到充分调动，面临社会保障长期发展资金不足的问题。另一方面，社会保障资金在投入领域上存在不均衡问题。相较于社会保险已取得较为长足的进步，社会保障资金在养老服务、托幼服务、残疾人服务、育儿等领域的投入不足，导致社会福利和社会救治发展较为缓慢和薄弱。与此同时，家庭在养老、育儿和助残等服务领域付出巨大，导致对老年人群长期有效照料不足，加之青年人群生育率低等问题长期存在，从而影响了社会保障在兜底民生底线作用上的充分发挥。

三 促进天津市社会保障发展的对策建议

（一）持续提升社会保障制度化和法制化水平

社会保障是兜住兜牢民生底线的重要支撑,持续推进社会保障制度建设高质量发展,有利于促进中国式现代化社会保障发展,持续增进民生福祉。持续推进社会保障制度制度化和法制化水平,一要始终坚持党的全面领导。要将社会主义制度作为社会保障建设的根本遵循,践行以人民为中心的发展理念,运用党的创新思想指导新时代社会保障高质量发展。二要改进和完善社会保障制度安排。要坚持顶层谋划,从整体上促进社会保障在增强民生保障、完善社会再分配体系以及经济体制转轨中发挥助推器作用。要持续提升社会保障法治化水平。将法治观念和法治思维持续融入贯通到社会保障发展的全过程。完善基本法律法规,对现有法律法规持续进行修订和完善。逐步扩充法律法规保障的覆盖面,将新业态劳动者的权益保护与时俱进地纳入法律范畴,促进社会保障公平。增强法律法规条文的规范,促进法律法规和政策的协调发展。三要创新社会保障管理运行机制。增强政府管理职能,综合运用多种方式规范社会保险基金的筹集和运营,采取有效的监督措施,筑牢政策、经办、信息、监督"四位一体"风险防控体系,坚决杜绝欺诈骗保、套保或挪用贪占各类社会保障资金、财物、财产等重大恶劣事件的发生,增强社会保障制度的统一性、规范性、稳定性,提高社会保障制度的抗风险能力。

（二）建立健全多层次社会保障体系

多层次社会保障体系是为不同类型的社会成员构建严密的社会保障网的重要基石,是促进社会保障公平和可持续发展的主要依据。建立健全多层次社会保障体系,一要完善社会保险制度,全面实施全民参保计划,加快落实新业态从业人员社会保障政策,逐步放宽对农民工、灵活就业人员和新业态从业人员参与工伤、养老和失业保险等社会保障公共服务的政策限制,持续扩大社会保险覆盖面。二要建立多层次养老保险体系,深化基本养老保险制度改革,推动企业年金覆盖面持续扩大,积极稳妥实施个人养老金制度,满足人民群众多元化养老需求。三要改进长期护理保险制度政策框架,加快出台统一的政策实施办法,为重度失能人员等重点人群提供基本护理保障。四要提高非保险领域的社会保障兜底效能,强化社会救助的兜底性作用,提升社会救助效能。不断推进社会福利领域的基本公共服务均等化。加快发展补充性保障项目,作为构建包括基本养老保险、企业年金和个人养老金的三支柱养老保障体系的重要支持。五要提升社会保障基层治理能力,为社区配备专业人员负责社区居民的社会保障事务,鼓励社区工作人员从事社会保障公共服务工作,推动社区社会保障快速发展。

（三）加快推动社会保障发展数字化转型

信息获取的全面性和准确性直接决定社会保障管理服务的效率和水平,以数字化、信息化手段提高社会保障管理服务水平,是推进社会保障高质量发展的必要手段。加快推动社会保障发展数字化转型,一要持续推进"互联网＋社会保障"建设,聚焦重点群体和特殊群体,充分利用大数据等新技术手段精准锁定未参保人员,加强动态化的数据管理和分析应用,巩固全民参保成果。二要持续提高社会保障公共服务数字化经办能力,完善全国统一的社会保险公共服务平台,创新社保"一卡通"管理服务模式,推动实现经办服务标准化统一化、规范化、智能化,提高社会保障经办服务效能。三要统一各部门信息统计口径,建立统一的信息数据规范,充分整合社会保障信息资源,提升社会保障互联互通、资源共享和业务协同程度,实现居民社会保障信息共建共享,推动社会保障制度精准实施。四要对重点人群和特殊人群如高龄老年人和失能残疾人等数字弱势群体进行分类管理,防止数字鸿沟对社会保障服务能力提升产生阻碍,同时增强大数据技术对困境家庭等特殊人群的动态审查和主动筛查能力,提高社会保障精准服务能力。

（四）提高社会保障财政可持续性

社会保障财政的可持续发展是应对人口结构转型所导致的公共支出压力的直接措施，构建科学合理的财政资金支持和运作体系，健全社会保障资金社会和市场主体多元参与机制，有利于避免老年人口比例上升和劳动适龄缴费人口比例下降导致的社保资金短缺。一要持续加大财政支持，强化社会资源整合，提升社会保障资金整体规模，在国家财政之外，拓宽多元资金投入渠道。二要调整社会保障领域财政支出的结构和比例，既要确保养老、失业、工伤基金等具有足够支付的额度，又要制定完善剩余基金运营方案，提高剩余基金运营的流动性和投资收益率。三要在一定程度上开放社会保障基金投资运营的权限，制定严格的准入和监督机制，确保基金运营机构制度化、规范化运作。四要完善社会保障多主体责任制度，鼓励市场、家庭和个人参与到社会保障发展当中，积极培育基金会、社会团体、社会服务机构等社会组织参与社会保障，建立公众参与社会保障治理机制，从根源上减轻政府财政压力，确保社会保障持久有序、健康发展。

天津市卫生健康事业发展研究报告

天津市医学科学技术信息研究所医疗卫生服务体系研究课题组①

摘　要： 天津市卫生健康工作取得了显著进展和成效,健康天津全面落实,医疗卫生服务体系不断健全,制度保障逐步完善,多元办医格局趋于形成,京津冀协同发展持续推进,但也存在医疗卫生服务体系结构性问题突出、卫生人员和专业技术人才不足、全民健康信息化水平较低等问题。结合面临的新形势,建议在优质医疗资源扩容和均衡布局、提高医疗服务能力、协同推进健康天津行动、促进中医药事业传承创新发展、高标准推动人才学科建设、提升医疗卫生治理能力等方面持续发力。

关键词： 卫生健康事业　公共卫生　医疗服务

2023 年是全面贯彻落实党的二十大精神的开局之年,是实施"十四五"规划承上启下的关键年,也是全面建设社会主义现代化大都市,推进健康天津建设的重要一年。天津市卫生健康工作以更好满足全市居民卫生健康服务需求,不断提高人民群众健康水平为目标,大力推动卫生健康事业高质量发展,各项工作取得了显著性进展和成效。

---

① 执笔人:刘春雨、杨思秋、田野、王洋、吴宁、薄云鹊、张萌珺。

一 天津市卫生事业发展状况分析

（一）公共卫生体系建设逐步完善

天津市疾病预防控制体系逐步完善,疾病预防控制能力不断提高。不断推进各级疾控局建设,2022年9月,天津在全国率先成立了省级疾病预防控制局并完善机构编制,2023年5月26日,市、区疾控局均完成挂牌,实行以区为主、市区共管的管理机制。加强实验室检测能力建设,市疾控中心设立重大疾病预防控制现场流行病学研究中心、健康危险因素监测与评价科学研究中心、实验室检测研究中心,16个区级疾控机构均已建成PCR检测实验室和食品安全风险监测网络。持续强化队伍建设,全市每万人口疾病预防控制人员编制达到2.2名,超出国家万分之1.75名的编制要求,建立编制动态调整机制。提高信息化水平,在全国率先实现全市网络直报单位虚拟专网全覆盖和国家直报信息系统数字认证工作,实现免疫规划信息化服务全覆盖和疾控体系疫苗信息全流程追溯管理。完善医防协同,推进二级及以上医疗机构公共卫生科室规范化建设,强化疾控机构对医疗卫生机构承担疾控任务的培训指导、质量监督和督导评价,并将考核结果与公立医院绩效考核和三级医院等级评审挂钩。

加强卫生应急管理和重大传染病防治,依托法定传染病网络直报系统和多元立体监测网络,建立全域监测和智能预警体系。加强卫生应急管理指挥平台建设,健全完善多部门联防联控机制,组织开展重大疫情处置桌面推演,密切关注新发传染病进展,切实提升应急处置能力。组织修订《天津市突发公共卫生事件应急预案》和《天津市突发事件医疗卫生救援应急预案》,由天津市政府印发实施。加强医疗卫生机构应对突发传染病应急管理体系建设,防范公共卫生安全风险。全面实施遏制艾滋病、结核病传播行动,基本实现艾滋病检测、发现、治疗"三个90%"目标,甲、乙类传染病及三大重大传染病报告发病率均居全国最低行列。

健全传染病疫情和突发公共卫生事件救治体系。建立应急状态下的统筹支持机制,急诊急救服务能力稳步提升。疫情高峰期,实行"三诊合一""多科合一""片区合一""全市合一",统筹医疗力量,全市各医院床位每日调度,并归入各片区医院统一管理。天津市第一中心医院(新址)作为市级重大疫情救治基地,已竣工并投入使用。天津市人民医院正式获批入选第一批21家国家紧急医学救援基地。建成了一支兼具车载化和帐篷化功能,能够开展突发事件现场紧急医学救援的队伍。完善中医药应急防控救治体系。组建市、区两级中医应急医疗队伍并开展培训,初步形成第一时间启动中医药参与应急防控指挥和救治工作机制。天津中医药大学第一附属医院纳入国家中医疫病防治基地项目。

(二)医疗服务体系建设持续优化

推动公立医院高质量发展。强化实施委市共建,打造区域医疗服务高地,截至2023年6月天津市已经申报癌症、呼吸、传染等12个专业,其中包括委市共建癌症等6个国家区域医疗中心和1个国家血液病医学中心。建立质控中心,规范医疗行为,全面实施质量提升三年行动计划,强化医疗质量管理。持续推进临床专科能力建设,以严重危害群众健康的重大疾病为主线,从专科规模、医疗技术、诊疗模式、管理方法等不同角度加强临床专科能力建设,逐步形成临床重点专科群,加强重症医学、呼吸、感染性疾病等专科能力建设,加速推广康复外科、多学科诊疗模式,持续提高心血管、脑卒中、恶性肿瘤等重大疾病救治管理水平。持续推进日间医疗、多学科联合会诊(MDT)服务模式,提升服务效率和水平。持续开展以群众就医需求为导向,提升患者就医感受专项行动,拓展挂号渠道,提供多重保障。

夯实基层医疗卫生服务网络。深化基层医药卫生体制改革,完善基层数字健共体建设,促进基层卫生信息条块融合和信息互通共享。基本建成由社区卫生服务中心(站)、乡镇卫生院和村卫生室共同承担的基本医疗和基本公共卫生服务"网底",深入推进"优质服务基层行"和社区医院建设有机融合,促进基层机构创建达标、持续改进、巩固建设成果,深化家庭医生签约服务内涵建设,全市 268 家基层医疗卫生机构共建立家庭医生服务团队 2400 余个,签约总人数 430 余万人。扩大胸痛救治单元覆盖区域,全市通过国家验收单位达到 109 家。深化镇村卫生服务一体化管理,在农村地区开展巡回医疗和派驻服务。全面推进紧密型县域医共体建设,试点区共建成 6 个医共体,其中宁河区已建成天津市首个紧密型县域医共体。

(三)中医药服务体系建设持续提升

积极争取天津中医药大学第一附属医院国家中医医学中心建设,统筹推进国家区域中医医疗中心建设,分别和青海省人民政府、河北省人民政府签订协议,共同建设天津中医药大学第一附属医院青海医院和石家庄医院项目。推进中医重点项目建设进度,天津市南开医院入选中西医协同"旗舰"医院建设试点项目。健全集预防保健、疾病治疗和康复于一体的基层中医药服务体系,打造百姓身边的"15 分钟中医药健康圈"。实施中医药治未病和康复服务能力提升工程,分别依托天津中医药大学第一附属医院和第二附属医院成立治未病中心和中医康复中心。将推进妇幼保健机构开展中医药服务纳入年妇幼健康工作要点,全市二级以上公立综合医院与 16 家区级妇幼保健机构 100% 设置中医临床科或中医科,成立天津市儿童青少年近视中西医结合防治中心。鼓励在综合医院、专科医院、中医医院、基层医疗卫生机构国医堂开展"业(夜)诊"服务,解决患者挂号难问题,方便"上班族""学生族""银发族"等人群看病就医,不断增强群众对中医药服务的获得感和满意度。

(四)健康服务体系全方位发展

第一,提升妇幼健康服务能力。持续推进本市区级妇幼保健机构标准化建设。巩固危重孕产妇和新生儿救治网络,出台《天津市危重孕产妇救治工作方案(2022 版)》,发挥天津市孕产医学质控中心作用,全市有 18 家危重孕产妇救治中心,有 12 家危重新生儿救治中心,其中 11 家机构同时具备危重孕产妇和危重新生儿救治能力,实现了母婴救治一体化管理。完善出生缺陷防治网络,实施涵盖婚前孕前、孕期、新生儿及儿童各阶段的出生缺陷三级综合防控体系。持续强化儿童保健服务体系建设,建成市妇女儿童保健中心为龙头、16个区妇幼保健机构为枢纽、260余家基层医疗机构为网底、60余家医疗助产机构提供技术支撑的儿童保健服务体系。发展普惠托育服务体系,千人口托位数达到2.16个。

第二,构建老年健康服务体系。深入实施老年健康促进行动。充分发挥基层医疗卫生机构"网底"和家庭医生健康"守门人"作用,对天津市206万名65岁以上老年人等重点人群纳入分级管理,根据健康风险等级评估情况,100%纳入家庭医生签约服务,予以红黄绿标识,规范管理,做好医疗保障,确保救治不延误。印发《天津市进一步推进老龄事业发展和养老服务体系建设具体措施的通知》,对进一步推进天津市医养结合发展作出了安排部署,截至2022年6月,全市共有医养结合机构78家,其中,养办医57家,医办养16家,分别较2020年增加11.8%和6.7%;定点医保59家,较2020年增加78.8%。

第三,完善职业健康技术支撑体系。加强职业病诊断医师培训,进一步提升职业病诊断医师专业能力。调整完善天津市职业病诊断与鉴定专家库,加强对职业病诊断与鉴定工作的技术指导。按照《中华人民共和国职业病防治法》有关规定,建立7家职业病诊断机构和5家职业病鉴定机构,承担天津市职业病诊断和鉴定工作。提高职业病诊断救治技术支撑能力,积极推进尘肺病康复站建设,提升尘肺病患者生活质量。建立5家职业健康质控中心,健全职业健康技术支撑体系,推动职业健康检查机构建设,目前全市已建成42家职业健康检查机构,实现了职业健康检查机构全覆盖。探索推动新时期职业健康科普体验馆建设,为天津市职业健康领域提供科普平台,展示新的工作方向和趋势。

第四,优化心理健康和精神卫生服务体系。完善基层精神卫生服务网络,257家基层医疗卫生机构开设精神科门诊或全科门诊精神科特色诊疗服务。强化天津市严重精神障碍患者管理治疗,持续推动各区乡镇(街道)精神卫生综合管理小组和村(居)社区关爱帮扶小组做好疑似患者日常发现工作,加强精神卫生医疗机构报病主体责任。健全心理健康服务网络,深化社会心理服务体系建设,会同市委政法委、市民政局、市财政局打造"区—乡镇(街道)—

村(社区)三级心理服务平台"。强化心理援助热线建设,持续开展心理健康教育,制作心理健康宣传片、宣传海报,并在全市地铁、公交、电台、户外电子屏及微信公众号等多种平台广泛传播。2022 年天津市居民心理健康素养水平达22.9%,达到国家要求。

第五,健全健康教育体系。完善健康教育专业机构设置,建立由天津市卫生健康促进中心、区级健康教育专业机构和各级医疗机构组成的三级健康教育网络,滨海新区成立了独立的卫生健康促进中心,其他 15 个区均整合在区疾控中心体系内开展工作。加强各级健康教育专业人员培训,提升健康促进与教育专业人员业务素质,促进各层级医疗卫生机构健康教育工作规范化、系统化。强化医疗卫生机构健康教育职能,依托健康知识普及行动、健康素养促进行动等工作,天津市各级医疗机构均建立健康教育专业网络,由主管领导总负责,主管科室负责人组织协调,相关科室健康教育专兼职人员具体负责,确保各项健康教育工作有序开展。

(五)健康优先发展制度保障不断完善

第一,加强卫生人才发展建设。统筹制定"十四五"人才发展规划,部署人才工作重点任务,强化统筹引领,全力支持卫生健康人才队伍成长。印发《关于加快卫生健康人才高质量发展助力优秀青年人才成长成才的实施方案》,重点支持临床技术较强、科研能力较优、发展潜力较大的青年人才,加快卫生健康人才队伍高质量发展。强化京津冀卫生健康人才深层次协同发展,以线上形式连续举办京津冀卫生健康人才交流会,积极组织全市各级各类医疗卫生机构,借助人才政策红利,吸引海内外更多更优秀卫生健康人才来津就业。截至 2023 年 6 月,新增国家卫生健康突出贡献中青年专家 3 人,享受国务院政府特殊津贴人员 20 人,天津市突出贡献专家 17 人,海河医学学者 10 人,津门医学英才 50 人,青年医学新锐 100 人,高层次人才队伍建设取得一定成效。

第二,完善卫生健康科技创新体系。"十三五"期间设立 50 个市级临床重点学科,在此基础上将公共卫生与预防医学(4 个学科)纳入"十四五"天津市医学重点学科(共 79 个),基本形成覆盖所有三级医学学科、梯次发展的格局。

在全市 43 家医学重点实验室基础上，支持市疾控中心申报创建天津市传染病病原微生物重点实验室，推动公共卫生和预防医学研究体系与学科梯队建设。天津市卫健委聚焦国家和天津市发展战略，牵头建设细胞生态海河实验室，围绕细胞生态解析、失衡和重建三大领域，开展细胞生态基础研究、技术创新和产业应用，获批中国工程科技发展战略天津研究院重大咨询项目，探索挖掘科研攻关与产业需求的共性和潜能，启动"揭榜挂帅"科研转化工作。

第三，推动全民健康信息化高质量发展。天津市持续开展国家智能社会治理实验特色基地建设，完成"互联网＋医疗健康"示范项目遴选工作，共遴选出 52 项成效显著、示范性、创新引领性强、可复制推广的"互联网＋医疗健康"示范项目，充分运用大数据、云计算、人工智能、3D 打印等新兴技术，发展沉浸式、体验式、参与式数字消费新业态，有效拓展民生领域数字应用场景。持续推进基层数字健共体建设，截至 2022 年底，全市社区卫生服务中心和乡镇卫生院均已开通基层数字健共体云平台，并逐步延伸至社区卫生服务站和村卫生室，已开具云处方 290 余万单，预约上门医疗护理服务 2 万余人次，有效保障了签约患者的医疗用药需求。

（六）多元办医格局逐步形成

社会办医疗机构蓬勃发展，加快推进多元办医格局。目前社会力量举办卫生健康机构持续健康规范发展，已成为天津市卫生健康服务体系不可或缺的组成部分，是满足不同人群医疗卫生服务需求的重要力量。截至 2022 年 12 月，天津市有 3035 个社会办医机构，其中医院 308 个、社区卫生服务中心（站）15 个、卫生院 1 个、村卫生室 808 个、门诊部诊所 2442 个、其他卫生机构 54 个。与 2020 年相比，天津市增加了 423 个社会办医机构，包括 2 个三级医院。截至 2022 年 12 月，天津市社会办医院占全市医院比重为 70.80%，社会办医机构床位数占全市卫生健康机构床位数为 22.78%，均呈稳步增长趋势。

（七）京津冀医疗卫生协同发展持续推进

深化京津冀优质医疗卫生资源和服务协同发展。推进北京协和医学院天津医院、北京大学滨海医院（市第五中心医院）、北大医疗海洋石油医院等项目建设。推进京津冀医疗机构临床检验结果互认及医学影像检查资料共享，避免重复检查，简化就医环节，节省治疗时间，减轻患者经济负担。目前天津市共有89所医疗机构开展50项京津冀临床检验结果互认项目，共56所医疗机构开展20项医学影像检查资料共享项目。京津冀医学专科合作进一步扩大，全市17家三级甲等医院与河北省105家医院和北京市12家医院分别建立了妇女儿童保健、中医等22个专科合作联盟，助力缓解北京看病就医压力，提升河北省医教研防能力水平。

二 存在问题和面临形势

（一）存在问题

第一，医疗卫生服务体系结构性问题依然突出。优质医疗资源区域配置不够均衡，天津市优质医疗卫生资源主要聚集在市内六区，由于其他区属三级医院与市属三级医院相距较近，市属医院在资源和病源上均存在"虹吸"现象；基层医疗服务能力有待提高，承接上级转诊能力有待加强，医疗资源利用效率较低，有序就医格局尚未形成。

第二，卫生人员和专业技术人才不足。医疗技术人员的培养有其自身行业的特点，从培养到使用的周期比较长，卫生人员和专业技术人才匮乏成为制约医疗机构发展的瓶颈。目前从全市整体情况来看，高层次卫生人才缺乏；受薪酬收入水平等因素影响，公共卫生人才发展滞后，导致各级公共卫生机构防控重大风险的能力普遍不足；基层也面临医疗卫生人才数量不足、年龄结构老化、专业素质较低等问题；卫生人员内部的结构比例失衡，中医、康复、重症、儿科、护理人员数量有待进一步提高。

第三，全民健康信息化与事业发展需求仍有差距。卫生健康行业的信息化、数字化、智能化时代已经来临，要实现从支撑业务到引领业务发展的重要转变，全民健康信息化与卫生健康事业发展仍有一定差距。目前全民健康信息化的功能仍不够完善，尤其是在区域共享、服务整合等协同功能以及移动互联网、大数据、人工智能等新技术的应用方面；信息标准的研发、推广、应用机制不够健全，信息化发展的区域、层级差异较为明显，已经成为影响信息化互联互通、更好发挥惠民作用的重要因素。

（二）面临形势

第一，人民群众健康需求快速增长。"十四五"时期，天津市进入加快建设高质量发展、高水平改革开放、高效能治理、高品质生活的社会主义现代化大都市关键时期，本市居民健康水平稳步提升，健康需求多样化和个性化趋势凸显，对各项公共卫生政策和资源优化配置要求提高。随着人民生活水平的提高和人口老龄化加速，人民群众健康需求和品质要求持续快速增长。

第二，公共卫生安全形势复杂严峻。突发急性传染病传播速度快、波及范围广、影响和危害大，境外输入性传染病风险和传统烈性传染病威胁依然存在，新发传染病风险不断增加，为公共卫生风险防控和救治能力提升带来挑战。

第三，人口结构性问题日益突出。人口出生率下降，老龄化进程加速，劳动年龄人口总量波动下降，不同区域发展进程的差异，对人口数量和分布影响较大。与人口特征改变密切相关的是健康状况和流行病学方面的变化，包括疾病负担逐渐从妇幼卫生问题和传染性疾病向慢性非传染性疾病转变。随着人口老龄化程度加剧，与年龄密切相关的疾病，诸如缺血性心脏病、癌症、脑卒中、关节炎和阿尔茨海默病等慢性（非传染性）疾病所累及人口的绝对数字将持续增加。

第四，信息技术应用不断创新。新一轮科技革命和产业变革深入发展，5G、人工智能、虚拟现实、云计算、大数据等现代信息技术在实践中与医疗服务加速融合。医疗信息化建设能够通过技术驱动引领，解决医疗信息"孤岛"、就医流程烦琐、信息数据共享和安全等多项制约问题，在智慧医疗信息化建设与应用的支持下，实现医疗机构运营更高效、医疗管理更智能、医疗服务质量更可控，有效促进医疗工作效率与质量的提高，减少医疗成本投入，解决患者看病难、看病贵等问题,从而推动我国医疗事业高质量发展。

三 对策建议

(一)加快优质医疗资源扩容和均衡布局

第一,全力推进"双中心"建设。积极争取国家在医院建设、科研项目等方面的最大力度政策倾斜,推动中国医学科学院血液病医院申报国家血液病医学中心。落实委市共建国家区域医疗中心协议,加快共建癌症、呼吸、心血管、神经疾病、儿科、传染病、综合、妇产 8 个专业国家区域医疗中心。遴选医、教、研、防和管理具有领先水平的综合医院和专科医院,建设市级医学中心和区域医疗中心。

第二,加快临床专科能力建设。继续落实"十四五"临床专科能力建设规划,以严重危害群众健康的重大疾病为主线,从专科规模、医疗技术、诊疗模式、管理方法等不同角度加强临床专科能力建设,逐步形成临床重点专科群,加强重症医学、呼吸、感染性疾病等专科能力建设,加速推广康复外科、多学科诊疗模式,持续提高心血管、脑卒中、恶性肿瘤等重大疾病救治管理水平,加强已获得国家和市级临床重点专科项目的评价工作。

第三,充分发挥政府在区域卫生规划中的统筹作用。围绕区域发病率高的基础专科、严重影响人民健康的核心专科,通过增加基础投入、重视人才培养、强化质量安全管理,提高医疗机构诊疗水平,实现更多疑难复杂疾病的区域内就诊。同时依托跨区域专科联盟建设,促进优质医疗资源有序下沉,有效调配资源增量,充分发挥区属医院在网格化临床专科服务体系中的中坚作用。

(二)着力提高医疗服务能力

第一,提升患者就医感受。推进临床路径管理,规范临床诊疗行为,加强医疗技术临床应用事中事后监管,提高合理用药水平。进一步强化临床护理质量,巩固"三年进一步改善医疗服务行动"成果,开展"改善就医感受、提升患者体验"主题活动,建立并坚持医疗服务投诉和医疗纠纷案例月分析制度,持续提升患者就医感受度。坚持以群众就医需求为导向,实现全流程优化服务,扩大互联网医院、远程医疗、"互联网＋护理服务"等医疗服务覆盖机构范围和医疗服务项目,为患者提供规范、方便的医疗服务。

第二,推进分级诊疗制度建设。深入学习三明医改经验,落实年度医改等重点工作任务,因地制宜开展试点区和试点项目建设工作,力争在重点领域、关键环节取得实质性突破。加强城市医疗集团建设,启动滨海新区、河北区紧密型城市医疗集团试点建设工作,健全区域医联体牵头医院负总责、各级各类医疗机构分工负责、防治康协同机制。进一步推动蓟州区、宁河区等5个国家级紧密型县域医共体试点区建设,推进重大疾病和短缺医疗资源专科医联体建设。发挥市属医院临床重点专科优势,推进短缺医疗资源的专科联盟建设,以专科协作为纽带,强弱项、补短板,形成补位发展模式。

第三,全力提升基层医疗和公共卫生服务能力和水平。充分发挥基层医疗卫生机构"网底"和家庭医生健康"守门人"作用,加快推进"优质服务基层行"活动和社区医院建设,推进家庭医生签约服务扩面提质,持续开展全科医生转岗、专科医师加注及能力提升等培训项目。

第四,加强民营医院规范健康发展。进一步规范民营医院执业行为,提升民营医院管理规范化、科学化和专业化水平,保障医疗质量和医疗安全。研究制定民营医院评价体系,并统一纳入市信用信息共享平台,促进提升民营医院信用度。支持民营医院参与卫生健康行业各专业培训,促进医院管理、医疗技术提升。加强完善民营医院党组织建设,充分体现公共服务公益性和勇于承担起社会责任与使命。

（三）协同推进健康天津行动

第一,为群众提供全周期健康服务。组织开展慢性病专项干预项目,推进国家慢性病综合防控示范区创建及复审工作。织密基层精神卫生网底,强化严重精神障碍患者管理保障体系。深入贯彻妇女儿童发展纲要、"十四五"规划和天津市妇女儿童健康提升计划。深入开展老年健康促进行动,统筹推进老年健康素养促进项目。聚焦千人口托位建设指标,推动普惠托育重点项目建设,促进托育服务健康发展。

第二,持续推进国家卫生区镇创建和复审工作。加强卫生创建评审指导,推动静海区、宁河区和蓟州区3个申报创建区和创建镇,提高创建质量,力争2024年底前获得国家命名;加强对已命名国家卫生区镇的动态管理,不断巩固创建成果。持续开展全市灭鼠、灭蚊蝇、灭蟑等专项防制工作和重点场所高温多雨季节病媒生物专项整治活动,助力打造宜居生活环境。开展无烟机关评估工作,加大节假日等时间节点的控烟宣传。

(四)促进中医药事业传承创新发展

第一,打造优质高效中医医疗服务体系。推动天津中医药大学第一附属医院打造以针灸为特色的国家中医医学中心,试点建设"旗舰级""区域级""基层级"名医堂,实施中医医疗集群建设,建设24个中医专科联盟,30个中医优势重点专科推荐专科和15个培育专科,推动中医优质资源均衡布局,提升中医医疗服务能力。

第二,提升中医药传承创新能力。实施高水平中医药重点学科建设项目和中医药诊疗设备推广应用项目,实施中药制剂工程,充分发挥组分中药国家重点实验室在现代中药前沿技术和共性关键技术转移转化中的重要作用,开展卫药文化宣传,提高卫药的知名度和影响力,打造津医卫药名片。

(五)高标准推动人才学科建设

第一,加快卫生人才扩容。适时举办京津冀卫生健康人才交流会,延揽高素质人才;搭建国内一流高层次人才培养基地,完善全成长周期人才培养体系;强化与国内外专业机构合作,提高人才选送数量和质量;健全人才评价体系,建立综合考核评估机制。完善人才支撑保障,合理核定市属公立医院薪酬水平,深化落实卫生系列职称改革,激发人才创新动力。

第二,推进重点学科建设。深化医教协同,多措并举,全面促进学科发展。

培育有发展潜力的重点学科带头人和学科团队骨干专项培训、学术交流。推动细胞生态海河实验室创新机制建设,支持开展自主科研立项和成果转化工作,实现资源共享和多学科交叉融合,打造"高峰"学科。

第三,促进信息化赋能医疗服务。依托互联网医院医联体有效优化分级诊疗,实现线上线下一体化质控,建立全市医疗质量控制中心数字化平台,推动大数据赋能医疗高质量发展。进一步推广5G、大数据、人工智能、区块链等技术应用创新,完善卫生健康领域政务资源共享开放目录。

（六）提升医疗卫生治理能力

第一,推进卫生健康法治建设。坚持党对卫生健康法治建设的领导,强化落实党政主要负责人法治建设第一责任人职责。推动学习贯彻习近平法治思想走深走实,推进卫生健康领域法治天津、法治政府、法治社会一体化建设。开展卫生健康"八五"普法中期评估,做好普法典型经验宣传推广。完善地方卫生健康标准化工作机制,加强标准化技术委员会和专家队伍建设。强化行政执法监督。

第二,优化营商环境。在深化"放管服"改革、打造优质高效医疗服务体系、促进健康产业发展提速升级、推广普及数字化信息化惠民便民措施等方面狠下功夫,为进一步优化营商环境提供健康保障;规范医疗机构及其从业人员廉洁行医行为,营造风清气正的执业环境。

第三,加强重点领域监督执法。针对群众关注度高、问题突出的领域开展专项治理,重点实施医疗卫生机构传染病防治、医疗美容等专项监督检查。组织推动职业卫生分类监督执法试点,打击违法违规行为,保障群众健康权益。

天津市公共文化服务
发展研究报告

桂慕梅　天津社会科学院社会学研究所副研究员

摘　要： 天津持续推进公共文化服务建设，展现出良好的发展态势，主要表现为：政策环境不断优化、财政投入持续加大、人才队伍建设日渐加强、服务能力不断提高、服务内容日益丰富。与此同时仍存在设施建设不够完备、数字技术应用不足、服务对象覆盖范围较窄等问题。在全面建设社会主义现代化大都市新形势下，深刻把握公共文化服务发展的新要求，建议着重以下三方面建设，一是完善配置，强化设施均衡布局；二是坚持科技应用，增强数字化建设力度；三是保障特殊社会群体的文化权益，提高服务均等化水平。通过综合施策，提升天津市公共文化服务效能，促使广大人民群众的文化获得感不断增强。

关键词： 公共文化服务　公共文化服务空间　文化获得感

公共文化服务是指由政府主导、社会力量参与，以满足公民基本文化需求为主要目的而提供的公共文化设施、文化产品、文化活动以及其他相关服务。公共文化服务对于丰富人民群众精神文化生活，传承中华优秀传统文化，弘扬社会主义核心价值观，增强文化自信，促进中国特色社会主义文化繁荣发展，提高全民族文明素质具有重要意义。近年来天津市公共文化服务体系建设取得明显成效，公共文化服务水平稳步提升，形成了良好的发展态势。

一　天津市公共文化服务发展现状

（一）健全法规政策，加强公共文化服务制度支撑

天津市以国家层面的法律法规为准则，在全国公共文化服务发展战略的总体框架下，对本地发展实际做出研判，在公共文化服务领域推出相关法规政策，促进天津市公共文化服务的制度完善，为天津市公共文化服务有序开展提供制度保障。

2018 年 9 月 29 日，天津市第十七届人民代表大会常务委员会第五次会议通过《天津市公共文化服务保障与促进条例》，对天津市公共文化服务发展提出比较全面系统的规定和要求。该条例共七个章节，除总则和附则外，包括公共文化设施建设与管理、公共文化服务提供、保障措施、激励与促进、法律责任五个方面内容。该条例明确了公共文化服务工作的主管部门，比较详细地规定了公共文化设施的建设用地要求以及相关设施的种类、数量、规模、布局，对服务保障措施、建设促进方案、法律义务履行、设施管理单位评价考核的认定等都给出了细节性规定。

2021 年 3 月 30 日，经国务院批复同意，国家发展改革委联合 20 个部门印发了《国家基本公共服务标准（2021 年版）》，根据国家对新时期公共文化服务发展的要求，结合天津实际需求、财政能力和文化特色，天津市文化和旅游局对《天津市基本公共文化服务实施标准（2015—2020 年）》进行修订和升级，并于 2022 年 11 月 21 日印发《天津市基本公共文化服务实施标准（2022 年版）》。该标准对公共文化设施建设、公共文化设施免费开放、全民阅读、艺术普及、中华优秀传统文化传承、重点群体、智慧文化、人员保障八大类服务的标准化建设（共 39 项）进行了详细说明和规定。

（二）持续加大财政投入，保障基本公共文化服务开展

公共财政投入是公共文化服务得以开展的重要基础。从数据来看，

2019—2021 年,天津市文化和旅游事业费占财政支出的比重比较平稳,其中 2019 年占 0.49%、2020 年占 0.42%、2021 年占 0.43%,2020 年比 2019 年有所下降,但降幅不明显(见图 1)。

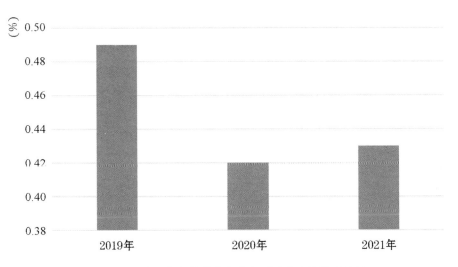

图 1　天津文化和旅游事业费占财政支出的比重情况

数据来源:中华人民共和国文化和旅游部编:《中国文化文物和旅游统计年鉴》(2022),国家图书馆出版社,2022 年。

有数据显示,2019—2021 年①,天津市人均文化旅游事业费超过全国平均水平。从年度人均文化旅游事业来看,2019 年天津市为 109.22 元,超出全国平均水平 33.15 元;2020 年天津为 96.11 元,超出全国平均水平 19.03 元;2021 年天津市为 98.41 元,超出全国平均水平 18.21 元(见图 2)②。

① 目前最新版年鉴为《中国文化文物和旅游统计年鉴(2022)》,其中数据截至 2021 年底,该年鉴已由国家图书馆出版社出版发行。

② 中华人民共和国文化和旅游部编:《中国文化文物和旅游统计年鉴》(2022),国家图书馆出版社,2022 年。

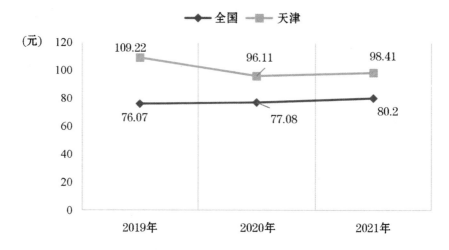

图2 2019—2021年全国及天津人均文化和旅游事业费统计

数据来源：中华人民共和国文化和旅游部编：《中国文化文物和旅游统计年鉴》（2022），国家图书馆出版社，2022年。

（三）夯实基础设施，拓展公共文化服务空间

公共文化设施是开展文化活动、推进文化事业发展的重要空间，也是呈现大众性和公益性的基础设施。根据《天津市公共文化服务保障与促进条例》，公共文化设施主要包括图书馆、博物馆、群众艺术馆、文化馆（站）、美术馆、科技馆、纪念馆、体育场馆、工人文化宫、青少年宫、妇女儿童社会服务中心、老年人活动中心、乡镇（街道）和村（社区）基层综合性文化服务中心、农家（职工）书屋、城市书吧、公共阅报栏（屏）、广播电视播出传输覆盖设施、公共数字文化服务点等。公共文化设施按照层级可划分为国家级、市级、区级、街道（乡镇）级和社区（村）级五个等级。

近年来，天津市持续加大公共文化服务建设力度，覆盖城乡的公共文化设施体系基本建立。截至2022年末，天津市主要公共文化设施数量达到166个，建筑面积约130万平方米。基层公共文化设施建设不断加强。全市街道（乡镇）均设立了图书馆、文化馆的分馆，社区（村）级基层综合性文化服务基

本实现全覆盖,全市域建成分馆及基层公共文化服务点 2000 余个。① 新建、改扩建一批重大文化设施,截至 2021 年末,建成国家海洋博物馆、滨海文化中心、中新友好图书馆、河西区文化中心、和平区少儿图书馆等一大批文化设施。② 截至 2023 年 4 月,完成了平津战役纪念馆和周恩来邓颖超纪念馆基本陈列的提升改造,完成了元明清天妃宫遗址博物馆、天津京剧院(滨湖剧院)、天津市青年京剧团(中华剧院)、文化中心各文化场馆、北疆博物院南楼、桑志华旧居和天津广东会馆等文博场馆的修缮提升,并对天津文庙、李叔同故居纪念馆、天津市曲艺团、天津大剧院等文博场馆进行了修缮提升。③

天津市图书阅览类公共文化设施加快建设。截至 2022 年末,全市域共有图书阅览类设施 301 处,总建筑面积约 51.86 万平方米。其中,市级设施 4 处,建筑面积约 13.39 万平方米;区级设施 31 处,建筑面积约 34.21 万平方米;街道(乡镇)级图书馆(分馆)266 处,建筑面积约 4.26 万平方米(见表 1)。④

表 1　天津市图书阅览类设施情况

级别	数量(处)	占地面积(公顷)	建筑面积(万平方米)
图书馆(市级)	4	8.53	13.39
图书馆(区级)	31	21.34	34.21
图书馆(分馆)(街道(乡镇)级)	266	23.06	4.26
总计	301	52.93	51.86

资料来源:《天津市公共文化设施布局规划(2021—2035 年)》。

---

① 《天津市公共文化设施布局规划(2021—2035 年)》,天津政务网,https://whly.tj.gov.cn/XWDTYXWZX6562/TZGGYXXGKX5995/202301/t20230120_6086141.html,访问时间:2023 年 10 月 3 日。
② 《天津市公共文化设施布局规划(2021—2035 年)》,天津政务网,https://whly.tj.gov.cn/XWDTYXWZX6562/TZGGYXXGKX5995/202301/t20230120_6086141.html,访问时间:2023 年 10 月 3 日。
③ "天津市文化和旅游局对市十八届人大一次会议第 0043 号建议的办理答复",天津政务网,https://whly.tj.gov.cn/ZWGKYXXGK1640/JYTA9096/202308/t20230811_6374940.html,访问时间:2023 年 10 月 3 日。
④ 《天津市公共文化设施布局规划(2021—2035 年)》,天津政务网,https://whly.tj.gov.cn/XWDTYXWZX6562/TZGGYXXGKX5995/202301/t20230120_6086141.html,访问时间:2023 年 10 月 4 日。

天津市博物展览类公共文化设施不断完善。截至 2022 年末，全市域共有博物展览类设施 109 处，总建筑面积约 59.21 万平方米。其中，市级以上设施 18 处，建筑面积设施约 29.42 万平方米；区级设施 91 处，建筑面积设施约 29.79 万平方米（见表 2）。

表 2　天津市博物展览类设施情况

类别	市级以上			区级		
	数量（处）	占地面积（公顷）	建筑面积（万平方米）	数量（处）	占地面积（公顷）	建筑面积（万平方米）
博物馆	9	27.79	18.80	58	349.22	14.56
纪念馆	5	19.21	5.50	14	29.84	3.14
展览馆	2	4.06	2.00	7	8.52	5.55
美术馆	2	5.31	3.12	12	10.00	6.54
总计	18	56.37	29.42	91	397.58	29.79

资料来源：《天津市公共文化设施布局规划（2021—2035 年）》。

天津市文化活动类公共文化设施建设取得显著成效。截至 2022 年末，全市域现状文化活动类设施 5157 处，其中市级以上设施 1 处，建筑面积约 1.00 万平方米；区级设施 21 处，建筑面积约 23.17 万平方米；街道（乡镇）级设施 241 处，建筑面积约 35.38 万平方米；社区（村）级设施 4894 处，建筑面积约 247.96 万平方米（见表 3）。

表 3　天津市文化活动类设施情况

级别	数量（处）	占地面积（公顷）	建筑面积（万平方米）
群众艺术馆（市级）	1	0.30	1.00
文化馆（区级）	21	11.47	23.17
文化馆（分馆）（街道（乡镇）级）	241	28.35	35.38

级别	数量(处)	占地面积(公顷)	建筑面积(万平方米)
基层文化活动中心 (社区(村)级)	4894	332.85	247.96
总计	301	372.97	307.51

资料来源:《天津市公共文化设施布局规划(2021—2035年)》。

(四)强化人才队伍建设,提高公共文化服务能力

人才队伍建设是构建现代公共文化服务体系的重要组成部分,是推动公共文化服务发展的基本保障。有关数据显示,2019—2021年天津公共图书馆、博物馆和群众文化机构三个领域从业人员在总数上呈逐年上升趋势,其中2020年比2019年多409人,2021年比2020年多84人,比较来看,2020年增幅加大(见表4)。

表4 2019—2021年天津文化机构从业人员数 单位:人

单位	2019	2020	2021
公共图书馆	1060	1163	1090
博物馆	1465	1545	1567
群众文化机构	1372	1598	1733
合计	3897	4306	4390

资料来源:中华人民共和国文化和旅游部编:《中国文化文物和旅游统计年鉴》(2022),国家图书馆出版社,2022年。

天津市注重公共文化服务领域人才队伍建设,采取多种方式提高从业人员的工作能力和素质。加强对基层文化队伍的培训,增加面向乡镇(街道)公共文化设施管理人员的专题培训班。组织宣传团深入各区开展面向村(社区)文化室管理员的法规和政策巡讲。邀请公共文化领域知名专家学者授课,就公共文化领域最新的法规和政策进行解读。运用"公共文化大课堂""网络教

育平台"等信息化手段,面向基层开展远程教育。组织公共文化服务体系建设高级研修班,深入学习外省市先进经验。加强培训管理,按照"市培训区、区培训镇街、镇街培训村居"的原则,依托基层开展各级轮训。结合本地实际,加强培训绩效管理、工作规范等制度建设,逐步建立基层公共文化服务队伍培训制度。[①]

(五)加强供给,丰富公共文化服务内容

在公共文化法规政策指导下,天津市持续加强多样化公共文化服务供给,公共文化活动不断丰富,公共文化服务能力稳步提升,保障了人民群众的基本文化需求。

1. 创新服务模式推进全民阅读

公共图书馆总分馆制建设是实现公共文化普遍均等服务的重要途径,在《关于推进天津市区级文化馆图书馆总分馆制建设的实施意见》《天津市区级公共图书馆总分馆制建设与服务规范》等指导下,天津市于 2018 年启动区级公共图书馆总分馆制建设,这是当年天津市 20 项民心工程之一。截至 2021 年 6 月,全市共建成区级图书馆分馆近 200 个,分馆与区图书馆之间全部实现通借通还。建成基层服务点近 2000 个,基本满足基层阅读需求。[②]

天津市以书屋书吧为阵地,开展各类文化活动。截至 2023 年 4 月,全市建有 3599 个农家书屋,200 个城市书吧。开展了政策宣讲、阅读讲座、科学讲堂、征集评比等活动,形成了"新时代乡村阅读季""我的书屋(书吧)我的梦"等品牌活动。疫情期间开通书屋书吧"云课堂"线上直播活动。联合相关企业,邀请知名专家学者,围绕科普、文学、艺术、农业农技、家庭亲子、健康养生等领域,在全市举办了线上直播讲座。积极推动书屋书吧纳入市图书馆总分

---

① "对市政协十四届二次会议第 0948 号提案的办理落实情况",天津政务网,https://whly.tj. gov.cn/ZWGKYXXGK1640/JYTA9096/202108/t20210826_5558508.html,访问时间:2023 年 10 月 5 日。

② "天津市文化和旅游局对市政协十四届四次会议第 0055 号提案的答复",天津政务网,https://whly.tj.gov.cn/ZWGKYXXGK1640/JYTA9096/202106/t20210611_5476230.html,访问时间:2023 年 10 月 6 日。

馆体系建设工作。西青区、东丽区尝试建设社区 24 小时"城市书房"无人值守自助服务项目,实现市、区、街三级通借通还。与多家餐饮公司合作,建设 200 家城市书吧阅读新空间,每个城市书吧阅读新空间可供阅读的图书不少于 200 种,群众在用餐、喝下午茶,享用甜品时可以进行阅读。

通过"阅读 + 艺术""阅读 + 餐饮""阅读 + 休闲"等形式扩大公共文化服务覆盖面。天津图书馆于 2019 年全面重启汽车流动图书馆服务。利用流动送书车将图书和读书活动送到警营、外来务工人员、社区居民身边,为群众提供办证、借书、还书、读书等"一站式"服务,在五大道、商业街等多处设置服务点,开展多种形式的文化宣传活动。相关部门还与天津市各大企事业单位、学校、社会机构及社区开展合作,建设行业分馆,根据每个分馆实际情况定期更换最新的、不同种类的图书。2020 年新建天津图书馆国家海洋博物馆分馆、市纪委监委综合服务中心分馆等 6 个行业分馆。截至 2023 年 4 月,已建立行业分馆 38 个。[1]

天津市扶持实体书店,延伸公共文化服务。开展"最美书店"评选活动,推动书店经营环境改善,完善空间布局,设置免费阅读空间,提供专门读者休息区域,开展各种阅读讲座、读者沙龙、作者签售等活动。在实体书店增设文创、简餐等服务,通过多元业态经营,提升读者阅读体验。[2]

2. 发挥多元主体力量推动群众文化活动开展

天津通过文化部门与人民群众协同方式,形成了群众文化活动"一区一品"的发展格局。多年来各区不断积累,逐步打造了独具特色的品牌项目,其中和平区"和平杯京剧票友邀请赛"、南开区"广场舞大赛"、河东区"家庭文化艺术节"、红桥区"老年文化艺术节"、河西区"西岸艺术节"、滨海新区"滨海艺术节"、东丽区"东丽杯群众文学评奖"、北辰区"天穆杯农村小品展演"、宝坻

---

① "天津市文化和旅游局对市十八届人大一次会议第 0110 号建议的办理答复",天津政府网,ht-tps://whly. tj. gov. cn/ZWGKYXXGK1640/JYTA9096/202308/t20230811_6374939. html,访问时间:2023 年 10 月 6 日。

② "天津市文化和旅游局对市十八届人大一次会议第 0110 号建议的办理答复",天津政府网,ht-tps://whly. tj. gov. cn/ZWGKYXXGK1640/JYTA9096/202308/t20230811_6374939. html,访问时间:2023 年 10 月 6 日。

区"京东大鼓艺术节"等活动已具有一定的社会影响力。全市还定期举办青年新歌手电视大赛、民乐大赛、钢琴大赛、都市风采主持人大赛、农民艺术节、外来务工人员艺术节、中小学生读书系列活动等丰富多彩的群众文化活动。2016—2021年,天津连续开展六届市民文化艺术节,每届市民文化艺术节均开展50项左右重点文化活动。2019年以来,市民文化艺术节每年都被列入天津市20项民心工程。全市100余支文化志愿者队伍,2000余名文化志愿者全年深入基层社区、村居开展惠民演出。天津文化中心作为城市会客厅,各场馆年均开展公益文化普及活动近百场。2021年文惠卡演出达到5840场。天津大剧院年均推出高端演出20多场,发放大剧院老年票18000人次。①

3.利用数字技术丰富公共文化服务供给

天津市积极开展公共文化服务数字平台建设。遵循"开放接口、兼容互用"原则,面向各级各类公共文化服务机构,构建开放互动、共建共享的统一服务管理平台,为基层群众提供集成化、一站式公共数字文化服务。②

持续推进数字图书馆、数字文化馆、数字非遗馆等公益性文化基础设施建设。天津图书馆完成了以 ALEPH 图书馆自动化系统为管理系统的建设,依托天津市通借通还服务体系,建立起以天津图书馆为中心馆,区级图书馆为总馆,乡镇(街道)基层综合性文化服务中心为分馆的自动化管理系统网络。③文化馆网罗馆内各类精彩演出、讲座、培训的视频资源,实时推送最新群文动态,实现公众与群艺馆的指尖互联。

天津市文化和旅游局指导天津市群众艺术馆推进公共文化云建设项目。天津市公共文化云建设项目分为"看直播""享活动""学才艺""订场馆""赶

---

① "线上线下市民乐享文化盛宴",文旅资讯服务系统网站,http://fw. whly. tj. gov. cn/sy1/rmzx/xwtjnew/202209/t20220906_5980249. html,访问时间:2023 年 10 月 6 日。

② "天津市文化广播影视局关于印发《天津市公共数字文化工程管理办法》的通知",天津政务网,https://whly. tj. gov. cn/ZWGKYXXGK1640/zcwj09271/WLJZCWJ09274/202012/t20201212_4925839. html,访问时间:2023 年 10 月 5 日。

③ "天津市文化和旅游局对市十八届人大一次会议第 0110 号建议的办理答复",天津政务网,https://whly. tj. gov. cn/ZWGKYXXGK1640/JYTA9096/202308/t20230811_6374939. html,访问时间:2023 年 10 月 5 日。

大集""资源总库建设"六个部分。"看直播"以天津市 20 项民心工程之天津市民文化艺术节为抓手,围绕京津冀协同发展等重大国家战略,以群文品牌活动和文化惠民演出为主要内容录制视频;结合市级、区级培育的多个品牌活动,对天津市第七届市民文化艺术节开幕式等 9 场活动进行直录播。"享活动"为区域联动性品牌活动,2022 年选取第十三届中国艺术节第十九届群星奖作为享活动具体直录播项目。"学才艺"在 2022 年完成共计 29 门课程,拍摄时长总计 1595 分钟。"订场馆"采集、发布文化馆(站)等文旅相关场馆信息 1901 条。"赶大集"共加载文创产品 100 余种。"资源总库建设"共建设群众文化活动资源时长 13 小时①。

全市各区积极搭建公共文化数字平台。滨海新区的"文化随行——滨海新区公共文化服务百姓互动数字平台"2019 年被评为国家公共文化服务体系示范项目。滨海新区"文化随行"平台系统以现有文化服务资源为基础,以"互联网 + "技术为支撑,提供丰富多样的文化产品和服务。"文化随行"平台系统由"一个中心、三个平台"四部分构成。"一个中心"是指大数据的文化服务信息资源中心,"三个平台"是指互联网与物联网技术的公共文化服务平台、移动智能终端的文化信息移动平台以及云计算和数据挖掘的文化服务监管平台。群众可以通过这一平台了解滨海新区的文化服务信息,在平台预约演出、预约免费开放场地等,并对活动进行点评。② 西青区为广大群众提供云端文化慕课线上服务,线上平台推出 400 多门文化"慕课",内容涵盖绘画、音乐、美术、舞蹈、戏剧、建筑、影视、曲艺、设计、传统文化、园林花卉等多个门类。③

① "结合国家公共文化云点击量推选产生 50 个优秀品牌",天津政务网,http://fw. whly. tj. gov. cn/sy1/rmzx/xwtjnew/202212/t20221231_6066164. html,访问时间:2023 年 10 月 6 日。
② "文化随行——公共文化服务百姓互动数字平台网站",天津政务网,http://www. bhwh. gov. cn/home/page/detail/id/1. html,访问时间:2023 年 10 月 6 日。
③ "西青推进云端数字文化服务建设 免费享文化慕课",津云,https://baijiahao. baidu. com/s? id=1712195488984006351&wfr = spider&for = pc,访问时间:2023 年 10 月 6 日。

二 天津市公共文化服务存在的不足

经过多年发展,天津市公共文化服务取得了阶段性成效,但相对于人民群众日益增长的文化需求,公共文化服务供给仍显不足。

(一)设施建设不够完备

近年来,天津市一方面注重重大文化设施建设,一方面加强基本公共文化设施的新建和改扩建,通过持续加大建设力度,形成了基本公共文化设施网络体系,但也存在一些薄弱方面。其一,博物展览类设施方面。截至 2022 年底,天津市有博物馆 76 家,同比全国四个直辖市,博物馆数量排名靠后。[①] 此外,博物展览类设施在市域各个区域分布不均衡。天津市核心区与滨海新区核心区的博物展览类设施密度最高,共有 78 处。其余地区分布有 31 处,外围各区博物馆数量相对不足,分布较分散且覆盖率不高。其二,街道(乡镇)级与社区(村)级综合性文化活动中心建设方面。虽然全市范围内街道(乡镇)与社区(村)都已建立综合性文化服务中心,但比照《天津市乡镇(街道)综合性文化服务中心建设与服务规范》《天津市村(社区)综合性文化服务中心建设与服务规范》相关要求,部分街道(乡镇)级与社区(村)级综合性文化活动中心建筑面积偏低,难以满足群众需求。

(二)数字技术应用不足

根据《数字中国发展报告》,截至 2022 年末,天津市网民规模超 1100 万人,互联网普及率达 86.6%,互联网使用已经深入群众生活的方方面面。在此社会环境下,市级公共文化服务数字化建设虽然取得一定进展,但各区公共文化服务的数字化建设程度偏低。各区对公共文化数字化服务的重视程度还不

[①] 《天津市公共文化设施布局规划(2021—2035 年)》,天津政务网,https://whly.tj.gov.cn/XWDTYXWZX6562/TZGGYXXGKX5995/202301/t20230120_6086141.html,访问时间:2023 年 10 月 6 日。

够充分,数字化建设相对滞后。目前除滨海新区拥有"文化随行"数字平台,西青区开展多媒体排练教室等,大部分区未将数字技术与公共文化服务体系建设充分结合,不具备数字化阅读、数字化教学的条件及网上预约等条件。此外,电子阅览室等相关数字化设施利用率较低。

(三)服务对象覆盖范围较窄

公共文化服务建设的基本目标是保障全体人民群众基本文化权益,满足全体人民群众基本文化需求,然而不平衡不充分发展导致包括老年人在内的社会弱势群体难以充分享受公共文化服务。有数据显示,截至2022年末,天津市60周岁及以上常住老年人口320万人,占比23.5%,超过全国平均水平,人口老龄化程度较高。社会对老年人公共文化需求的关注亟待提高。天津市很多公共文化设施还未充分考虑到老年人、残障人士等群体的实际需求。一些公共文化场所未设置无障碍通道、无障碍卫生间等。图书馆阅览室的有声读物、盲文图书较少,未能充分满足残障人士需求。老年人在享受基本公共文化服务过程中缺乏充分的关注和专业指导。

三 天津市公共文化服务发展的对策建议

当前,天津市正凝心聚力践行"十项行动",高品质生活创造行动是其中之一。对标高品质生活创造行动,需推进公共文化服务向高品质和多样化升级,为人民群众提供更高质量、更加公平、更可持续的公共文化服务,使广大人民群众更好参与公共文化活动,享受文化生活,激发文化热情,增强精神力量,提高社会文明程度。

(一)完善配置,强化设施均衡布局

根据发展需要和建设条件,通过新建、改建和扩建等方式补充完善公共文化设施,为新时期满足广大人民群众的文化需求、建设文化强市提供基础设施保障。

完善天津市博物展览类设施建设。鉴于天津博物展览类设施较少以及在各个区域分布不均衡的现状,建议在一些城区新建博物馆。落实相关规划中提出的发展目标和工作任务,在河北区、河西区等区域选址建设天津市非物质文化遗产馆、工业遗产博物馆、天津设计博物馆等市级文化设施。滨海新区设置滨海新区现代美术馆、滨海新区图书馆、滨海新区美术馆等市级文化设施。人口规模大于等于 10 万人的乡镇,根据地方特色,选择配置博物馆。

优化基层公共文化设施建设。加强基层公共文化资源的有效整合和统筹利用,按照人口规模、密度和服务半径进行合理布局,推动各行政区、街道(乡镇)、社区(村)的公共文化设施提标改造,满足多层次文化需求。落实有关规划的建设部署,在 10—15 分钟生活圈内设立街道级公共文化设施,逐步推进5 万—10 万人设置 1 处社区文化活动中心(含青少年活动中心、老年活动中心)建设,街道图书馆(分馆)、街道文化馆(分馆)与社区文化活动中心相结合进行建设。乡镇根据人口规模设置乡镇综合性文化中心、乡镇图书馆(分馆)和乡镇文化馆(分馆),并统筹规划利用。根据有关规划强化社区(村)级公共文化设施的配置。

(二)坚持科技应用,增强数字化建设力度

党的二十大报告指出,"实施国家文化数字化战略"。提升公共文化服务数字化水平是国家文化数字化战略的重要任务。天津根据发展实际,出台了《天津市基本公共文化服务实施标准(2015—2020 年)》,该标准对天津市公共文化服务数字化建设做出了具体规定和说明,助力加快推进公共文化服务数字化建设步伐。

在未来一段时期,天津市公共文化服务数字化建设需要重点聚焦区级以上公共文化设施的数字服务平台建设、各级公共图书馆和文化馆的数字资源建设,以及公共图书馆、文化馆、博物馆的线上数字服务和线下数字化体验。采取多种措施,促使新科技深度融入公共文化服务体系建设。以数字技术为支撑,加强各级各类公共文化数字平台建设与服务推广,如公共文化数字化融合服务平台、公共文化大数据平台等。通过整合公共文化数字资源,建立公共

文化资源云平台,实现各类公共文化设施资源互联互通、全域共享。实施图书馆、博物馆、文化馆、美术馆、综合文化中心等公共文化设施数字化转型升级。依托5G等新技术拓宽数字文化服务应用场景,加强新型数字文化业态在公共文化场馆中的应用,如设立沉浸式数字体验装备、建设数字文化实体体验空间等。

(三)保障特殊社会群体文化权益,提高服务均等化水平

保障特殊社会群体的基本文化权益,让公共文化服务更广泛地惠及人民群众,是公共文化服务高质量发展的必然要求,也是公共文化服务领域的民生工程和暖心工程。

建设适合老年人、残障者的公共文化设施,提高各级公共文化服务场所的无障碍设施覆盖率。在各级文化场馆建设缘石坡道、无障碍人口、电梯和卫生间等,为老年人和残疾人提供方便。针对特殊社会群体的特点和需求,提供个性化公共文化服务,例如,为视力障碍者提供音频书籍,为听力障碍者提供手语服务,在公共文化场所为老年人使用网络提供专门服务等。策划和提供适合特殊社会群体参加的文化活动,吸引老年人和残障者参与其中。根据群众需求、针对群众特点,提供公共文化服务精准化供给,真正落实公共文化以人为本。让人民群众感受到天津文化的温暖和关怀。

天津市平安建设研究报告

王　焱　天津社会科学院法学研究所副研究员

摘　要： 2023 年天津市平安建设整体平稳有序。社会治安防控体系建设成效明显,防控能力不断增强,刑事犯罪数量继续保持稳中有降。矛盾纠纷化解体系不断完善,多元化解纷机制日益优化。社会公共安全通过压实责任取得较大成效。基层社会治理有更多创新实践,基层平安建设的基础性作用日趋突出。经济因素、社会因素和社会治理能力对天津市平安建设产生较大影响。发展趋势是总体平稳中有小的波动。2024 年天津市要继续完善社会治安防控体系建设,加快推进基层社会治理创新,建设更高水平的平安天津。

关键词： 平安建设　社会治安　矛盾化解　公共安全

2023 年作为天津市“十四五”时期发展的关键之年,具有重要的阶段性意义。天津市平安建设在 2023 年呈现较为平稳的特点。现对 2023 年天津市平安建设作总结分析,并对天津市平安建设发展趋势进行分析预测。

一　2023 年天津市平安建设分析

2023 年天津市平安建设整体平稳有序,社会治安防控、矛盾纠纷化解、公共安全维护、基层社会治理等方面成效显著,有力推动了更高水平的平安天津建设。

(一)社会治安总体平稳

今年全市社会治安状况总体平稳,坚持重拳出击、露头就打,高压严打各类突出违法犯罪,现行命案、枪案、绑架案连续 8 年保持全破,连续 5 年实现"发案不过百,破案百分百"。2022 年全市刑事案件、治安案件同比分别下降 18.9%、13.4%。[①] 2023 年上半年全市刑事违法犯罪数量继续保持稳中有降。全市常态化推进扫黑除恶专项斗争,严打电诈犯罪,重打民生领域犯罪,打击治理能力不断提升。从严从细从实开展风险隐患排查整治,深入推进社会治安防控体系"示范城市"全域创建,有力提升了社会治理现代化水平。

天津市紧紧围绕提高社会治安防控立体化、法治化、专业化、智能化水平工作目标,全力推进具有天津特色的社会治安防控体系建设。积极构建环区域、环市"治安防控圈",深化"雪亮工程"和视频监控网建设,持续推进"环京、环津、沿海"安全防线建设,对全市 15 个公安检查站特别是武清大沙河、宝坻史各庄、蓟州白涧 3 个进京方向公安检查站科技设备进行全面改造升级,进一步提升科技化查控水平,最大化提高预警预防能力和通行效率。

打造"1 名社区民警 + 2 名社区工作人员 + N 个社区网格员"社区警务工作团队,发挥社区民警在社区任职的优势,推动社区警务与党群日常"九全"目标深度融合,形成 58.9 万群防群治力量,构筑严密巡逻防控体系。全市累计建成 7164 个智慧平安社区,入室盗窃等可控性案件发案数下降 28.74%。全市 4000 余个小区实现零发案。[②]

不断完善"天津治安防控实战应用平台",建立完整有序的治安数据库,搭建涉黄、涉赌、涉枪爆等数据模型 20 余个,全面开展治安专业研判分析,实现对人、地、物、事、网等治安要素的依法管控、精准管控和动态管控,为社会治安大局持续稳定提供强有力的技术支撑。

(二)矛盾纠纷化解成果显著

近年来,天津市立足经济社会发展现实状况,探索建立社会矛盾纠纷调处

---

① "将'平安'镌刻在津沽大地 让'法治'温暖百姓心田——2022 年天津政法工作回眸",北方网,访问时间:2023 年 10 月 16 日。

② "在第三个中国人民警察节,天津公安机关交出'平安答卷'",https://www.sohu.com/a/627725165_99936627,搜狐网,访问时间:2023 年 10 月 16 日。

化解综合机制,构建人民调解、行政调解、司法调解相衔接的"大调解"工作体系,形成了具有天津特色的矛盾纠纷多元化解工作格局。全市现有调解员 2 万余人,其中专职人民调解员 4200 余人,人民调解委员会 6000 余个,行业性专业性人民调解组织 600 余个,特色个人(品牌)调解室 300 余个,形成了以块为主、条块结合的人民调解体系。[①]

2021 年,天津市出台实施了《天津市行政调解规定》,将行政调解工作纳入法制化轨道,推动具有行政调解职责的相关部门依法依规开展调解。《天津市矛盾纠纷多元化解条例》经天津市第十七届人民代表大会常务委员会第三十八次会议通过并公布,自 2023 年 1 月 1 日起施行。自此天津市矛盾纠纷化解有了制度保障。2022 年,天津各级行政机关共调解结案 55.6 万余件。[②]

突出多元化解,规范各类诉求表达渠道。充分发挥行政裁决、行政复议等各类非诉解纷资源的作用,鼓励和规范律师、公证机构等主体参与化解矛盾纠纷,引导群众通过法定渠道、法定程序维护自身合法权益。持续推进行政复议改革,加强信息化建设,完善法律指导体系,全面整合设立 17 个行政复议机构。2022 年,行政复议实质化解率达 81.70%。[③]

积极构建诉源治理新格局。完善一站式多元解纷和诉讼服务平台建设,依托市、区两级诉讼服务中心,对包括诉源治理在内的一站式多元解纷平台建设进行系统规划。2022 年以来,全市法院诉前调解纠纷 15 万件。2023 年上半年,全市法院一审民商事案件收案数同比下降 9.5%,大量矛盾纠纷在诉前得到有效化解。[④]

---

① "在'变'与'不变'中传承与创新——我市以'枫桥经验'为牵引托举津城百姓'稳稳的幸福'",搜狐网,https://roll.sohu.com/a/693713202_121106842,访问时间:2023 年 10 月 16 日。

② "天津积极构建'大调解'工作体系多元解纷特色新格局",北方网,http://news.enorth.com.cn/system/2023/06/21/054036855.shtml,访问时间:2023 年 10 月 16 日。

③ "天津积极构建'大调解'工作体系多元解纷特色新格局",北方网,http://news.enorth.com.cn/system/2023/06/21/054036855.shtml,访问时间:2023 年 10 月 16 日。

④ "天津积极构建'大调解'工作体系多元解纷特色新格局",北方网,http://news.enorth.com.cn/system/2023/06/21/054036855.shtml,访问时间:2023 年 10 月 16 日。

（三）公共安全维护持续改善

天津市全力推进公共安全体系建设，全面排查整治重大事故隐患，着力把问题解决在萌芽之时、成灾之前。截至2023年9月，全市各级各部门共检查企业单位10.7万家次，帮扶指导重点企业5万余家次，推动整改重大事故隐患1714项。在全市范围内开展夏季燃气安全隐患专项排查整治，围绕燃气管道设施、农村煤改气、加气站、液化石油气企业、燃气用户等方面全面排查安全隐患，严厉打击违法违规行为。2023年以来，全市推动燃气行业监管部门累计整改问题隐患1879项，实施行政处罚96件，处罚金额154.13万元；加快推进燃气设施提升改造，累计改造燃气旧管网78.3公里，改造居民户内设施512.8万户、完成率92.8%，将应急管理部门综合监管有效纳入行业部门直接监管。①

2023年7月5日，天津市应急管理局印发实施《天津市应急管理行政执法工作规定》，将全市金属非金属矿山类、化工类、工贸类企业划分为重点企业、一般企业两个类别，将每个类别企业又分为好、中、差三个档次，依托天津市应急管理执法平台开展安全生产分类分级执法工作。目前全市有165家危险化学品生产企业、3260家危险化学品经营企业、61家危险化学品使用企业，以及6家钢铁企业、6家铝加工深井铸造企业、773家粉尘涉爆企业、59家涉氨制冷企业、1225家有限空间企业，都属于应急管理部门直接监管企业。根据企业分类分档情况，实施差异化精准执法，原则上一家企业对应一个层级的执法主体，对被列为差档的重点企业加大执法检查力度和频次，大幅度提高了执法效能。

2023年以来，天津市持续巩固工贸行业安全生产专项整治"百日清零行动"工作成果，聚焦电气焊作业和劳动密集型企业安全出口堵塞等问题，开展工贸行业领域专项执法检查，共派出执法小分队906个、2099人次，共检查企

---

① "深化排查整治 坚决消除事故隐患"，https://www.sohu.com/a/723273836_121443915，搜狐网，访问时间：2023年10月16日。

业 1197 家,排查出劳动密集型企业 403 家,发现涉及重点检查内容的隐患 65 项,其他隐患 2200 项,已复查完成整改 2142 项,立案处罚 35 家,有力震慑违规违法行为。①

(四)基层平安建设创新推进

近年来,天津市坚持防风险护稳定保平安,推进实现基层治理成果共享。立足推动"积小平安为大平安",让群众体验更安全、更和谐、更幸福。深化平安社区创建,实现安全成果共享。安全感是群众对美好生活的基本要求,发案少则是社会平安的基本标准。天津市公安局将平安社区(村)达标创建活动作为有效载体,连续推动将智慧平安社区建设纳入市政府民心工程,使社区成为全市的"平安高地"。社区侵财类案件连续两年同比下降,小区可控性案件发案率明显下降,广大群众的安全感日益增强,主动参与平安建设的积极性也与日俱增。

坚持创新发展新时代枫桥经验,推进实现基层治理融合共治。以社会治安防控体系建设为依托,将深化社区警务、加强群防群治、平安社区创建、智慧社区建设、强化农村警务等基础工作纳入全市重点工程、民心工程。深化创新社会矛盾化解机制。市公安局会同市司法局出台"公调对接"文件,组织全局副处级派出所全部建立"公调对接室",由司法部门安排调解员进驻。市公安局还与市妇联会签《关于进一步健全完善婚姻家庭纠纷排查化解常态化工作机制的意见》,严防家庭矛盾纠纷升级。同时开展地毯式"兜底"排查,确保对各类潜在矛盾纠纷早发现、早控制。截至 2022 年,全局派出所排查各类矛盾纠纷 13 万余件,社区民警主动排摸发现 1.5 万余件,处置化解率为 96.09%。

依托属地街道、居委会、物业和企事业单位,依靠社区(村)党组织,充分发挥治保会的职能作用,广泛发动群防群治力量参与基层治理,建立"义警"志愿

---

① "市应急管理局持续推进工贸行业安全生产重大隐患专项整治工作走深走实",天津市人民政府网,https://www.tj.gov.cn/sy/zwdt/bmdt/202309/t20230920_6411217.html,访问时间:2023 年 10 月 16 日。

者队伍。全市涌现出河西"西岸义警"、北辰"北辰义警"、东丽"海河义警"等多个"社区警务＋群防群治"品牌,逐步形成可复制、能推广的经验做法。推出"津门平安力量"手机应用(App),积极探索"互联网＋群防群治"新模式。

二 2023年天津市平安建设中的专项治理

2023年天津市重点进行了打击电信网络诈骗、企业合规治理、常态化扫黑除恶、道路交通安全治理和夏季治安整治等平安建设专项治理行动,取得了明显成效,提升了治理水平。

(一)电信网络诈骗犯罪专项治理

当前电信网络诈骗犯罪已经发展成一个门类齐全、分工明确、专业协作、链路复杂的"产业链",各类黑灰产业融贯其中,致使不少群众遭受财产损失。天津市连续几年开展打击电信网络诈骗犯罪专项行动,专项治理成果显著。

2020年以来,全市公安机关共破获电信网络诈骗犯罪案件1.7万余起,抓获犯罪嫌疑人5.1万余名,全市检察机关对电信网络诈骗及关联犯罪案件提起公诉5396件8723人,全市法院一审审结案件4907件8134人。2020年10月以来,天津市打掉"两卡"犯罪团伙570余个,查处"两卡"犯罪嫌疑人2.4万余人。2021年5月以来,抓获天津广籍非法出境犯罪嫌疑人230余人,累计对900余名涉诈人员报备采取法定不准出境措施。[①]

2022年,共查处犯罪嫌疑人8156人,紧急止付资金11.7亿元,电信网络诈骗立案数、涉及群众损失金额同比分别下降27.8%、14.8%。2022年7月以来,捣毁涉诈犯罪团伙40余个,抓获犯罪嫌疑人710余人,缴获作案设备2800余件。

2023年以来,市公安局深入开展"云剑""断卡""断流"等专项行动,市、区

---

① "严打电信网络诈骗,守护人民群众安宁,天津'一府两院'打击治理工作取得阶段性成效",http://news.sohu.com/a/724749550_121443915,搜狐网,访问时间:2023年10月16日。

两级反诈中心融合联动、相关警种部门同步上案,开展重点案件攻坚,先后报公安部发起 2 起全国集群战役,组织 2 次市域黑灰产清理会战,有力打击震慑了违法犯罪。突出预警防范。采取市公安局、属地公安分局、派出所三级联动和社区民警与网格员协同联动的方式,分级分类开展精准预警劝阻,累计预警劝阻 1408 万余人次。推进精准宣传,重点围绕各种电诈手段,针对不同群体进行精准推送,最大限度提高宣传精准度。2023 年前三季度,国家金融监督管理总局天津监管局与市公安局、中国人民银行天津市分行建立联动机制,对预警发现的潜在被害人联合采取劝阻措施,已累计预警劝阻 1408 万人次,避免群众损失 1.1 亿余元。①

（二）企业犯罪预防与企业合规治理

所谓企业合规,是指检察机关在办理涉企犯罪案件过程中,针对企业涉嫌具体犯罪,结合办案实际,督促涉案企业作出合规承诺并积极整改落实,整改结果作为依法批准或者不批准逮捕、起诉或者不起诉以及是否变更强制措施,提出量刑建议或者检察建议、检察意见等处理决定的重要参考,促进企业合规守法经营,减少和预防企业犯罪。企业合规试点适用于公司、企业等市场主体在生产经营活动中涉及的经济犯罪、职务犯罪等各类案件,既包括公司、企业等实施的单位犯罪案件,也包括公司、企业实际控制人、经营管理人员、关键技术人员等实施与生产经营活动密切相关的犯罪案件。

截至 2022 年,全市各级检察院共办理企业合规案件 100 件（适用第三方机制 76 件）,共涉及涉案企业 108 家、企业责任人员 161 人。截至 2023 年上半年,100 件案件共审结 55 件,其中,不起诉案件 42 件,共对整改合规的 45 家企业、71 人依法作出不起诉决定;整改合格后提起公诉案件 10 件,共对 11 家企业、16 人适用认罪认罚从宽制度提出轻缓量刑建议;2 件案件未通过监督评估,已对 1 家企业、1 个自然人依法起诉追究刑责,1 件案件由侦查机关撤回;

---

① "我市今年以来打击治理电信网络诈骗预警劝阻 1408 万人次,避免群众损失 1.1 亿余元",新浪网,http://tj.sina.cn/news/2023-09-25/detail-imznxecm6177220.d.html,访问时间:2023 年 10 月 16 日。

另完成异地协作监督评估 1 件。100 件案件共涉及 21 个罪名,其中适用较多的罪名集中于危害税收征管类案件(虚开发票罪 39 件、虚开增值税专用发票罪 23 件、持有伪造的发票罪 4 件),占总体案件数的 66%;其他适用较多的罪名包括重大责任事故罪 8 件、走私普通货物罪 4 件。[①]

检察机关发挥提前介入职能,引导侦查机关收集合规准备工作,为审查起诉阶段的合规监督打好基础。检察机关积极利用提前介入侦查,引导公安机关收集合规信息与材料,激发企业合规意愿,为后续合规工作的高效开展奠定坚实基础。秉持"能合规尽合规"的能动司法理念,会同公安机关走访了解企业经营状况、治理结构、既往诚信及行业评价等情况,把促进合规的工作做到前面,推动合规改革释放出最优效果。

(三)常态化扫黑除恶斗争

天津市坚持保持高压态势依法打击黑恶违法犯罪。多个部门联合开展扫黑除恶严打整治专项行动,强力打击黑恶违法犯罪。2022 年,全市新打掉涉黑涉恶团伙 15 个,破获刑事案件 210 起,查封扣押冻结涉案资产 1.05 亿元。[②]从 2022 年 9 月至 2023 年 8 月在全市开展教育、金融放贷、市场流通三大行业领域整治。市公安局、市委网信办等部门针对电信网络诈骗、涉网"裸聊"敲诈等线索警情进行梳理分析,依法开展打击。针对短视频社交平台出现讲述各地黑恶势力团伙头目旧闻往事的情况,市扫黑办开展网络传播"江湖故事"专项整治行动。

2022 年 11 月以来,天津市公安机关全力开展打击农村赌博违法犯罪"清风 2023"专项行动。全面重点清查农村易滋生赌博活动的重点区域,有针对性地组织开展清理清查 1200 余次,及时发现查处赌博违法犯罪活动。开展涉赌风险隐患排查、强化区域联防联控等工作,筑牢防赌治赌第一道防线,同时推

---

① "推进企业合规治理,2022 年市检察院在全国首批实现企业合规案件办理'全覆盖'",津云,http://www.tjyun.com/system/2023/03/24/053767232.shtml,访问时间:2023 年 10 月 16 日。

② "将'平安'镌刻在津沽大地,让'法治'温暖百姓心田——2022 年天津政法工作回眸",北方网,http://news.enorth.com.cn/system/2023/02/17/053660276.shtml,访问时间:2023 年 10 月 16 日。

动压实禁赌责任,群策群力持续深化农村赌博治理。强化宣传教育,积极会同宣传、网信等部门广泛利用公益平台、"两微一端"、标语警示等多种形式,开展全方位禁赌宣传,特别是集中开展"禁赌宣传月"活动,进一步增强了群众抵制赌博活动的自觉性和主动性,赢得了群众支持,收到了良好效果。专项行动侦破农村地区赌博和开设赌场刑事案件 180 余起,其中,公安部督办案件 5 起;打掉犯罪团伙 25 个,捣毁赌博窝点 22 处,抓获涉案人员 2100 余名,查扣赌资800 余万元,专项行动取得突出成效。①

(四)道路交通安全专项整治

自 2023 年 3 月天津市开展道路运输执法领域突出问题专项整治以来,聚焦整治问题,组织开展执法队伍整顿,全方位提升执法人员的政治素质和纪律作风,强化正面典型引领和日常警示教育,累计开展执法业务培训及军事化训练 640 场次、参训人员 1.3 万余人次。同时,直接面向企业、群众征集问题线索,经核实共排查问题 158 个,制定整改措施 330 条,截至 2023 年 9 月,158 个问题已全部整改完毕。

在提升出租汽车行业服务品质方面,加大执法巡查检查频次,严厉打击治理在重点场站离车揽客、绕道多收费、拒载甩客等违法违规行为,开展联合执法 156 次,将严重违法违规从业人员和车辆纳入不良记录名单,172 名出租从业人员被"禁入"天津滨海国际机场运营,出租行业运营秩序得到明显提升。

在加强执法保障惠民生方面,加强一线绿通查验人员业务培训,统一查验标准,熟练检查流程,最大限度缩短绿通运输车辆的查验时间。截至 2023 年 8 月,天津市高速公路收费站出口绿通车辆累计通行 38.5 万辆,较 2022 年同期提高 19%,累计减免通行费 1.34 亿元,有效保障城市"菜篮子"供应,促进农村经济发展和农民增收。

加强治超执法力度。排查确定 608 家源头企业清单,公示列入重点监管

---

① "天津'清风2023'专项行动侦破案件180余起,抓获涉案人员2100多名",https://baijiahao.baidu.com/s? id=1768549663876731201&wfr=spider&for=pc,访问时间:2023年10月16日。

的 112 家源头企业,对"百吨王"实施'一超四罚'+信用+安全生产检查"的工作机制。专项整治期间,天津市共出动执法人员 7.5 万人次,超限检测站(点)检测车辆 624 万辆次,查处违法超限超载车辆 1.01 万辆次(其中"百吨王"332 辆),卸载货物 14.3 万余吨;巡查源头企业 1895 次,责令整改 106 家,行政处罚 14 家,取缔非法"二次配载"点 15 处,有效遏制群死群伤交通事故的发生。①

自专项整治以来,天津市持续加大对网约车平台企业违规派单、不按规定上传数据等违法行为的查处力度,查处案件 1829 件,天津市网约车订单合规率大幅攀升,从 2021 年 1 月的 39% 提升至 2023 年 9 月的 80% 以上。同时大力推进实施"说埋式执法",2023 年以来实施轻微违法免罚 1175 件,得到了企业及群众的高度认可和赞誉。

(五)2023 夏季治安整治专项行动

2023 年 6 月 25 日,天津市公安机关开展"三会战三见底"夏季治安打击整治行动。深化"三会战"严打各类犯罪,即大案攻坚会战、小案快破会战、积案清理会战;开展"三见底"消除风险隐患,即矛盾纠纷见底、"三涉"风险隐患见底、公共安全风险隐患见底。同时依托智慧警务和刑事技术优势,充分发挥大数据赋能、智慧警务支撑实战作用,持续强化新技术新战法复合应用、深度应用,全面提升精准预警、管控、打击效能。

自专项行动开展以来,全市公安机关共破获刑事案件 10670 起,其中,破获大要案件 152 起、民生小案 8695 起、刑事积案 1823 起,破案率提升 11.92 个百分点;破获传统"盗抢骗"案件 1400 起,危害食品、药品安全犯罪案件 138 起。特别是开展清理打击涉诈黑灰产违法犯罪市域破案会战,共打掉犯罪团伙 49 个,追赃挽损 1610 万元;化解矛盾纠纷 5.9 万余起,化解率达 93.9%;检

---

① "道路运输执法领域突出问题专项整治成效凸显,为天津建设现代化国际大都市添秤加码",https://baijiahao.baidu.com/s? id=1778161336245024320&wfr=spider&for=pc,访问时间:2023 年 10 月 16 日。

查枪爆危从业单位 2061 家次，检查校园 2328 家次，发现整改各类隐患 156 处；查处易肇事肇祸交通违法行为 1.1 万余起，全市交通死亡事故数、死亡人数呈持续下降趋势。[①]

此外，天津市公安机关开展夏夜治安巡查宣防集中统一行动，共出动警力 5.6 万人次，检查场所、巡查重点部位 2.6 万余个，查获各类犯罪嫌疑人 420 余名，抓获在逃人员 34 名，现场查处各类交通违法行为 3.4 万起，有效净化了全市社会治安环境。

三　天津市平安建设的影响因素与趋势分析

从影响天津市平安建设的相关因素入手，分析这些因素变动的情况和对平安建设的影响作用，分析各种因素的相互关系，从而预测天津市平安建设发展变化的趋势。

（一）影响平安建设趋势变化的相关因素分析

平安建设的构成要素较多，如社会治安、社会矛盾化解、公共安全、基层治理等，在经济社会诸多因素中，影响平安建设的相关因素也很多。经济方面的因素对平安建设有直接和间接两方面的影响。经济下行、收入减少、失业增加都会使社会矛盾增加，影响社会稳定和社会治安状况。社会方面的因素有婚姻家庭因素、社会分层因素、社会思潮因素等。

1. 经济发展变化因素

经济发展作为影响平安建设的基础性因素，在扩张期和收缩期都会产生作用。经济扩张期推动社会交往增加，也扩张了犯罪产生的基础；经济收缩期会刺破之前的泡沫，会有很多人以违法的方式逃避法律责任，不去承担不良后果，也会产生犯罪。目前经济下行压力加大，会让一些泡沫破裂，会出现大量

---

① "天津夏季治安打击整治阶段成效显著，破案率提升 11.92 个百分点"，https://baijiahao.baidu.com/s? id = 1775754925293080655&wfr = spider&for = pc，访问时间：2023 年 10 月 16 日。

逃避法律责任的行为,导致经济领域各类矛盾纠纷迅速增加,易引发各类犯罪。

2.社会发展变化因素

当前人们社交方式的变化主要体现在互联网交往成为主要方式,网络社会已经成形,出现了"离开网络无法生活"的迹象。在社会结构方面,天津市已经进入老龄化社会,老年人问题成为当前重大社会问题。这也使得各种社会矛盾围绕网络社会和老龄化社会而不断增多。养老诈骗、电信网络诈骗等犯罪也就成为多发犯罪。

3.社会治理因素

社会治理能力的增强包括社会控制能力的增强,对全市平安建设具有一定积极作用。社会治安防控体系建设意味着社会治安防控能力的提升。近年来,随着"天网工程""雪亮工程"的深入实施,政府的社会治安防控能力有了很大提升,对犯罪治理也更加有效。随着法治社会建设的深入,法治成为社会治理的基本方式,并且得到全社会的认同。刑事法律的修订也为犯罪治理提供了强大的法律保障。三级矛盾纠纷调解体系是天津市社会治理的重要组成部分,将矛盾纠纷化解在基层,避免矛盾升级,为平安建设提供了重要支撑。

(二)天津市平安建设的趋势分析

当前,全市平安建设总体呈现平稳态势,并将持续保持稳定发展,部分领域稳中向好,但仍有一些影响全市平安建设的问题,在整体平稳的态势中加入了一些波动。

社会治安方面,从社会整体犯罪来看,受社会社区监控防控严密、大数据智能治理、社会成员结构变化、各类犯罪成本较高等因素影响,抢劫、盗窃等街面接触性犯罪会相应减少。常发性犯罪虽有"抬头之势",但仍然可控。

社会矛盾化解方面,矛盾纠纷随着经济领域的复杂状况和多种社会关系冲突会逐渐增多,但形成群体性事件和大规模社会冲突的社会矛盾还没有迹象。随着矛盾纠纷化解体系的不断完善和机制创新,社会矛盾处于可治理、可化解的态势中。

公共安全和基层治理方面，经过多次公共安全专项大检查和专项整治，公共安全体系和运行机制明显改善，安全生产和社会安全治理效果明显，未来也将处于平稳发展态势。不排除有个别安全事故出现，但不会形成连锁反应。基层治理将继续保持稳定。

四 进一步推进天津市平安建设的对策建议

2024年的天津市平安建设将坚持以习近平新时代中国特色社会主义思想为指导，增强"四个意识"、坚定"四个自信"、做到"两个维护"，落实总体国家安全观，以共建共治共享为导向，以防范化解影响安全稳定的突出风险为重点，以基层社会治理创新、平安创建活动为抓手，建设更高水平的平安天津。

（一）不断完善社会治安防控体系

依法严厉打击各类违法犯罪活动，坚决防范和打击涉枪涉爆、黄赌毒、新型网络犯罪和跨国犯罪，维护良好治安秩序。大力加强公安特警队建设，落实维护社会稳定各项措施。健全扫黑除恶常态化长效机制，坚决打击黑恶势力及其"保护伞"，推动实现"无黑"城市目标。坚持专群结合、群防群治，不断提高社会治安立体化、法治化、专业化、智能化水平。

（二）创新矛盾纠纷多元化解机制

推动新时代"枫桥经验"天津的创新实践。充分发挥市、区、街道（乡镇）三级矛盾纠纷调处化解中心作用，加大调处力度，把各类矛盾纠纷解决在基层、解决在当地、解决在萌芽状态。针对可能出现的突出问题，及时组织开展矛盾纠纷集中排查调处。完善信访制度，畅通群众诉求表达渠道。正确对待群众的各种利益诉求，区别情况，认真解决。重点解决好资源开发、土地征用、城镇改造拆迁、企业改制破产、劳资利益纠纷等关系群众切身利益的突出问题。

（三）推进共建共治共享的社会治理创新

健全治理平台,汇聚资源力量,深化平安创建,强化服务意识和效能,努力构建人人有责、人人尽责、人人享有的社会治理共同体。推进创新"互联网＋群防群治"模式,走出具有特色的社会治理新路。持续推动"天津平安志愿者"活动,进一步丰富发展志愿服务的内涵和外延。激发社区群众的责任感和荣誉感,不断挖掘和引导群众中蕴含的积极性和创造力,探索适合社区实际的新办法、新举措。

（四）持续优化城市公共安全体系

强化安全责任体系,从严落实政府部门监管责任,依法强化企业安全生产主体责任,严肃问责制度。强化重点行业和重要设施的安全管理,认真落实消防安全责任制,严厉打击食品安全违法行为,加强建筑施工重大风险源的安全管控,切实做好市政管线、特种设备、高层建筑、隧道高架桥梁、地下空间等设施设备的安全防范。不断健全应急责任体系,协调建立各类应急队伍,有效整合各类资源。建立自然灾害和事故灾难风险分析研判及应急处置机制,强化重点区域和人员密集场所的安全防范,完善安全管理机制。加强各类大型活动安全风险的科学评估、监测预警和应急准备。

本报告系天津社会科学院2022年重点课题"习近平关于平安建设的思想体系与实践路径研究"（课题编号:22YZD-05）阶段性成果。

天津市慈善事业发展研究报告

高　原　天津社会科学院政府治理和公共政策评估研究所副研究员

摘　要： 2023 年天津市慈善事业积极发展，主要表现为：慈善组织规模不断扩大，依法治善稳定社会预期，志愿服务领域持续拓展，慈善褒奖机制日益完善，街镇慈善帮扶基金扩大社会资源，福利彩票的公益性更加凸显，优秀公益慈善项目社会影响扩大。在取得成效的同时，天津慈善事业发展也面临着挑战和不足，因此提出加速天津慈善事业发展的思路和举措，包括优化慈善扶持政策，激发慈善创新活力，适时制定《天津市慈善条例》确保法律监管有效实施，深化慈善文化，培养专业人才，助力天津慈善，从而推动天津慈善事业高质量发展，提高社会参与，构建更加健康的慈善生态系统。

关键词： 慈善创新　慈善监管　慈善文化

一　天津市慈善事业发展概况

(一)慈善组织规模不断扩大

民政部统计数据显示，截至 2023 年第二季度，全国社会组织总量为 89.04 万个，较 2022 年同期下降 0.75%。其中，社会团体 37.2 万个，社会服务机构(民办非企业单位)50.9 万个，基金会 9440 个，较 2022 年同期分别增长

0.81%、-1.93%和4.24%①。另据民政部慈善中国发布的数据,全国范围内合计检索出12860家慈善组织数据,其中,具备公开募捐资格的慈善组织达到2915家。此外,已获颁发公募资格证书的红十字会机构为1402家。就天津市而言,共有170家慈善组织数据,其中39家拥有公开募捐资格,同时,已经获准领取公募资格证书的红十字会机构为15家②。与2022年同期相比,全市慈善组织增长幅度为4.30%。和全国数据相比,天津慈善组织增速也呈下降趋势,主要是由于国家积极引导社会组织健康发展,促使社会组织发展进一步从注重数量增长向注重质量提升转变。

(二)依法治善稳定社会预期

从2014年国务院发布第一份促进慈善事业发展的综合性政策文件《国务院关于促进慈善事业健康发展的指导意见》,到2016年《中华人民共和国慈善法》正式颁布施行,再到民政部联合财政部、国家税务总局等有关部门制定并发布了近20项配套政策,天津市也相继颁布一系列相关法规规章和规范性文件,天津市慈善事业进入依法治善的新时代。(见表1)

表1　慈善事业发展相关政策文件

标题	发文机关	性质	公布日期
国务院关于 促进慈善事业健康发展的指导意见	国务院	国务院 规范性文件	2014年12月18日
中华人民共和国慈善法	全国人民 代表大会	法律	2016年3月16日
天津市社会团体管理局关于 全面推进我市基金会诚信建设的指导意见	天津市 民政局	天津市 规范性文件	2016年3月9日

---

① "2023年2季度民政统计数据",民政部网站,https://www.mca.gov.cn/mzsj/tjsj/2023/202302tjsj.html,访问时间:2023年10月12日。

② 参见慈善中国网站,https://cszg.mca.gov.cn/biz/ma/csmh/a/csmhaindex.html,访问时间:2023年10月12日。

标题	发文机关	性质	公布日期
天津市慈善信托管理办法	天津市民政局	天津市规范性文件	2017 年 12 月 22 日
天津市民政局关于全面推进社区基金会建设的指导意见	天津市民政局	天津市规范性文件	2020 年 1 月 20 日
天津市民政局关于慈善力量参与社会救助的实施办法	天津市民政局	天津市规范性文件	2020 年 2 月 25 日

依法治善为慈善事业高质量发展提供稳定的社会预期。习近平总书记指出:"国家治理体系和治理能力是一个国家制度和制度执行能力的集中体现。"国家治理的核心要义在于制度之治,国家治理现代化的中心问题是制度和治理的辩证统一。依法治理为慈善事业提供了可靠的制度环境和稳定的发展预期。政府在法治轨道上建立了一套稳定、规范、系统、协调的制度体系,以支持慈善组织、慈善捐赠人、慈善受益人、慈善信托参与人、慈善信息平台以及广大志愿者参与慈善事业。这一体系切实保护各方合法权益,激发社会各界参与慈善事业的活力,进而实现天津市慈善事业高质量发展。

(三)志愿服务领域持续拓展

2019 年 1 月 17 日,习近平总书记在天津视察期间,莅临和平区新兴街朝阳里社区,对志愿者群体予以高度评价,称赞他们是为社会做出贡献的前行者、引领者。现如今,朝阳里社区积极投身志愿服务的志愿者已达 3571 名,占常住居民的 70%,这里的志愿精神蓬勃发展,而这只是天津志愿服务的一个缩影。随着天津市志愿服务联合会成立,天津志愿服务网开通,《天津市志愿服务条例》出台以及天津市志愿服务工作协调小组成立等一系列举措的实施,志愿服务领域不断拓展。截至 2023 年 10 月,天津市认证注册志愿者已达 295.43 万人,较 2022 年度增加 6.87 万人,增幅为 2.38%,占常住人口的 21.67%,同时,注册志愿服务团队增至 19566 支,较 2022 年度增加 956 支,增幅为 5. 14% 。①

志愿服务领域也不断扩展,从最初的扶贫开发、环境保护到大型活动、抢险救灾,再到现在的城市社区建设等领域,形成了一批重点服务项目。尤其在推进志愿服务深度融入基层社会治理方面,全市广泛开展"永远跟党走"志愿宣讲活动,成立宣讲队伍 3000 余支,2022 年,累计举办宣讲 1.8 万场次。推动文明实践志愿服务进校园,设立 66 所示范校,为未成年人开展"特色思政课",培育"红心永向党""小手拉大手"等特色志愿活动。全市成立了 4000 余支区级志愿服务队,各街道、社区建立了"5 + N"志愿服务队,包括学习宣传、文化健身、互帮互助、文明风尚、应急响应等 2 万余支志愿服务队,60 余万名志愿者累计服务 578 万余人次。② 此外,天津市还开展了百万志愿者服务群众大行动,将新时代文明实践志愿服务送到基层,让"志愿红"在津城如火如荼地绽放。2022 年,天津市共有 11 个典型志愿者、志愿服务组织、志愿服务项目和志愿服务社区荣获全国学雷锋志愿服务"四个 100"先进典型荣誉称号。

(四)慈善褒奖机制日益完善

2023 年,天津市民政局举办了首届"天津慈善奖"评选与表彰活动。该奖项的设立旨在积极践行《中华人民共和国慈善法》,并遵循习近平总书记有关民政工作的重要指示批示精神和党的二十大精神。同时,该活动也是天津市委、市政府以及民政部相关工作部署的具体体现,以进一步弘扬社会主义核心价值观和中华民族传统美德。该奖项旨在表彰那些在乡村振兴、扶贫济困、疫情防控、应急救援等领域做出重要贡献的社会组织、单位和个人,以及那些献出爱心、回报社会的慈善善举。评选委员会由市有关部门、人大代表、政协委员、专家学者及媒体代表等组成,此次活动共设置四类奖项,表彰名额不超过 100 个,评选委员会通过评议,从参选单位、个人、志愿服务爱心团队、慈善项目和慈善信托中,选出拟表彰名单,经社会公示后,最终确定"天津慈善奖"表彰名单。

---

① 参见天津志愿服务网,http://shequ.enorth.com.cn/zyz/,访问时间:2023 年 10 月 11 日。
② 《一起聆听,雷锋精神的天津表达》,《天津日报》2023 年 3 月 4 日,第 4 版。

"天津慈善奖"是天津市慈善领域政府最高奖,是推动慈善事业发展的重要措施。天津市各区、各部门、各单位高度重视"天津慈善奖"的推荐工作,配备充足的工作力量,全面开展宣传和动员,挖掘先进典型,扩大活动的社会影响力,吸引各方积极参与。经过自行申报、逐级推荐、严格审核、评选审议、征求意见、社会公示、最终审定等一系列程序,李昀慧、"津陇慈善情 助力乡村振兴"项目、天津市慈善协会和杜宝新等分别荣获慈善行为楷模奖、优秀慈善项目奖、优秀慈善组织奖和爱心捐赠奖的殊荣。通过建立和完善慈善褒奖机制,天津市带动社会各界以首届"天津慈善奖"获得者为榜样,积极响应国家号召,投身慈善事业,积极打造"慈善天津"城市名片,开拓慈善平台,营造"人人可慈善,慈善为人人"的城市氛围。

(五)街镇慈善帮扶基金扩大社会资源

在全国第八个"中华慈善日"来临之际,天津市开展了一系列主题为"携手参与慈善,共创美好生活"的慈善日活动。其中西青区以设立专项基金的形式,成立街镇慈善帮扶基金,动员社会各界力量积极参与慈善事业,引导各街镇充分发掘辖区内慈善资源,提供慈善服务,标志着天津市在探索街镇慈善工作的新路径上迈出了重要的一步。

街镇慈善帮扶基金的设立是改革创新慈善工作的新举措,有力促进了社会问题在街镇层面以慈善、自治和互助等多种方式得到妥善解决,将使我们能够更加灵活、迅速地为弱势群体、困难家庭等提供精准的慈善帮扶,进一步发挥慈善事业在基层社会治理、公益项目建设以及困难群体权益保障方面的重要作用。同时街镇慈善帮扶基金也是一种积极可持续的慈善机制,旨在筹集资金,以支持那些急需帮助的困难群体,是社会力量参与慈善事业的重要载体。另外,这一活动还鼓励各个街镇充分挖掘辖区内的宝贵慈善资源,包括志愿者、慈善组织、善款捐赠者等。通过唤起这些潜在的资源力量,更好地满足社会各界的需求,为那些需要帮助的人提供更多支持。西青区成立街镇慈善帮扶基金,为慈善工作的发展提供了可持续的创新机制,不仅动员了更多的社会力量,激励了各个街镇社区积极参与,也为慈善工作创造了更为广阔的前景。

（六）福利彩票的公益性更加凸显

天津市一直致力于加强福利彩票品牌建设,为社会提供更多的公益支持。2022 年,全市销售福利彩票 13.82 亿元,筹集公益金 4.52 亿元。[①] 2022 年 9 月到 2023 年 8 月,全市销售福利彩票 15.79 亿元,较 2021 年同期增加了 1.66 亿元,增长 11.77%（见表 1）。[②] 这一显著增长主要是受 2021 年同期彩票销量基数较低和新型彩票上市等因素影响,彩票销量较 2021 年同期增长明显。

表 1　2022 年 8 月至 2023 年 9 月天津福利彩票销售数据　　单位:百万元

频率	月
2022 年 8 月	137.86
2022 年 9 月	117.13
2022 年 10 月	103.22
2022 年 11 月	122.75
2022 年 12 月	109.38
2023 年 1 月	90.21
2023 年 2 月	121.19
2023 年 3 月	151.43
2023 年 4 月	153.88
2023 年 5 月	147.06
2023 年 6 月	163.66
2023 年 7 月	140.06
2023 年 8 月	158.89
2022 年 9 月	117.13

资料来源:中国经济数据库,2023 年 10 月 12 日。

①　"天津市民政局 2022 年政府信息公开工作年度报告",天津市民政局网站,https://mz. tj. gov. cn/ZWGK5878/zfxxgk/gknb/202301/t20230117_6081906. html,访问时间:2023 年 10 月 12 日。

②　"天津福利彩票销售情况",中国经济数据库,http://www. ce. cn/macro/sjjd/jjsjk/,访问时间: 2023 年 10 月 12 日。

作为政府财政来源之一，福利彩票的销售收益不仅用于支付中奖者的奖金，也用于资助各种公益项目，如教育、医疗、文化、体育、社会福利等领域。根据《民政部彩票公益金使用管理》和《天津市福利彩票公益金使用管理办法》等相关文件规定，天津市福利彩票公益金始终秉持着扶老、助残、救孤、济困的宗旨，突出其公益属性，将公益金主要用于养老服务类项目、残疾人服务项目以及其他社会公益项目。随着这些资金的投入，福利彩票的公益性越来越凸显，为天津市社会公益事业的推进提供了重要支持。

（七）优秀公益慈善项目社会影响扩大

1. "大手拉小手，共奔振兴路"光彩帮扶项目

天津市光彩事业促进会成立于2005年9月26日，主要从事各类社会公益慈善活动，帮助贫困地区开发资源、兴办企业、培训人才，促进贫困地区的经济发展和各项社会事业的进步。

2018年，天津市工商联与甘肃省工商联签订对口帮扶地区"大手拉小手，小手牵农户"战略合作协议，东部企业家"大手"与西部贫困地区"小手"牢牢相牵，为实现贫困地区脱贫致富与企业发展双战双赢共同奋斗。2021年，天津市工商联号召各区与所帮扶各县工商联签订"大手拉小手，共奔振兴路"协议，利用东部企业技术与产品优势助力受援地产业发展，通过"大"与"小"的转换，做好从"帮"到"兴"的工作接续，实现从及时"输血"到注重"造血"的转变。同时发挥"小资金，大爱心"——建立防返贫资金池。天津市广大民营企业家，无论是消费帮扶还是产业帮扶，都奉献了拳拳爱心，贡献了民企力量。从"帮"到"兴"的转变延续中处处凝结着爱心帮扶的热烈情怀。2023年，天津市光彩事业促进会开展的"大手拉小手，共奔振兴路"光彩帮扶项目，作为天津唯一入选的慈善项目和慈善信托，荣获第十二届"中华慈善奖"。近年来天津市光彩会动员2497家民营企业，累计投入帮扶资金10多亿元，帮扶3178个贫困村，

助力脱贫攻坚,汇集资金 2300 余万元[1],创新建立防返贫资金池,筑牢防返贫底线。通过精准帮扶系列行动,助力贫困县摘帽脱贫。

2."希望工程天津助学兴教行动"天津市青少年发展基金会项目

1997 年,天津市希望工程实施机构——天津市青少年发展基金会成立,其宗旨是争取海内外关心天津青少年公益事业的团体、人士的支持和赞助,促进天津青少年教育、科技、文化、体育、卫生、环保和社会福利事业的发展,促进天津青少年与国际青少年间的友好往来,促进天津青少年健康成长。天津市青少年发展基金会成立以来,充分挖掘社会资源,强化规范管理,积极有效地做好青少年的帮扶和发展工作。

"希望工程天津助学兴教行动"项目聚焦助学育人目标,多措并举广泛募集社会资金,通过助学、圆梦、建校等形式,关爱广大青少年健康成长、改善落后地区教育,2020 年以来累计资助天津、河北、甘肃、西藏等地 8223 名经济困难学生,帮助 40 所农村学校提升办学条件。天津市青少年发展基金会秉持为党育人、为国育才的使命任务,聚焦希望工程"五大计划",广泛动员社会各界力量关心、支持、参与希望工程事业,持续为青少年提供新助力、播种新希望。2023 年,天津市青少年发展基金会"希望工程天津助学兴教行动"荣获"优秀慈善项目奖","助学育人 托举希望"——天津市青少年发展基金会荣获首届"天津慈善奖"。如今天津市青少年发展基金会已经发展成为天津市社会组织的先行者、公益事业的一面旗帜。

二 天津慈善事业发展面临的挑战与不足

(一)慈善组织发展缺少激励措施

在慈善事业中,通过制定有效的激励政策,可以提高慈善组织的可持续性,

---

[1] "2022 年光彩之星项目",光明网,https://topics.gmw.cn/2023-06/19/content_36642262.htm,访问时间:2023 年 10 月 12 日。

吸引更多的资源和人才,缺乏激励是天津市慈善组织发展面临的主要挑战,涉及慈善组织的可持续性和效率。首先,慈善组织发展缺乏激励措施表现在吸引人才和资源方面。在竞争激烈的社会环境中,慈善组织需要具备一定的管理和执行能力,以有效实施慈善项目。然而,根据相关规定,慈善从业人员的薪资水平不得超过社会平均工资的两倍,这就限制了慈善机构吸引高学历和专业人才进入该领域,慈善从业人员的薪酬相对较低,从而影响了其项目的质量和效果。

其次,慈善组织的激励问题还表现在资源筹集方面。慈善组织通常依靠捐赠和资助来支撑活动。然而,由于缺乏有效的激励机制,一些潜在的捐赠者可能不愿意参与慈善活动,认为他们的捐赠不会得到适当的认可和分配,从而影响捐赠者参与的积极性。

最后,慈善组织的发展缺乏激励还涉及组织内部的动力和创新。在没有明确的激励措施的情况下,组织的员工和志愿者可能缺乏积极性,难以保持高效的工作。此外,缺乏激励措施也可能抑制组织的创新能力,阻碍其适应不断变化的社会需求。

(二)慈善组织的监管体系不完善

首先,慈善领域的主管部门在行政监督和执法方面存在不足。尤其在应对突发公共卫生事件时,慈善领域出现一些不规范、不透明甚至不合法的行为,其中有慈善组织应急能力不足、慈善行业应急统筹机制不完善的原因,但更重要的是慈善力量在国家突发公共事件应急体系中的角色定位不明确、应急慈善法治建设不健全的问题。

其次,政府部门与慈善组织在应急协调方面分工不够明确。政府在突发公共危机的应急管理中扮演着主导角色,但由于政府无法覆盖所有领域,慈善组织需要在某些环节进行精准补位。然而,目前对慈善组织参与应急管理的规定较为原则,操作性有待提升,需要更清晰和具体的指导。

最后,慈善组织的自律性仍然需要增强。慈善组织的自律措施相对有限,管理标准制定滞后于实际需求,且规范的内容相对模糊,导致自律方面存在一些问题,如自律范围较为狭窄,规定较为粗略,制约机制较少。此外,一些慈善基金会在专业发展水平、治理能力、资金使用效率和透明度等方面与社会期望之间存在较大的差距。

（三）慈善文化教育体系仍有待健全

首先，天津市现代慈善理念的普及程度有待提高。尽管天津市是中国北方经济中心，社会财富水平较高，但现代慈善理念尚未充分普及。慈善应当被视为社会的一项共同责任，而社会组织应当扮演慈善事业的主导角色。目前社会各界往往默认由政府来承担慈善责任，且慈善捐赠的主要来源被局限在富人和企业。这并不符合现代慈善的核心理念，其中广大民众和企业应当成为可持续的慈善捐赠来源。

其次，慈善领域缺乏专业人才培养体系。目前天津市高等教育机构和高职学校很少开设与慈善相关的专业课程，因此，慈善领域的专业人才供应不足，无法满足该领域迅猛发展的需求。这种状况对于慈善事业的可持续增长构成了阻碍，亟须政府和学校的合作来建立全面的慈善专业人才培训计划，以确保慈善事业得到充分支持并蓬勃发展。

三　加快天津慈善事业发展的思路和举措

（一）优化慈善扶持政策，激发慈善创新活力

一是给予慈善组织税收优惠和便利。各部门包括财政、税务和民政应加强协调和沟通，以确保在慈善组织的认定方面达成一致。一旦慈善组织被民政部门认定，税务和财政部门应予以认可，无须进行多次认定，避免烦琐的程序。此外，已被认定为慈善组织的机构应享有免税资格和公益性捐赠税前扣除资格，相关部门应在慈善税收方面提供最大化优惠，以激励更多的民众和企业参与慈善事业。这将有助于减轻慈善组织的财务负担，提高捐赠者的积极性，推动慈善事业的可持续发展。

二是增加对慈善组织的政策支持，以进一步促进慈善事业的发展。政府

在这一领域可以采取积极的措施,首先考虑将公益慈善等领域的公共服务项目纳入政府购买服务的指导性目录中。这一举措将有助于支持符合条件的慈善组织向社会提供各种服务,覆盖领域包括社会救助、养老服务、儿童服务、扶贫济困、社会工作、志愿服务等。通过政府购买服务的方式,可以为慈善组织提供更多的资源和机会,同时也有助于提高慈善事业的可持续性。金融部门也应积极参与,创新金融产品和服务,以满足慈善组织的合理资金需求。银行业机构可以根据慈善组织的具体需求,提供量身定制的金融产品和创新服务,包括低息贷款、资金管理服务以及其他金融工具,以帮助慈善组织更好地管理和利用资金。金融部门的积极支持将有助于提高慈善组织的财务健康状况,推动慈善事业的发展。

三是拓宽慈善参与的途径和方式。探索新型捐赠方式,包括知识产权、技术、股权和有价证券捐赠等。这意味着慈善组织可以接受知识产权的捐赠,如专利和版权,这些可以转化为资金支持慈善事业。技术捐赠可以促进科技创新,帮助解决社会问题。股权捐赠允许个人或企业将一部分股权捐赠给慈善组织,从而分享企业的成功和财富。有价证券捐赠可以涉及股票、债券或其他金融工具的捐赠,为慈善事业提供多样化的资金来源。为了确保这些非货币捐赠的透明度和效益,需要制定相关指导细则,完善价值评估方法,以及相应的政策支持,鼓励更多人参与慈善事业,促进慈善领域的创新和可持续发展。

(二)适时制定《天津市慈善条例》,确保法律监管有效实施

为了进一步规范慈善活动,保护参与者的权益,培育社会主义核心价值观,以及促进社会进步,《中华人民共和国慈善法》为慈善事业提供了法律依据。然而,慈善领域的迅速增长和多样化,需要更具体的法律规定,以适应新时代的要求。天津市应积极响应国家政策,适时制定《天津市慈善条例》,确保法律监管的有效实施,提供强有力的法律保障。

新条例将进一步规范慈善组织的运行,有助于确保慈善组织的合法性和透明性,提高公众对慈善组织的信任度。另外,新条例还应规定慈善组织要依法开展慈善活动,履行其内部治理、慈善募捐与捐赠、项目管理、财产使用与管

理、档案规范、信息公开等义务,提高慈善组织的规范度和公信力。这将有助于确保慈善组织的经营和管理更加规范和透明。

新条例也将强化对慈善活动的监管。监管是确保慈善事业健康有序发展的重要一环。这有助于防范慈善活动中的不当行为,确保捐款和捐赠的合法用途。此外,新条例还应规范互联网慈善活动,要求慈善组织通过国务院民政部门指定的慈善信息平台发布公开募捐信息,同时规定广播、电视、报刊以及网络服务提供者对发布的个人求助信息负有核实、风险防范提示、违法行为报告和协助处置的责任,从而提高网络慈善的透明度和安全性。

适时制定《天津市慈善条例》具有重要的法律意义。这一举措将有助于规范慈善活动,保护慈善活动参与者的权益,培育和践行社会主义核心价值观,促进社会进步,特别是对慈善组织的运行、监管和发展进行规范,提供了有力的法律保障。

(三)深化慈善文化,培养专业人才,助力天津慈善事业

深入挖掘慈善文化元素,培养公民的慈善意识和责任感。将慈心善行融入日常生活,树立与人为善、以善为荣、以善为乐的价值理念,拓宽慈善活动渠道,鼓励以家庭为单位参与慈善事业,培育家庭慈善理念,形成共同参与慈善活动的良好风尚。这也有助于引导社会民众逐步改变传统慈善观念,从大规模的爱心捐赠转向常态化、点滴化、普及化的参与慈善,使慈善参与成为公民的自觉意识和生活方式。

加强慈善专业人才的培养和激励。支持高等院校和中等职业学校设立慈善专业,对开设慈善相关专业的学校提供政策支持,以满足慈善事业对专业人才的需求。通过培养理论研究、高级管理、资金筹措、项目实施、专业服务和宣传推广等领域的慈善专业人才,为慈善事业的发展提供坚实支持。此外,建立以慈善从业人员职称评定、信用记录、社会保险等为主要内容的人力资源管理体系,提供合法、符合市场规律和具有激励作用的薪酬待遇标准,给予慈善从业人员更多的鼓励和支持。强化慈善从业人员培训,通过慈善培训和职业资格认定,提高慈善从业人员的理论水平和专业能力,完善慈善从业人员的职业

评价体系,拓宽职业晋升渠道和发展空间,形成一支职业素质优良、结构合理、具有奉献精神的慈善专业人才队伍。

这些举措将为天津慈善事业提供坚实支持,培养更多的专业人才,推动慈善文化的普及和传播,激发更多的慈善意识,促进社会进步,使慈善成为社会的一种习惯和生活方式。通过推广慈善文化教育,挖掘慈善文化元素,将慈善文化融入日常生活,加强慈善专业人才的培养和激励,将有助于推动天津慈善事业健康有序发展,为更多的人提供帮助,促进社会的共享和进步。

天津市老龄事业发展研究报告

丛　梅　天津社会科学院社会学所研究员

摘　要： 全面发展老龄事业是一项系统工程,是实施积极应对人口老龄化国家战略的一项重要任务。目前天津市已经步入中度老龄化社会,在老龄事业取得长足发展的基础上,天津坚持以人民为中心的发展思想,持续推进积极老龄观、健康老龄化,加快实现老龄事业高质量发展。面对养老服务和健康服务供需衔接欠佳,养老服务复合型人才缺乏等不足,建议构建高质量党建引领老龄工作的新格局,持续推进全市养老服务体系建设,加快完善老年健康服务体系,深入推进全市老年友好型社区创建工作,积极促进银发经济高质量发展,健全养老服务职业发展体系,为老龄事业健康可持续发展提供人才支撑。

关键词： 老龄事业　养老服务　老龄化

一　天津市老龄事业现状分析

(一)人口老龄化现状

人口老龄化是我国在 21 世纪需要面对的严峻挑战。截至 2022 年底,我国 60 岁及以上老年人口有 2.80 亿人,占全国人口的 19.8%,较"七普"时期,增长了 1.1 个百分点。预计到 2050 年,我国 60 岁及以上老年人口将超过 4 亿人,我国将成为超老龄化社会。由此可见,我国的老龄化趋势十分严峻。天津作为我国首批沿海开放的超大城市和直辖市之一,全市人口老龄化呈现起步早、增速快、规模大的特点,老龄化占比超出全国平均水平 3.7 个百分点。天津市"七普"时期的老年人口规模比"六普"时期增加了 63.13 万人。到 2022 年底,天津市 60 岁及以上老年人口数为 320 万人,占比为 23.5%,65 岁及以上老年人口 232 万人,占全市总人口的 17.02%,上述数据表明天津市已经进入中度老龄化社会。

预计到 2030 年,天津市 60 岁及以上老年人口将达到 354 万人,在总人口中的占比将增至 29.7%。与此同时,人口期望寿命由 2020 年的 81.69 岁又有所提高,2022 年为 82.03 岁。因此,长寿化、老龄化是未来社会的人口特点。到 2023 年上半年,天津市居民人均可支配收入为 26655 元,城镇居民可支配收入为 28948 元,①低于全国城镇居民可支配收入(49283 元),天津"未富先老"的特点显现。

(二)养老事业发展主要指标进展情况

"十四五"时期老龄事业和养老服务体系建设,要以习近平新时代中国特色社会主义思想为指导,坚持"党委领导、政府主导、社会参与、全民行动"的方针,实施积极应对人口老龄化国家战略。要在老有所养、老有所医、老有所为、老有所学、老有所乐方面不断取得新进展,让老年人共享改革发展成果,安享幸福晚年。

天津坚持以人民为中心的发展思想,持续推进积极老龄观、健康老龄化,尽快完善老年群体多维度、多层次的适老化构建,加快实现老龄事业高质量发展。截至 2022 年底,基本医疗保险参保人数、有集中供养意愿的特困人员集中供养率、65 岁及以上老年人城乡社区规范化健康管理服务率、医养结合签约服务覆盖率、建有老年学校的街道(乡镇)比例、新建城区/新建居住(小)区配套建设养老服务设施达标率、福彩公益金用于养老服务业的比例 7 个指标已经达到 2025 年预期水平;基本养老保险参保人数、养老机构护理型养老床位占比、二级以上综合医院/中医医院/中西医结合医院设老年医学科比例 3 个

---

① "2023 年上半年天津市地区生产总值为 7842.83 亿元",央广网,https://baijiahao.baidu.com/s? id = 1772021322936425078&wfr = spider&for = pc,访问日期:2023 年 7 月 21 日。

指标对比 2020 年基期和 2021 年底、2022 年底数据，均在稳步提升中；受疫情因素影响，经常性参与教育活动的老年人口比例，2021 年和 2022 年底数据相对 2020 年基期有所下降，但 2023 年 6 月底预期基本恢复至 2020 年基期水平。另外，由于部分指标是年度统计数据，而不是多年度累计数据，因此存在 2023 年 6 月底预期数据低于 2021 年底、2022 年底的情况。比如，65 岁及以上老年人城乡社区规范化健康管理服务率、福彩公益金用于养老服务业的比例等指标，但不影响整年度指标完成情况。

2023 年 5 月，天津市政府办公厅印发《天津市 65 岁以上老年人免费乘坐公共汽车实施办法》，扩大免费乘车人群范围，年满 65 周岁且持有本市有效居住证的外埠（含港澳台）老年人、临时来津的外埠（含港澳台）老年人，与本市户籍老年人享受同等待遇。为助力老年人绿色出行，继续实施全市 60 周岁以上老年人乘坐轨道交通享受 8 折优惠政策。

（三）养老金持续 19 年上涨

到 2023 年，天津养老金已经持续 19 年上涨，老年人的基本生活得到有效保障，养老保险制度的建立和养老金的持续上涨大大提升了老年人的获得感和幸福感。此外，采取政府购买服务的方式，对符合居家养老服务的老年人，按照轻、中、重度等级给予现金补贴，保障困难老年人居家养老基本服务。补贴标准为轻度 200 元/每人每月，中度 400 元/每人每月，重度 600 元/每人每月。调整居家养老补贴发放方式，将养老服务券改为现金，增加老年人可支配收入。[①] 2022 年 9 月至 2023 年 3 月，阶段性调整社会救助和保障标准与物价上涨挂钩联动机制，扩大保障范围，降低启动条件，加大保障力度。这些保障和举措大大提升了老年人的幸福感和获得感。

（四）深入推进医养结合服务

老年人口是慢性病多发和高发群体，世界各国的实证数据表明，老年人的

---

① 丛梅：《天津市养老服务形势分析报告（2020）》，载《天津社会发展报告（2020）》，天津社会科学院出版社 2020 年版，第 147 页。

医疗费用是中青年人的3—5倍。部分老年人由于健康原因,部分失能或完全失能,需要家庭和社会医养结合机构提供长期照料。长期照护专业服务和长期照护保障制度是老龄服务体系中的核心内容,它将确保老年人晚年生活无后顾之忧。截至2023年3月,天津市共有医养结合机构78家,共有床位21283张。自2020年至2022年天津连续三年开展医养结合机构质量提升行动,全面推行《医养结合机构服务指南(试行)》和《医养结合机构管理指南(试行)》。印发《关于进一步做好医疗卫生机构与养老服务机构签约合作服务的通知》(津卫老龄〔2021〕124号),进一步规范医疗卫生机构与养老服务机构签约合作服务行为,指导、协调辖区内医疗卫生机构与养老服务机构对接,并签订书面合作协议,实现资源统筹、优势互补,形成合力,提升医养结合服务质量。

目前天津市医疗卫生机构与养老机构医养结合服务覆盖率达100%。"互联网＋护理服务"列入天津市2022年民心工程项目,服务项目扩增至55项,优先服务于失能、高龄或行动不便的老年患者,减少其就医负担。截至2022年底,天津市共有63家医疗机构开展入户"互联网＋护理服务"。

(五)老年友好型社区进一步优化

建设老年友好型社会是一项系统工程,是实施积极应对人口老龄化国家战略的一项重要任务。按照国家卫生健康委、全国老龄办部署,2021—2023年连续3年组织开展全国示范性老年友好型社区创建工作,2021—2022年天津市共有54个社区被命名为全国示范性老年友好型社区。2023年全国示范性老年友好社区的评审工作已经结束,南开区长虹街东王台社区等33个社区经过网上公示后推荐申报。围绕创建标准,一是推进老年宜居环境建设。持续推动各区实施城镇老旧小区改造,截至2022年底,累计开工177个小区、778.56万平方米。二是持续助老跨越"数字鸿沟"。制定出台《关于印发天津市解决老年人运用智能技术困难工作举措的通知》(津发改规〔2021〕4号),围绕老年人日常生活涉及的高频事项和服务场景,完善突发事件应对,优化交通出行、就医、消费、政务服务方式,推进智能产品与应用服务适老化改造,加强智能技术应用培训和完善保障措施等 8 个方面的 20 项重点任务,提出 51 条工作举措,切实解决老年人运用智能技术过程中遇到的问题和不便,促进老年人能够享受更多的智能化成果和更加完善的传统服务。三是开展敬老月系列庆祝活动。天津市老龄委印发《关于深入开展 2022 年"敬老月"活动的通知》,每年"敬老月"期间,以天津市老龄委名义发布《致全市老年人的慰问信》。连续 3 年录制"人口老龄化国情教育暨天津市敬老月特别节目"。围绕国家实施积极应对人口老龄化国家战略,深入宣传积极老龄观和健康老龄化理念,重点宣传老龄相关政策和老年人权益保护法规,广泛宣传孝亲敬老传统美德和构建老年友好型社会。

(六)老年人权益保障更加全面有力

老年人合法权益遭受侵害集中在财产和赡养两个焦点问题上,随着老年人口的增多,涉老案件逐渐增多,因此,关注维护老年人合法权益,广泛开展普法宣传活动成为老年人权益保障工作的重点。将老年人权益保障及养老服务相关法治宣传工作纳入天津市年度普法依法治理工作意见和"谁执法谁普法"重点宣传项目。组织、引导律师和基层法律服务工作者为老年人开展法律咨询、法治宣传活动。联合《中老年时报》、天津市老年基金会等单位举办"律师进社区解读《民法典》暨助老维权义务法律咨询"系列活动,在《中老年时报》头版刊登活动内容 24 期。对电信网络诈骗、养老诈骗等多发侵财犯罪,坚持"四专两合力"工作模式,社区配备义务防骗宣传员,设置防骗宣传点、张贴防骗宣传画,开展防骗宣传活动。加强与媒体部门间协作,针对老年人易受骗的诈骗手段,结合典型案例,撰写专门预警信息,开展防骗宣传工作 100 余次。围绕"美好生活·民法典相伴"主题,开展民法典、老年人权益保护普法宣传活动,切实提高老年人法律意识和防诈骗能力。

精准对接老年人的司法需求,健全完善适老型诉讼服务机制,为老年人提供便捷、优质、高效的司法服务。2021 年 7 月至 2023 年 3 月底,全市人民调解组织和广大人民调解员共进行矛盾纠纷排查 107 万余次,调解邻里纠纷、婚姻家庭纠纷等与老年人息息相关的矛盾纠纷 2.8 万余件。

二 天津市老龄事业发展面临的新挑战

(一)养老服务供需衔接欠佳

天津市老年经济不够繁荣,养老服务产品有待丰富,从需求侧来看,尽管有些高端服务和个性化养老服务需求正在兴起,但养老服务的供给总体上来讲不够充足和多样化,单一的服务供给尚不能满足老年人多层次的养老服务需求。从供给侧来看,社区养老服务设施供给还存在地域发展不平衡的问题。居住在城市中心区域高收入老年人的养老需求和居住在农村地区低收入老年人的养老需求差异比较大,老年群体养老服务需求更加多样化。例如,与城市相比,农村养老服务起步较晚,养老服务设施和专业服务组织较少,难以满足农村老年人的养老服务需求。且受传统消费观念、消费能力以及"未富先老"国情的限制,许多老年人不肯花钱购买服务,依靠政府买单的观念和现象普遍存在。

(二)老年健康支撑体系还需进一步完善

养老事业发展六大方面中健康服务是关键性指标。虽然天津市出台了一系列医养结合政策,加快推进医养结合实践,但是老年群体的健康促进与健康教育仍需持续推进,老年人的健康素养和能力有待提升。政府"保基本"职能压力进一步增大,可提供康复、护理、安宁疗护服务的继续性医疗机构相对不足,还不能满足老年群体多层次的健康服务需求。医养结合机构服务质量还需要进一步提升。医疗卫生服务机构与养老服务机构签约服务,提供的医疗服务还相对单一,还需要进一步规范和发展。

(三)示范性老年友好型社区建设任重道远

在全面推进示范性老年友好社区工作中还存在一些不足和困难,老年友好社区建设任重道远。具体表现在:居家养老适老化改造仍需积极推进;全国示范性老年友好型社区创建资金紧缺问题普遍存在,需要政府、慈善组织、国有企业、民营企业、社会团体和老年居民相互合作来解决;老年人面临"数字融入"困难,有效解决老年人运用智能技术困难,帮助老年人更好分享智能化服务带来的生活便利仍需改进;老年人权益保障仍需不断加强,老年人防范意识和防范能力较弱,易陷入诈骗陷阱,造成财产损失。

(四)具有养老服务专业技能的复合型人才缺乏

养老服务领域专业人员和复合型人才的匮乏是当前急需解决的关键问题。养老服务队伍的专业化与否,直接关系到养老服务的质量优劣。长期以来养老服务行业工作人员的主体是外来务工者和本地区的再就业人员,待遇低、职称等级低、社会认可度低的"三低"现象在一定程度上制约了老年健康事业和产业的发展,成为养老服务业健康发展的短板。天津市养老服务行业的从业人员专业培训不足,尤其是具有老年护理学知识、心理学和管理学知识的复合型人才极度缺乏,人员流动性大,队伍不够稳定。

(五)银发经济不够繁荣

为繁荣银发经济,满足老年人不断提高的生活品质需求,老年产品生产、销售领域质量监管仍需不断加强。目前全市老年食品、老人鞋、老年服装、坐便椅等老年产品适老化不足,产品种类研发不够丰富,产品质量也有待提高。与此同时,涉及老年的智慧健康养老产品供给、智慧健康创新应用、智慧养老服务推广工作还需进一步完善。

三 促进天津老龄事业高质量发展的对策建议

(一)构建高质量党建引领老龄工作的新格局

2021年4月,中共中央、国务院印发了《关于加强基层治理体系和治理能力现代化建设的意见》,明确提出,要建立起党组织统一领导、政府依法履责、各类组织积极协同、群众广泛参与，自治、法治、德治相结合的基层治理体系。充分发挥"市—区—街"三级党委政府的统筹协调作用，加强党建引领老龄工作的顶层设计和整体规划。以"创新、协调、绿色、开放、共享"的新发展理念推进老龄工作。健全社会保障体系，全力做好普惠性、基础性、兜底性民生建设，积极应对人口老龄化。建立以社区为中心的四级养老服务网络，推动全市基本养老服务均等化，增强养老服务的均衡性和可及性。进一步完善老龄工作的长效激励机制、配套保障机制和监督检查机制。构建新时期高质量的党建引领老龄工作的新格局，加强党对老龄工作的全面领导。

（二）建设城乡均衡发展的养老服务体系

建设城乡均衡发展的养老服务体系，努力做到老年人有需求，社会有服务，不断提高老年人的获得感、幸福感和安全感。在坚持养老服务均等化基础上，整合养老资源，科学施策，健全多元化、多层次养老服务体系，统筹城乡、区域均衡发展。推进居家社区机构融合发展，组织开展家庭照护者培训，增强家庭照护能力，让困难老人、失能老人享受连续、稳定、专业的居家养老服务。优化居家社区养老服务配套，通过新建、改造、租赁等方式，提升社区养老服务能力。强化科技赋能，构建网格化管理、精细化服务、信息化支撑、开放共享的为老服务专属平台，为老年人提供社区居家养老"助餐、助医、助洁、助浴、助急、助行"六助服务。引导养老服务机构根据自身定位合理延伸服务范围，提供居家期上门、康复期护理、稳定期生活照料的个性化医疗健康服务。鼓励社会资本举办各种类型的养老服务机构，探索多种业态和经营模式。

到2022年底，全市60—69岁低龄老年人口的比重提高了3.96个百分点，要充分利用好低龄老人的人力资源优势，积极探索城市社区"时间银行"互助养老模式，创新发展社区互助养老服务，筑牢老年人社会支持网络。积极发展社区助老志愿服务组织，构建助老服务网络，促使社区志愿服务队伍向规范化、专业化方向发展。强化以社区为支撑的居家养老，建立嵌入式养老机构，积极打造"15分钟社区养老服务圈"。鼓励社会力量举办家庭化、小型化、嵌入式养老机构，满足老年人差异化、多样化服务需求。完善社会福利和社会救助制度,健全多层次全方位社会保障体系。加强农村养老服务机构、养老设施建设与规范化运营管理,鼓励以村级邻里互助点、农村幸福院为依托发展互助式养老服务,促进农村养老事业健康发展。健全农村养老服务网络,统筹城乡老年照料中心建设,扩大农村照料中心比例。

(三)加快完善全市老年健康服务体系

我国的医疗卫生服务体系基本上是按照年轻社会的需要设计的,然而,随着人口老龄化的加剧,需要对现行医疗卫生服务体系作出战略性调整,加快完善老年健康服务体系,发展老年医疗卫生服务。进一步规范老年人健康管理,做好老年人生活方式和健康状况评估、体格检查、健康指导等系统管理工作。强化老年健康教育,组织开展老年健康宣传周、世界阿尔茨海默病日等主题宣传活动。做好老年医学人才培训项目,持续推进老年人心理关爱行动。加快完善长护险配套政策,合理引导长护险社会预期。重点发展居家社区医养结合服务,充实家庭医生团队力量,确保老年人"老有所医",持续推进老年人等重点人群签约服务,提高签约居民满意度。

医养结合是整合医疗和养老碎片化与割裂化的重要路径,深化医养结合,实施医养结合示范项目和医养结合人才能力提升项目。聚焦医养服务供需,精准对接,优化资源配置,打造高质量的服务和产品供给体系。稳步构建和不断完善健康教育、预防保健、疾病诊治、康复护理、长期照护、安宁疗护的老年健康服务体系。逐步实现医疗照护服务供给从粗放走向专业,家庭、社区、政府、服务组织通过整合社会资源来解决失能老人的就医困难和护理需求。优先发展公益性、普惠性医养结合项目,放宽小型诊所的制度管理,开展普惠性健康养老服务。面向社区、居家老人提供上门医疗服务,探索建立家庭病床、家庭养老床位等项目,持续提升医养结合的可及性,改善服务质量。运用大数据,建立完善一体化医养结合服务平台,促进"互联网+医疗照护服务"规模发展,推进医院、养老院、日照中心等公共服务机构资源数字化,加大开放共享和有效应用,鼓励社会资本投资以增加照护服务的供给,打造高质量的医养服务和产品供给体系。

(四)深入推进全市老年友好型社区创建工作

推进城镇老旧小区和公共设施无障碍建设,让老年人参与社会活动更加安全方便。继续开展全国示范性老年友好型社区创建工作,广泛宣传全市老年友好型社区典型案例。做好"敬老月"系列活动,广泛开展适合老年人参加的文体活动。继续开展人口老龄化国情教育,引导老年人践行积极健康的生活方式。加强涉及老年人纠纷的化解工作,维护老年人合法权益。推进老年人权益保护普法宣传,引导老年人强化维权意识,在全社会营造"尊老、敬老、爱老、助老、宜居"的良好环境。健全老年友好型社区建设的长效机制,努力实现党的二十大报告中描绘的"老有所养、病有所医"美好蓝图。

老年友好型社区建设的长效机制应包括完善的财政保障、人才建设机制,多元供给机制,评估考核和监督问责机制。为确保长效机制的有效运转和全面落实,要努力构建多元主体参与的老年友好型社区建设合作模式,在天津市卫健委老龄办的统一领导下,通过多方合作,进一步完善多元主体间协同联动工作机制。多元主体参与是保障老年友好型社区长期可持续发展的重要机制。老年友好型社区的建设离不开政策制定者、地方政府、慈善组织、投资者、公共设施管理者和交通管理者等各方主体的参与合作,只有构建多元主体参与模式,才能实现各主体之间的长期持续合作。[①] 在工作中不断完善多元主体间的协同联动工作机制,发挥好各个职能部门的特长和作用。实施人才培训、合理使用的人才建设机制,提升基层从业人员的职业素质。建立部门联席会议制度,明确牵头单位,厘清责任分工,制定工作方案,合理破解创建工作中的难点、堵点,实现老年友好型社区创建工作的长期可持续发展。

(五)积极促进银发经济高质量发展

为满足广大老年人对美好生活的期盼,要促进银发经济高质量发展。面

---

① 张佳安:《社区能力建设视角下老年友好社区建设的路径》,《西北师大学报》(社会科学版)2021 年第 6 期。

对不断增长的老年用品市场,要扩大老年用品有效供给,围绕智能化日用辅助产品、安全便利养老照护产品、适老化环境改善产品等重点领域推进产品研发。支持老龄产业园区化发展,促进养老资源流动,激发各环节要素活力,形成产业集聚的规模效应。促进养老服务业与教育、健康、养生、体育、文化、旅游、家政等产业融合发展,创新和丰富养老服务产业新模式与新业态,拓展旅居养老、宜居养老、健康养老、养生保健养老等新型消费领域。鼓励和引导相关行业积极拓展适合老年人特点的文化娱乐、体育健身、休闲旅游、健康服务、精神慰藉、美食养生等服务,繁荣养老服务消费市场,规范发展,不断满足老年群体多层次、多样化养老服务需求。

(六)健全养老服务职业发展体系

规范养老服务专业人才队伍建设,健全养老服务职业发展体系。人才是行业发展的基础,养老服务人才队伍建设是多元化社会养老服务体系建设的重要支撑,其专业水平的高低、服务质量的好坏,将对老年人产生直接影响。为解决养老服务队伍发展不足、人才匮乏等问题。建议充分发挥本市现有教育资源优势,重点依托相关职业院校和本科院校,加大对老年护理与养老服务相关管理专业学科建设的政策扶持,加强老年病医生和康复师的培养,在提高培养数量的同时更加注重培育质量;引导一批普通本科高等学校向应用技术类型高等学校转型,重点举办本(专)科涉老服务专业教育。建立完善养老护理员职业技能等级认定和培训、交流制度。加大养老护理员培训力度,建立居家养老服务员培训基地。开展养老院长中高级取证培训,将养老院长中高级取证的比例纳入补贴的考核标准。建立养老从业人员在职培训误工补贴和技能补贴等制度,建立并逐步完善培训、考核与使用相结合、与待遇相联系的激励机制。将养老从业人员的在职培训纳入各类养老服务星级评定范围,培育高质量养老服务复合型人才,积极应对人口老龄化。

天津市妇女事业发展研究报告

李宝芳 天津社会科学院社会学研究所副研究员

摘 要： 近年来，天津市妇女事业和妇女发展水平全方位提升，妇女健康得到切实保障，妇女广泛参与经济社会发展，成为社会治理骨干力量，在家庭建设中发挥重要作用，权益保护取得扎实成效，妇女就业创业服务持续开展。天津市妇女事业发展的主要经验在于注重顶层设计、织密组织网络、凝聚各方力量、加强京津冀协同发展。未来，在天津市妇女事业聚力服务大局，投身"十项行动"的火热实践，妇女的主体作用将得到更大发挥，妇女事业将取得更大成就。然而，妇女发展不平衡不充分的问题依然存在，妇女参政、就业等领域仍然存在短板与不足，需要继续完善女性成长成才机制，进一步加大女干部培养选拔力度；为妇女发展创造新机遇，多措并举促进女性就业创业；构建生育友好型社会，为妇女全面发展提供支持。

关键词： 妇女事业 妇女发展 家庭建设

促进妇女全面发展和男女平等是党和国家事业的重要组成部分。妇女事业高质量发展是中国式现代化的重要内容。天津市一直高度重视妇女事业发展，突出政府主体责任，优化妇女发展环境，落实各类民生实事项目。近年来天津市妇女事业和妇女发展水平全方位提升，广大妇女在天津发展、建设、振兴、全力融入京津冀协同发展大潮中立业建功，获得感、幸福感、安全感不断增强。

一 天津市妇女事业发展态势与成效

（一）妇女健康得到切实保障

为提升妇幼健康服务能力，保障妇女儿童健康权益，自 2008 年起，天津市相继实施《天津市妇女儿童健康行动计划（2008—2012 年）》《天津市妇女儿童健康促进计划（2013—2020 年）》《天津市妇女儿童健康提升计划（2021—2030 年）》。婴儿死亡率和孕产妇死亡率这两个国际公认的妇女儿童健康核心指标，已连续 15 年分别控制在 6‰以下及 10/10 万以下，位居全国前列，达到发达国家水平。妇女儿童健康得到充分保障，为天津经济社会发展和人均期望寿命的提高做出了重要贡献。正在实施的《天津市妇女儿童健康提升计划（2021—2030 年）》中包含 25 项政府惠民项目，其中妇女保健有 10 项：婚前保健服务，孕前叶酸检测与补服，孕产妇保健手册一本通，孕产妇健康管理，妊娠期营养、内分泌与代谢疾病干预，孕产妇及围产儿死亡控制与救治，孕产妇心理状况筛查，产前胎儿染色体非整倍体无创基因检测，产妇盆底功能筛查与康复指导，已婚适龄妇女两癌与妇科常见病筛查。享受免费"两癌"及妇科常见病筛查的人群统计数据显示，2021—2022 年，共完成 HPV 检测 293831 人，检出宫颈癌前病变 1289 人，宫颈癌 59 人，其中微小浸润癌 23 人，浸润癌 36 人，宫颈癌和癌前病变的检出率从"十三五"的 100/10 万左右，提升到 449.33/10 万；两年间，共完成乳腺超声检查 294331 人，检出乳腺癌 239 人，其中早期癌 187 人，乳腺癌检出率 81.20/10 万（2020 年全国乳腺癌筛查项目的检出率为 53.8/10 万），早诊率 78.24%。[①]

（二）妇女广泛参与经济社会发展

天津市严格贯彻落实《中华人民共和国劳动法》《中华人民共和国就业促

---

① 赵津：《本年度妇女"两癌"免费筛查启动》，《天津日报》2023 年 3 月 7 日，第 11 版。

进法》《中华人民共和国劳动合同法》等一系列法律法规,采取各种政策措施鼓励妇女创业和促进妇女就业,切实保障妇女的平等就业权利,实行男女同工同酬,推动妇女实现更加充分的就业。广大妇女经济社会参与水平全面提升,主体作用更加充分发挥,成为教育、卫生、服务等各行各业的中坚力量,男女非农就业率、收入差距缩小。公有经济企事业单位高级专业技术人员中的女性比例达 55.5%,高校科技和社科人员中女性占比达 57%,女性数量都已过半。全市妇女积极参与经济建设、科技创新、乡村振兴、民生保障等各领域实践,涌现出一批奋发有为、勇于创新、实干担当的"巾帼文明岗",累计有 5000 多家单位 600 多万人次参与"巾帼文明岗"创建。[①] 于学艳等 7 人获 2022 年度全国三八红旗手标兵称号、天津航天机电设备研究所(航天五院 518 所)空间站型号任务先锋队等 6 个集体获 2022 年度全国三八红旗集体称号。

(三)妇女成为社会治理骨干力量

天津市不断拓宽选人渠道,创新用人机制,积极推进培养选拔女干部和发展女党员工作,妇女参政议政比例不断提高。与妇女权益密切相关的教育、科技、文化、卫生、体育、民政、司法、劳动和社会保障等部门的领导班子中均配备了女干部,并在配备数量上逐年上升。女性在参与基层治理、企业决策管理中发挥着越来越重要的作用,为妇女参与共建、共治、共享的基层社会治理格局提供了有效保障。妇女已成为社会治理的骨干力量,社区"两委"成员中女性比例达 70.8%,在岗女性社区工作者占比达 73.1%,新一届市人大代表中女代表占比 33%。[②] 广大巾帼志愿者还积极参与巾帼宣讲、扶贫帮困、爱心助学、文明劝导、心理咨询、法律援助、环境保护、家庭教育、大型活动等各领域志愿服务,为社会治理贡献力量。

---

① 《巾帼聚力助发展　群芳辉映"半边天"——全市妇女组织团结带领广大妇女积极投身天津高质量发展火热实践》,《天津日报》2023 年 9 月 25 日。

② 《天津市妇女第十五次代表大会工作报告》,天津市妇女联合会网,http://www.xinddy.com/pphd/swd/index.shtml,访问日期:2023 年 11 月 1 日。

(四)妇女在家庭建设中发挥重要作用

持续加强家庭家教家风建设,积极发挥"最美家庭"引领作用,发挥妇女在创建文明家庭、倡导科学家教、弘扬良好家风中的表率作用。深入贯彻落实习近平总书记关于注重家庭家教家风建设的重要论述,持续推进"家家幸福安康工程",全力推动《天津市家庭教育促进条例》出台,建立社区家长学校或家庭教育指导服务站点5000余个,举办家庭教育公益讲座5000余场。深化家庭文明创建,全市涌现出全国"五好家庭""最美家庭"200余户,市级"最美家庭"4200余户,助力社会主义核心价值观落地生根。[①] 注重家庭阵地建设,启动"书香飘万家阅启新征程"2023年天津市家庭亲子阅读主题活动,举办同心创美好·津和一家亲——"最美家庭"交流活动,围绕民族团结和扶贫协作,聚焦妇女儿童和家庭,架起天津和新疆和田两地交流交往的桥梁。

(五)妇女权益保护取得扎实成效

源头保障妇女的合法权益,主动推进妇女维权服务机制建设,婚姻家庭纠纷预防化解考评在全国考核中连续15年获得满分。加强妇女维权阵地建设,加大基层维权力度。近5年来,天津市四级妇联组织共办理群众来信来访2.79万件次,实施法律援助156件次,挽回经济损失近2200万元。[②] 广泛开展多样化的普法活动和创新性的维权工作培训,健全妇女维权站,探索建立婚姻家庭纠纷社区调解室,推广亲情关护室,努力将妇女儿童权益问题化解在基层。河东区妇联健全"1+1+13+N"维权服务网络,加强婚姻家庭矛盾纠纷调解工作,成立"霞姐面对面"工作室。津南区妇联构建"妇联×政法力量"联动机制,以维护妇女权益,助力家庭平安。聚焦平台建设,合作建立妇女法律心理帮助中心,利用"12348"公共法律服务热线平台,对于符合条件的案件及

---

① 《天津市妇女第十五次代表大会工作报告》,天津市妇女联合会网,http://www.xinddy.com/pphd/swd/index.shtml,访问日期:2023年11月1日。

② 《天津市妇女第十五次代表大会工作报告》,天津市妇女联合会网,http://www.xinddy.com/pphd/swd/index.shtml,访问日期:2023年11月1日。

时转办受理,实现法律援助案件应援尽援。

始终保持对侵害妇女犯罪的高压态势,严厉打击侵害妇女权益犯罪,妥善审理涉及妇女权益的民行案件,切实保障妇女的合法权益。《天津法院妇女儿童权益司法保护状况白皮书(2020—2022年)》显示,2020—2022年,全市法院审理涉妇女儿童权益案件共计62300件,其中民事案件60345件,刑事案件1617件,行政案件338件,结案61112件,总结案率98.1%。涉妇女儿童权益刑事案件每年的总结案率都在97%以上,三年总结案率达到100%,有效打击和震慑了针对妇女儿童的违法犯罪。涉妇女儿童权益民事案件结案率与调解率同步提高。2020—2022年,天津法院共签发人身安全保护令216件,保护令签发率逐年提高,2022年签发率提高至89.5%,针对妇女的家庭暴力得到有效预防和及时制止。[①]

(六)妇女就业创业服务持续开展

围绕妇女的就业创业需求、助力女性科技人才和农村妇女发展,天津市妇女联合会系统持续扎实开展各类服务。一是聚焦妇女群众的就业需求。2022年,全市妇联系统开展招聘技能培训190场、"双创"服务148场、各类政策宣讲118场,近2万名妇女直接受益。围绕疫情下中小企业发展,主动争取联合国妇女署"支持女性应对疫情及后期经济恢复"项目,500家女性中小微企业直接受益,服务女性超10万人次。[②] 二是聚焦女科技工作者的成长需求。2022年成立天津市女科技工作者协会,联合10部门制定《实施巾帼科技创新海河行动计划的若干意见》,开展"科技巾帼她力量"关爱服务活动,举办科技创新领域女企业家专题培训。连续17年主办女性创新创业大赛,为女科技人才提供交流和服务平台。聚焦天津"一基地三区"功能定位和"五个现代化天

---

① 《天津法院发布妇女儿童权益司法保护状况白皮书》,天津法院网,2023年3月1日,https://tjfy.tjcourt.gov.cn/article/detail/2023/03/id/7167954.shtml。

② "保障妇女儿童合法权益 增强群众获得感幸福感安全感——市妇联党组书记、主席魏继红做客,《公仆走进直播间》",津云,2022年11月30日,http://www.tjyun.com/system/2022/11/30/053391523.shtml。

津"建设,深化拓展岗位建功、创新创业、科技创新、乡村振兴、脱贫攻坚五大"巾帼行动"。近 5 年来,举办女性"双创"会 500 场、女性招聘会 300 场,创建"津帼众创空间"30 余家。[①] 三是关注女性创办的中小微企业和农业项目。2022 年,天津市妇联与农商银行签署战略合作协议,创新开发科技创新巾帼贷、创业经营巾帼贷、乡村振兴巾帼贷等多元化产品,缓解中小微企业融资难题。截至 2022 年 11 月,这个项目累计为各涉农区企业提供贷款 5.4 亿元,有效缓解了农村企业发展的融资难困境。[②] 四是助力农村妇女发展。建立巾帼科技助农直通车服务站,创建农业科技示范基地,举办新农学堂培训 100 余期,深受好评,让广大农村妇女既成为全面实施乡村振兴战略的最好建设者,也成为最大受益者。

二 天津妇女事业发展的主要经验

(一)注重顶层设计

近 5 年来,天津市委常委会、天津市政府常务会多次专题研究妇女发展和妇联工作,全市出台完善 150 多项惠及妇女儿童的政策措施。2022 年,天津市政府出台并实施《天津市妇女发展"十四五"规划》,首次将其纳入全市 18 个重点专项规划,协调 37 个部门落实责任分工,加强指标监测和区级指标建设,推动妇女事业同全市经济社会同步协调高质量发展。同时,推进《天津市家庭教育促进条例》立法进程,推进《天津市妇女权益保障条例》修正,落实政策法规性别平等评估机制,深入开展男女平等基本国策教育培训、专题宣讲,广泛开展"宣国策、推规划、创发展"主题宣传贯彻实践活动,从源头保障妇女权益。

[①] 《天津市妇女第十五次代表大会工作报告》,天津市妇女联合会网,http://www.xinddy.com/pphd/swd/index.shtml,访问日期:2023 年 11 月 1 日。

[②] "保障妇女儿童合法权益 增强群众获得感幸福感安全感——市妇联党组书记、主席魏继红做客《公仆走进直播间》",津云,2022 年 11 月 30 日,http://www.tjyun.com/system/2022/11/30/053391523.shtml。

积极推动妇女发展"纲要""规划"实施，推动形成党政齐抓共管、部门分工协作、人大政协监督、社会力量积极参与的妇女权益保护工作合力。2023 年，妇女发展"十四五"规划的中期评估结果显示，规划中的近九成可监测指标已经达标。

（二）织密组织网络

采取单独创建、行业统建、区域联建等方式灵活建立更多妇联组织。近 5 年来，在机关、事业单位和新领域、新业态、新阶层、新群体中新建妇联组织 3501 个。[1] 主动吸纳市女法官协会、女检察官协会、女科技工作者协会、护理学会等 11 个团体会员，更好地引领、服务、联系各领域各行业妇女。聚焦女性社会组织，发挥天津市妇女儿童社会服务中心作用，通过个性化辅导、针对性培训、项目化锻炼、专业化督导、政策性支撑、链接式扶持等多个方面全面孵化女性社会组织，让女性社会组织更多参与妇女儿童工作，有效延伸妇联服务妇女儿童的手臂。推动在全市社区（村）妇女群众身边的兴趣小组、社区网格、居民楼栋、合作社等普遍建立妇女小组 2.1 万余个，建立妇女之家、妇女微家、儿童之家 1.3 万个，打破了行业、组织、城乡、行政边界，以灵活多样的形式极大延伸了妇联工作的触角，打通了服务妇女群众的"最后一公里"。[2]

（三）凝聚各方力量

以妇联基层组织改革"破难行动"为抓手，巩固提升街道（乡镇）、村（社区）妇联组织"会改联"，拓展"四新"领域妇联组织建设，实施"基层妇联领头雁培训计划"，推动成立妇女小组、执委工作室，进一步增强引领服务联系妇女群众的能力。目前全市各级妇联组织共有来自本市各行各业的优秀女性代

---

① "保障妇女儿童合法权益 增强群众获得感幸福感安全感——市妇联党组书记、主席魏继红做客《公仆走进直播间》"，津云，2022 年 11 月 30 日，http://www. tjyun. com/system/2022/11/30/053391523. shtml。

② 《天津市妇女第十五次代表大会工作报告》，天津市妇女联合会网，http://www. xinddy. com/pphd/swd/index. shtml，访问日期：2023 年 11 月 1 日。

表、"草根领袖"——执委5万人左右。在制定执委工作规则和履职管理办法的基础上，天津市妇联创新实施了执委分团组履职，将市级妇联执委分为思想引领团、妇女发展团、家庭建设团、权益维护（公益服务）团、妇联改革团五个团组，分团开展履职活动，年底开展年度履职评议，邀请一些妇女群众来作点评，通过这种形式不断激发执委内生动力，发挥更大作用。天津市妇联还制定《天津市妇联执委工作室管理办法（试行）》，探索建立执委领办任务清单，推动各级执委建立执委工作室，最大限度调动妇联执委的积极性、主动性和创造性，破解执委在身边群众中辨识度不高、履职缺少阵地和抓手的问题。按照"一名执委引领一个团队、一个团队服务一群女性、一群女性温暖一座城市"的工作理念，在机关单位、社区、医院、学校等场所建立各具特色的执委工作室226个，既汇聚了大量专业社会资源，也用服务吸引了广大基层妇女群众。①

（四）加强京津冀协同发展

主动融入京津冀协同发展大局，加强京津冀妇女在科技创新、社会组织、乡村振兴等各领域的合作交流发展。2023年9月5日，"京津冀女性科技创新创业大赛"成果展示活动在天津举办，来自科技创新创业领域的专家学者、企业家、创业者、政府工作人员围绕如何以科技力量推动经济发展，如何在京津冀协同发展中发挥巾帼力量展开对话。2023年9月27日，为全面推进乡村振兴、充分发挥女性在农业农村现代化中的作用，京津冀三地妇联联合举办"奋斗在希望的田野上"——巾帼新农人分享会，大力宣传"巾帼新农人"创业典型，旨在引导各类妇女人才在农村广阔天地施展才华、成就自我，达到挖掘一批、带动一片的效果，天津市10个涉农区妇联干部、返乡创业女大学生、女带头人等观摩了线上分享会。② 2023年10月18日，来自京津冀三地的妇联干

---

① "保障妇女儿童合法权益 增强群众获得感幸福感安全感——市妇联党组书记、主席魏继红做客《公仆走进直播间》"，津云，2022年11月30日，http://www.tjyun.com/system/2022/11/30/053391523.shtml。

② "'奋斗在希望的田野上'——巾帼新农人分享会"，天津市妇女联合会网，2023年10月12日，http://www.xinddy.com/system/2023/10/16/030049332.shtml。

部、专家及女性社会组织代表近 60 人参加了"赋能女性社会组织　助力服务家庭教育"——京津冀女性社会组织交流分享活动。

通武廊三地妇女不断加强交流合作,深化良性互动和协同发展,取得显著成果。2022 年《通武廊妇女协同发展合作框架协议》签署,2023 年《推进通武廊妇女协同发展合作书》签署。2023 年 3 月,举办"'薪'春共富·乐业武清"第四届通武廊女性专场招聘会,采取线上线下、主场分场相结合的方式,开展首届通武廊女性直播带岗活动,积极为三地企业和女性求职者搭建平台;举办"绽放'她'经济服务季交流活动",开展庆"三八"通武廊系列活动,宣传推介北京巧娘、武清区"新商圈"、廊坊巾帼家政基地等区域优质妇女服务资源,加大对区域重点工程、重点项目的宣传和推介力度,引导妇女参与文旅商旅、特色农业、产业发展等新业态、新模式,激发女性创业创新热情;发挥武清社企联盟妇联、通州巧娘协会、廊坊创业女性联盟、巾帼现代农业示范基地、巾帼家庭手工坊的引领示范作用,整合三地优势资源,开展互学互访活动,助力一、二、三产业融合发展。开展三地巾帼创业故事荟,实施创业就业女性增能计划,培育女性创新创业人才,挖掘创业女性先进典型;加大京津冀女企业家之间良性互动,充分发挥通武廊三地女企业家协会作用,加强协会会员交流交往,主动为女企业家交流合作、共赢发展搭建平台。①

三　天津妇女事业发展展望

2023 年 9 月 25—26 日,天津市妇女第十五次代表大会胜利召开,为未来五年天津妇女事业高质量发展擘画了新蓝图,妇女事业发展开启新征程。未来,天津妇女事业聚力服务大局,投身"十项行动"的火热实践,妇女的主体作用将得到更大发挥,妇女发展"十四五"规划如期推进,妇女事业将取得更大成就。尽管前景良好,但是妇女发展不平衡不充分的问题依然存在,妇女参政、

---

① "通武廊妇女协同发展深度合作签约! 传来这些利好消息……",美丽武清公众号,2023 年 3 月 3 日。

就业等领域仍然存在短板和不足,在更高水平上促进妇女全面发展任重道远,需要社会各界的广泛参与和支持,需要在重点领域持续发力。

(一)完善女性成长成才机制,进一步加大女干部培养选拔力度

一是注重舆论引导,营造良好培养氛围。在党政领导班子建设规划纲要、后备干部队伍建设规划以及深化干部人事制度改革规划等政策文件中,明确女干部配备目标和工作措施。利用报刊、电视、新媒体等宣传方式,对开拓进取、务实实干的先进女干部典型进行大力宣传,定期表彰工作业绩突出的优秀女干部。通过舆论引导,营造关心关爱女干部成长,支持培养选拔女干部的良好社会氛围。

二是拓宽选人渠道,加强女干部人才储备。结合深化干部人事制度改革,加强对女后备干部的储备培养。第一,在招考录用公务员、事业单位工作人员时,坚持男女平等,吸纳思想觉悟高、综合素质强的优秀女大学毕业生进入公务员及事业单位工作人员队伍。第二,在调整充实后备干部时,坚持从各个领域、各条战线选人用人,从多领域、多渠道发现、识别、举荐女干部,统筹用好各类女干部资源。可采取个人自荐、单位推荐、组织考察的办法建立女干部人才库,通过动态管理和年度考核,及时发现和掌握优秀的女干部信息,定期调整充实更新后备干部人才库。

三是注重女干部的培养培训,完善女性成长成才机制。把女干部的培养教育纳入干部教育培训总体规划,在财力、物力、师资上予以支持。拓宽联系、服务、举荐优秀人才的渠道,针对不同妇女群体需求开展培训。通过开展高品质培训,着力丰富女干部的理论知识素养,提高女干部的个人素质和综合能力,激发其干事创业的热情。要坚持在干中培养、考察、选拔和使用女干部,将她们放到乡镇街道、村社区和重点工程项目培养锻炼,对在基层一线锻炼成熟的女干部,及时选拔到各级领导岗位,构建培养选拔女干部的快车道。

(二)为妇女发展创造新机遇,多措并举促进女性就业创业

一是围绕就业优先战略,大力开展"巾帼就业创业促进行动",实施巾帼引

航、护航、助航计划，加强赋能培训，完善女性重点群体就业支持体系，打造"津帼家庭手工坊""妈妈岗"等工作载体，助力广大妇女充分就业。搭建政府、银行、学校、企业之间的对接平台，扶持女性创办的中小型民营企业。发挥妇联创业载体作用，半边天家政联盟、手工编织业协会需向规模化、市场化发展，市、区（县）妇女创业中心需提供更多优质的企业孵化服务，妇女小额贷款需提供更有力的资金支持，带动更多妇女创业就业。

二是围绕创新驱动发展战略，深化拓展"科技创新巾帼行动"，推动"巾帼科技创新海河行动计划"扎实落实，为女性科技人才成长、进步、发展创造良好环境。持续深化京津冀女性科技创新创业大赛，发挥女科技工作者协会作用，打造科技女性能量集聚的平台、展示科技女性风采的舞台。

三是围绕乡村振兴战略，聚焦现代农业人才需求，加大农民教育培训力度，提高农民科技文化水平，做优做强"乡村振兴巾帼行动"，深化"新农学堂"培训品牌，持续创建培育巾帼现代农业科技示范基地，帮助"妇"字号农业产业成长，助力农业农村现代化步伐。

（三）构建生育友好型社会，为妇女全面发展提供支持

一是完善积极生育政策配套支持政策，健全妇女全面发展的制度体系。探索实施父母育儿假，强化落实产假制度和生育津贴，依托社区发展普惠型托育服务，推动将3岁以下婴幼儿照护服务费用纳入个人所得税专项附加扣除，加强住房等支持政策，多途径减轻家庭生育、养育、教育负担，持续推动妇女全面发展。

二是加快完善生育保障制度及配套措施，提高妇女生育保障的整体水平。加快缩小妇女生育保障的行业性差异，尽快实现生育保障全覆盖，探索多孩生育保障与养育周期的激励补偿机制，持续加大对生育保障与津贴的公共投入，针对妇女的特殊需求完善社会保障体系。

三是加大对生育歧视的执法和监察，保障积极生育和妇女全面发展。相关部门要加大对劳动就业领域生育与性别歧视的执法和监察力度，明确生育歧视的判断标准和惩处机制，进一步完善妇女生育与性别歧视的申诉救济制

度,通过公正有效的司法保障积极生育和妇女的全面发展。

四是各类用人单位要承担起社会责任,推进生育友好型组织文化建设。尤其是党政机关、国有企事业单位要率先垂范,制定有利于职工平衡家庭和工作的措施,依法协商确定有利于照顾婴幼儿的弹性工作和灵活休假方式,承担起生育友好的社会责任。减轻生育多孩女性员工的职业压力,并为女性提供职业发展弹性化的援助,消除女性全面发展的潜在或隐形障碍,形成尊重女性、鼓励女性职业发展、鼓励生育的健康组织文化,促进形成有利于妇女全面发展的社会环境。

参考文献:

［1］宁本荣:《优化生育政策与妇女全面发展战略》,《党政论坛》2022 年第 3 期。

［2］汤兆云、陈家宁:《三孩政策下与育龄妇女需求适配的生育支持研究》,《怀化学院学报》2022 年第 3 期。

［3］杨菊华、杜声红:《部分国家生育支持政策及其对中国的启示》,《探索》2017 年第 2 期。

天津市青年发展研究报告

赵　希　天津社会科学院法学研究所副研究员

刘志松　天津社会科学院法学研究所研究员

摘　要： 天津市落实党中央、国务院印发的《中长期青年发展规划(2016—
2025年)》,积极建设青年发展友好型城市。目前天津市青年人口
结构呈现典型的"倒金字塔"结构,青年体质健康水平总体上有所
提升,全市基本公共教育服务维持在较高水平,高等教育发展取得
显著成绩,青年婚育与就业情况良好,青年道德素质有较大提升,
青年社会融入与社会参与积极性提高。为进一步解决青年急难愁
盼问题,要进一步健全青年权益保护机制,加强青年法律援助司法
机制,预防网络对青年的不利影响,引导青年树立正确的思想道德
观念,为青年就业创业创造良好的政策环境,健全青年文化服务
设施。

关键词： 青年发展　青年婚育　青年就业创业　青年权益保障

青年是建设国家的先锋力量,是国家的前途和民族的希望。党和国家历
来高度重视青年、关心青年,始终坚持将青年作为事业发展的生力军,不断为
青年开拓进取创造条件,关心、帮助和解决青年的迫切需求和现实问题。党的
十八大以来,以习近平同志为核心的党中央高度重视青年发展状况,进一步明
确了中国特色社会主义青年发展目标和方向,制定了一系列有针对性的促进
青年发展的政策措施,特别是中共中央、国务院印发的《中长期青年发展规划
(2016—2025年)》将青年发展置于党和国家工作全局中重要的战略位置,形
成具有中国特色的青年发展政策体系和工作机制,为广大青年创造了良好的

发展环境。

天津市于 2017 年出台了《天津市中长期青年发展规划（2017—2025年）》，这既是天津首个青年发展规划，也是落实党中央、国务院印发的《中长期青年发展规划（2016—2025年）》和天津市委部署要求的具体举措，为青年发展事业指明了方向。在《天津市中长期青年发展规划（2017—2025年）》出台之后，天津社会科学院法学研究所科研团队就天津市青年发展情况展开了系统实证调研，并于 2022 年底完成了调研任务。本文的内容和数据分析主要来源于本次实证调研以及相关互联网公开数据。根据国家《中长期青年发展规划（2016—2025年）》的界定，"青年"的年龄范围为 14—35 周岁，其中包括部分未成年人，故本报告的内容也涵盖了对未成年人发展状况的分析。

一 天津市青年发展的基本状况分析

（一）青年人口、健康及受教育情况

1. 人口结构呈现典型的"倒金字塔"结构

根据第七次全国人口普查统计，2022 年天津市常住人口总量为 1386.60万人，较 2019 年减少 175.23 万人，较 2018 年减少 173 万人，人口呈现负增长。2020 年，天津市 14—35 周岁青年常住人口数量为 411.20 万人，较 2019 年减少115.56 万人，较 2018 年减少 136.03 万人；2020 年 14—35 周岁青年人口占天津市总人口数的 29.66%，较 2019 年减少 4.07 个百分点，较 2018 年减少 5.43个百分点，青年人口规模比重有所降低。青年人口比重降低符合全国整体趋势，2020 年第七次全国人口普查全国青年人口比例较 2010 年第六次全国人口普查下降了 6.33 个百分点。

根据第七次全国人口普查统计，在天津市青年人口的性别结构中，14—35 周岁人口中男性青年人口总量为 219.71 万人，占全市青年人口的53.43%；女性青年人口为 191.49 万人，占全市青年人口的 46.57%；男性青年人口数量较女性多 28.22 万人，比重较女性高出 6.86 个百分点。具体到各年龄阶段,青年男性人口比重普遍高于女性人口。就青年人口的年龄分布而言,随着年龄的增加,青年人口比重相应增大,呈现典型的"倒金字塔"结构:15 岁及以下年龄组人口占 5.20%,16—20 岁年龄组人口占 16.95%,21—25 岁年龄组人口占 19.95%,26—30 岁年龄组人口占 25.28%,31—35 岁年龄组人口占 32.62%。

就流动性而言,天津市青年流动人口数为 156.98 万人,较 2020 年减少0.02 万人,较 2019 年增加 15.76 万人。外省来津青年常住人口占青年常住人口的 38.18%,较 2020 年没有变动,较 2019 年增加 11.37 个百分点;外省来津青年常住人口占外省来津常住总人口的 44.4%,较 2020 年和 2019 年均有所降低。

2. 青年体质健康水平总体提升

近年来天津市青年体质健康水平总体上有所提升,中小学《国家学生体质健康标准》监测指标的最新统计显示,合格率达 94.56%,较 2020 年(88.98%)提升幅度超过了 5 个百分点。14—18 周岁青年学生的近视检出率为 77.48%,近视检出率近三年呈现连续下降趋势。根据抽样调查,青年对于健康状况的自我评价较好的比重超过五成,其中认为自身很健康的占16.71%,比较健康的青年占 33.77%,二者合计占 50.48%;认为自身健康状况一般的青年占 35.06%;自我评价为比较不健康和很不健康的青年分别占10.19% 和 4.27%。青年身体健康状况的自我评价整体较好。

天津市青年的心理健康状况整体良好,目前各高校、中学和职业学校心理健康专业课程设置、专业辅导覆盖率为 97.76%。高校青年个案咨询次数(含阳光心理热心咨询辅导个案)共计 25554 人次,青年心理健康(非个案)辅导或活动举办共计 1411 场次。中学专职教师具备 ABC 证书、咨询师证书、学历学位证书的比重达 90.88%。

3. 青年受教育水平显著提升

天津市基本公共教育服务维持在较高水平,城乡义务教育学校生均公用经费基准定额小学为每生每年不低于 1300 元,初中为每生每年不低于 1450元。全市义务教育巩固率目前超过 99%,高中阶段毛入学率超过 98%,高等教育阶段毛入学率连续三年保持在 65% 以上。全市中等职业教育、高等职业教育在校学生人数均有所增加。享受国家助学政策的青年人数有较大增长，其中 2021 年享受国家助学政策的青年人数为 32.9 万人次，较 2020 年增加 5.16 万人次，增长率达 18.60%。

(二)青年婚育

1. 基本情况

根据相关统计结果，天津市青年平均初婚年龄为 27.6 岁，平均初育年龄为 29 岁。适龄青年结婚对数为 72020 对，其中 20—24 岁年龄组结婚对数 10119 对，25—29 岁年龄组结婚对数 36032 对，30 35 岁年龄组结婚对数 25869 对。适龄青年离婚对数为 30298 对，其中 20—24 岁年龄组离婚对数 811 对，25 29 岁年龄组离婚对数 8074 对，30—35 岁年龄组离婚对数 21413 对。几个年龄段当中，30—35 岁年龄组青年的离婚结婚比要高。

对于结婚意愿和期望结婚年龄，86.54% 的适龄未婚青年有结婚的意愿，其中 42.88% 的适龄未婚青年期望结婚年龄为 27—29 岁，24.33% 的适龄未婚青年期望结婚年龄为 24—26 岁，15.44% 的适龄未婚青年期望结婚年龄为 30—35 岁，期望在 23 岁之前结婚的比重仅为 2.55%，期望在 36 岁及之后结婚的比重为 1.34%。

2. 婚育观念

通过对适龄未婚青年择偶观念的统计，我们认为青年对于诸多择偶条件中最为看重的是人品。青年认为在择偶因素或选择条件中排在前三位的分别是人品(80.05%)、性格(73.25%)和价值观(67.63%)。此外，青年择偶时也较为看重的是有收入/经济基础(57.58%)、家庭责任(53.75%)、身心健康(52.64%)、家庭背景(51.18%)等因素。青年在择偶时不太看重的是地域(25.80%)、职业(36.43%)、兴趣爱好(37.97%)和身材相貌(39.55%)等因素。

在被访适龄青年(含未婚青年)中，83.94% 的人尚未生育子女，12.37% 的人生育一个子女，生育两个子女的比重为 2.8%，未有已育三个及以上子女者。

近一年内有生育计划且生育为第一孩的青年比重为 8.59%；有生育计划且生育为第二孩的青年比重为 2.37%；有计划且生育为第三孩的青年仅占 0.68%。

（三）青年就业创业情况稳定

1. 就业

近年来天津市高校毕业生一次就业率维持在 80%—90% 区间,呈现变动趋势。在职企业青年平均每周工作时间为 45.5 小时,劳动强度较大。根据调查统计,超过七成就业青年的平均月收入在 6000 元以下;平均月收入在 2000 元以下的青年占 26.61%（2021 年天津市最低工资标准为 2050 元）;平均月收入在 2000—3999 元的占 21.28%;平均月收入在 4000—5999 元的占 29.53%,平均月收入在 8000—9999 元及 1 万元以上的青年分别占 4.35% 和 2.93%。

随着"海河英才"行动计划的全面实施,2021 年天津市引进各类人才 73818 人,平均年龄 32 岁。截至 2021 年底,"海河英才"行动计划累计引进 42.3 万人,平均年龄 32 周岁,其中,引进人工智能、新一代信息技术、生物医药等战略性新兴产业从业人员 10.8 万人。

2. 创业

越来越多的青年投身到创业当中,城市成为承担青年创业者梦想的重要载体。天津市入选中国青年报社等联合发布的青年创业城市活力指数综合排名前十位城市。天津市在为青年提供创新创业资源、创业环境等方面具有优势地位和广阔前景。天津市人社局印发的《天津市开展 2023 年高校毕业生等青年就业创业推进计划实施方案》中,明确了落实中小微企业吸纳毕业生就业政策、公共部门稳岗扩岗、服务支持高校毕业生等青年创业十项主要任务,进一步帮助高校毕业生就业创业。

根据调查统计,19.12% 的被访青年认为天津当前的创业环境"比较好",52.53% 的青年认为天津当前的创业环境"一般"。对于天津创业相关扶持政策的了解程度,16.76% 的青年表示相对了解创业相关扶持政策,35.49% 的青年表示一般了解创业相关扶持政策,47.75%的青年表示对于创业相关政策不太了解。

(四)青年文化和思想道德发展

1. 思想道德

在广大青年积极践行社会主义核心价值观方面,天津市青年对社会主义核心价值观的知晓率和认同度均较高。天津市高校、中学和职业学校思想政治理论课每学期课时达标率均为 100%。通过对青年一些相关行为判断的统计分析可见,青年对于主动让座、自觉排队、公共场所保持安静等社会行为的描述认可度较高。除了在社会公德方面,他们很清楚自身工作职责/学习任务,而且愿意主动承担更多工作职责或班级任务。

根据问卷调查的数据统计,在法治素养方面,被访青年对于公民的基本权利义务的认知较高,比重达 88.91%,其中表示知道公民的基本权利义务并以此来规范自己行为的比重为 51.14%。对于我国常用法律及法律知识的了解,被访青年对于宪法的了解程度较高,比重为 57.23%,对于民法典比较了解的青年占 53.98%,了解程度排第三位的是刑法,比重为 37.25%。

2. 文化发展与社会融入

从调查数据来看,天津市青年的日常文化生活比较丰富,根据青年群体参加公共文化活动频率的统计,被访青年在业余时间"经常参加"的比重为 8.85%;"偶尔参加"公共文化活动的青年占 46.38%,比重最大。进一步了解青年希望开放的公益性、综合性服务场所及提供的活动,其中休闲娱乐类和运动健身类的服务场所和活动的需求较大,分别占比 64.06% 和 57.91%,表明青年人对休闲娱乐和运动健身活动的积极性较高;青年群体对于实用技能类和阅读分享类服务场所和活动的需求也较大,分别占比 47.75% 和 38.13%。

青年在相关活动组织的参与情况方面,参加公益、志愿服务组织的比例最高,占比 51.53%;参加新型文化类社团(如动漫、电竞游戏等)和传统文化类社团(如剪纸、曲艺、书法、绘画等)的比重也较高,分别为 29.58% 和 27.95%;参加运动健身类社团的青年占 23.77%。根据对青年相关组织活动参与情况的统计,被访青年主动参与捐款、无偿献血、志愿服务等活动的比例较高,被访青年"经常"参与的比重为 16.03%,"偶尔"参与的比重占 53.18%。"经常"给所在单位/社区/村提建议或监督单位/社区/村务管理的青年占 7.26%。"经常"在网上就社会事件等发表评论/参与讨论的青年占 6.77%。

不可忽视的是青年群体中存在的亚文化现象,如"躺平""内卷"等现象,反映了青年存在较大的社会压力。

3. 青年犯罪

目前天津市因涉刑事案件被抓获的青年数量有所增加,其中已满 18 周岁未满 25 周岁青年的增长幅度较高。当问及有效预防青年犯罪、保护青年权益的相关工作或措施时,77.49% 的被访青年认为应加强青少年法治宣传教育,比重最大;73.81% 的青年认为应加强青年安全教育,如加强生命教育、性与生殖健康教育等安全教育,增强青年自我保护意识和防灾避险能力;61.83% 的青年认为应该遏制违法不良信息对青年的渗透影响,加强网络空间治理;对于应加强特殊青年群体权益保护(家庭贫困、自身残疾、家庭监护缺失或监护不当)和深化未成年人全面综合保护的相关举措的比重分别为 49.88% 和 47.82%。

二 天津市青年发展的主要特点

(一)青年受教育权利得到更好保障

天津市按照《天津市教育现代化"十四五"规划》相继出台了多项有力措施,让教育改革成果更公平地惠及全市人民,基本公共教育服务均等化和教育公平程度显著增强,青年受教育权利得到更好的保障。天津市在义务教育阶段坚持高标准、均衡化、全覆盖、阶段性总体思路,以"办好每一所学校,教好每一名学生,实现优质均衡发展"为核心理念,推进远城区区内城乡义务教育一体化改革发展,着力解决义务教育发展不平衡不充分等情况,强化师资建设,促进教育均衡,注重提升"体美劳"教育,促进学生健康成长。其中蓟州区实验小学被教育部认定为北京 2022 年冬奥会和冬残奥会奥林匹克教育示范学校。①

目前天津市在学校教育质量、教育公平程度方面继续稳步提升。天津市高等教育毛入学率连续三年超过 65%，不仅满足了《天津市教育现代化"十四五"规划》发展要求，而且远高于全国平均水平(54.4%)，高等教育普及化程度较高。各项助学政策为贫困家庭青年受教育解除后顾之忧，其中 2021 年享受国家助学政策的青年人数为 32.9 万人次，较 2020 年增加 5.16 万人次，增长率达 18.60%；2021 年享受国家助学政策的青年人数较 2019 年也有大幅增长。

天津市积极贯彻中共中央办公厅、国务院办公厅印发的《关于构建优质均衡的基本公共教育服务体系的意见》，坚持公平普惠，推进城乡义务教育一体化优质均衡发展，提升基础教育发展水平。2022 年天津市河西区、红桥区、北辰区和武清区被国家认定为义务教育"优质均衡先行创建区"。2021—2022 年天津市连续两年将新增义务教育学位项目列入本市 20 项民心工程，2020—2022 年累计新建、改扩建义务教育学位项目 135 个，新增义务教育学位 14.3 万个。②

天津市本科录取率位列全国前列，天津市高等教育发展取得显著成绩，其中"双一流"大学数量位居全国主要城市前列。各高校在思政教育、科研成果转化、教学改革、创新创业等方面亮点频出，取得明显成效。天津市在高校中实施"顶尖学科培育计划"和"服务产业特色学科群"建设工作，深化专业学位研究生培养模式改革，获批 3 个教育部认定科技小院。为促进学科交叉领域研究，南开大学成立数学经济交叉科学中心、智能传感交叉科学中心等 4 个学科中心，天津大学也成立了学科交叉中心，这些交叉中心为天津市一流高校科技创新建设提供了供给库。

① "我市义务教育优质均衡迈向新高地"，天津市教育委员会网站，https://jy.tj.gov.cn/JYXW/TJJY/202210/t20221024_6016086.html，访问时间：2023 年 10 月 5 日。
② "我市义务教育优质均衡迈向新高地"，天津市教育委员会网站，https://jy.tj.gov.cn/JYXW/TJJY/202210/t20221024_6016086.html，访问时间：2023 年 10 月 5 日。

(二)婚育与就业情况良好

青年初婚初育年龄有所推迟,适龄未婚青年的总体结婚意愿比较强烈,青年人婚恋观比较健康,但青年群体当中存在着一定的生育焦虑现象。对于生育/抚育孩子的主要压力感知,被访青年选择排在第一位的是经济压力(82.02%),其次是抚育照料子女的时间和精力不足(76.57%),排在第三位的是工作压力(72.65%),也就是说,经济成本、时间成本和工作压力是青年生育/抚育子女的主要压力。此外,教育压力(56.98%)和家庭赡养压力(52.88%)也是影响青年生育/抚育的重要因素,而心理和身体方面的压力感知分别占39.87%和31.72%,同时受传统观念和其他因素的影响。

青年就业创业水平有所提升,近年来青年就业的一个鲜明特点是各类新兴职业和新型就业方式的蓬勃发展,如互联网营销师、数字化管理师、全媒体运营师等。对天津市2259名青年进行的调查问卷显示,其中694人从事新职业,占比30.7%。全市就业的渠道进一步多元化,新职业给青年发展带来了新舞台。[①] 青年的就业保障情况良好,就业青年社会保险以医疗保险(79.74%)、养老保险(72.05%)的享有率较高,劳动合同享有率(签订率)为71.33%。此外,青年还不同程度享有年度员工体检、正常节假日休息、带薪休假等权益保障。

(三)青年道德素质状况较好,社会融入度高

青年犯罪数量持续降低,投入到未成年人法律援助的司法力量有所增长。得到法律机构援助的未成年人数连续三年有所增长,未成年人违法犯罪案件由专门机构或专人办理率实现100%。在青年合法权益受到侵害或保障遇到问题时,通过法律途径(67.76%)和到相关部门维权(61.41%)等正规途径是青年采取的主要维权方式。

天津市进一步强化青年思想道德建设和思想引领,青年对中国特色社会

---

① 魏慧静等:《津城新职业青年现状调查》,《天津日报》2021年9月9日,第6版。

主义道路自信力进一步增强,天津市在青年培育和践行社会主义核心价值观工作方面成效显著,在天津青年中社会主义核心价值观的知晓率和认同度均较高。青年思想道德水平和文明素养有显著提升。青年对于公民的基本权利义务的认知较高,达88.91%;青年对于宪法、民法典和刑法的了解和认知水平较好。

近三年天津市在团组织建设方面实现较大提升,青年注册志愿者和青年志愿服务组织有了较快增长,疫情期间青年志愿服务参与度和服务水平进一步提升。青年参与各类组织的积极性比较高。在调查研究中发现,有90.43%的受访青年表示愿意支援困难群体,对于爱心传播普遍表现出较高的热情和积极性;有73.6%的青年有参加组织活动特别是志愿服务的意愿;有57.3%的受访青年愿意参与社会问题的解决并承担主导者的角色。

另外,随着各类学习信息平台以及与就业创造、技术提升相关的学习知识培训的开展,青年之间的职业技术技能交流得以增强,社会融入性和参与性得到较快提升。

(四)网络成为青年文化的主要媒介

互联网对于青年的渗透性较强,近五成(48.29%)的青年平均每天上网时长在2—5小时内,青年使用互联网较为频繁的活动是娱乐(5.26分)、工作(3.93分)和社交(3.29分)。互联网对于青年现实生活的影响具有双面性,既可以方便亲友互动、提高工作效率,也能增长知识技能以及扩大社会交际范围。互联网成为青年学习先进思想的主要来源,目前天津市团属新媒体青少年关注度和青年网络新媒体文化产品创作量均有所提高,"津彩青春"微信公众平台的关注度为83.57%,青年网上思想引领工作进一步强化。

三　关于进一步促进天津市青年发展的对策建议

（一）进一步健全青年权益保护机制

1.完善青年权益基本保护机制

第一，增强部门协同机制。依托相关部门的组织体系和工作力量，将青年权益保护工作融入日常，并将青年维权工作纳入法制化轨道，建立完善的青年权益保护法律体系，把个案诉求与青年普遍性利益诉求相结合。第二，加强教育和职业培训。加强教育宣传、优化教育模式，大力开展高校学生等青年群体职业技能培训，提高技能人才培养质量。第三，加大医疗保障。政府应加大对于青年的医疗费用支持力度，落实医保优待政策，提高青年对医保政策的新动态、新措施的知晓率。此外，针对青年心理健康问题，可以通过开展心理健康宣讲、线下授课、个案帮扶等形式，向青年提供心理疏导关爱服务。

目前，天津市为解决青年急难愁盼问题，在充分调查研究的基础上推出了2023年天津市十项青年民心实事，形成"青年需求清单"，随后组织专班将青年需求与资源项目进行充分整合和对接。十项青年民心实事覆盖了青年就业创业、婚恋交友、助学助困、体质提升、心理减压等十个领域方向，团组织不断创新服务理念、工作机制，不断提升服务青年实效，提升青年在天津工作生活的获得感、幸福感和归属感。①

2.加强青年法律援助的司法机制

预防青少年犯罪需要引起全社会的关注。青少年登记在册吸毒人数连续三年呈下降趋势，在监和在矫的未成年犯罪人员数量有所增加。2021年查处治安违法人员中青少年人数显著增加，较2020年增长92.10%，其中未满18周岁和已满18周岁未满25周岁的治安违法青少年较2020年增幅均超过130%。2021年抓获刑事案件作案人员中青少年人数显著增加，较2020年增

---

① 胡春艳：《天津：千方百计为青年办实事、解难事》，《中国青年报》2023年6月26日，第2版。

长 109. 32% ,其中已满 18 周岁未满 25 周岁的青少年较 2020 年增长高达 191. 53% ,应充分关注 25 周岁及以下年龄阶段的青少年涉法涉案情况,控制 和降低低龄青少年群体犯罪率。此外,深化重点青少年群体服务管理工作有 助于教育矫治和预防重新违法犯罪,应增强对重点青少年群体提供法治教育、 法律援助、心理疏导、行为矫治、困难帮扶等专业服务,积极扶持和培养青少年 事务社会工作专业组织和专业人才。

(二)预防青年犯罪

1. 预防网络对青年的不利影响

当代青年作为网络时代的"原住民",与网络深度融合,但遭遇网络安全风 险的可能性也大大增加,一些青年自认为较为懂网而盲目自信、放松警惕,容 易在使用网络的过程中泄露个人信息、陷入电信网络骗局甚至在懵懂之下走 上违法犯罪的道路,如将社交账号、银行卡信息租借给不法分子犯下帮助信息 网络犯罪活动罪等。对此,要运用法治切实保护青年的信息安全,使网络空间 在法治轨道上健康运行。

2022 年 11 月 1 日,《天津市预防未成年人犯罪条例》和《天津市未成年人 保护条例》正式施行,为预防网络危害对青年的影响提供了坚实的法律依据。 2023 年 9 月 16 日,在以"网络安全为人民,网络安全靠人民"为主题的国家网 络安全宣传周天津地区青少年日主题活动中,签署了《共建网络安全,共享网 络文明,为网络强国建设注入更加充沛的青春力量合作意向书》,通过聚合团 属新媒体、高校共青团组织、互联网平台等多方力量,开展青少年网络安全教 育工程,加强青少年网络优质产品供应,深化青少年网络文明志愿者培养,推 进青少年网络公益项目合作等,共同守好青少年的网络安全防线,守护清朗网 络空间。[①]

2. 引导青年树立正确的思想道德观念

要加强对青年的价值引领,用党的科学理论武装青年,用先进思想引领青

---

① "2023 年国家网络安全宣传周天津地区青少年日主题活动举行",天津共青团网站,http:// www. youthtj. org. cn/system/2023/09/18/030119796. shtml,访问时间:2023 年 10 月 2 日。

年,引导他们主动学习和掌握马克思主义理论的最新成果和习近平新时代中国特色社会主义思想,要开展形式多样的主题学习教育活动,引导青年立志成为有理想、敢担当、能吃苦、肯奋斗的新时代好青年。应当强化党群团组织建设,适应青年发展的新特征新趋势,更多覆盖新领域青年,尊重青年主题地位,完善青年社会参与的基本组织依托,为青年提供多样化、个性化、专业化的服务,调动广大青年参与社会建设的积极性和主动性。[①]

中国式现代化为新时代新青年施展才华提供了宽广舞台。青年人要爱国、励志、勤学、修德、笃实,要信念坚定、志向高远,要继承和发扬党的精神谱系,从中汲取人格力量和实践力量,勇担时代重任,在经济社会文化发展当中迸发出青年人独有的创造勇气和创新热情。[②]

(三)促进青年就业创业

2023 年中国青年报社会调查中心发起的"你最关心哪些议题"的青年期待调查显示,就业、住房和教育位列前三位。目前高校毕业生就业当中选择"慢就业""缓就业"的群体逐渐增多,就业岗位供需依然存在结构性矛盾,满足大学生需求的市场化岗位不足。对此,要积极推出优化政策,推出一系列就业咨询、落户指导等求职服务,为青年人才发放各类补贴,增强住房保障水平,推动青年与城市互动共赢。[③]

自《天津市中长期青年发展规划(2017—2025 年)》印发以来,天津着力构建法治保障、政策协调和个案帮扶相结合的服务青年体系,已设立了包含 12 个领域、97 项指标的天津市青年发展监测指标体系。天津共青团充分依托党赋予的渠道和资源,从保障青年教育权利到提升青年健康水平,从打造"海河英才"行动计划升级版到优化青年创新创业服务,从解决青年情感需求到保护

---

① 刘志松:《我国青年群体组织化研究——以对青年发展状况调查为基础》,《人民论坛》2023 年第 11 期。
② 戴冰:《新时代共青团要为党的精神谱系作出新贡献》,《中国青年报》2023 年 9 月 28 日,第 10 版。
③ 胡春艳等:《政府工作报告回应青年痛点》,《中国青年报》2023 年 3 月 6 日,第 4 版。

青少年合法权益,努力为青年提供实实在在的帮助。[1] 天津市"乡村振兴建工项目"面向 35 岁以下青年推出"农商吉祥青企贷",为农村青年、创业青年提供专项低息贷款,截至 2023 年 6 月已发放贷款 6705 万元。[2]

在深入了解新职业青年群体就业特点的基础上,可以从如下角度进一步完善相关政策措施。第一,加强就业岗位供给,拓宽青年市场化就业渠道。鼓励国有企业、民营企业新增吸纳青年就业,给予税费减免、就业补贴等政策措施。支持青年自主创业和灵活就业,支持青年开展新就业形态的探索。第二,进一步健全行业规范,加强分类指导,建立人才培养长效机制,多途径拓展新职业青年的发展空间,制定完善各项职业相关标准和技能等级认定机制,做好新职业青年的职业培训等工作,强化对青年创业就业的政策支持力度。第三,优化就业创业服务,简化青年求职就业手续,强化青年就业权益维护,开展多种形式的就业创业指导和交流活动,搭建资料对接平台,组织开展线上线下多种招聘活动。同时注重开展劳动保障普法宣传,增强青年法律意识。

(四)健全青年文化服务设施

新时代青年文化发展必须重视青年价值观念的养成,需要不断创新文化活动形式,拓宽青年参与文化活动的渠道,常态化开展文明实践活动。一方面,应不断健全和完善青年文化服务设施,提升公共文化服务水平,满足青年的多样性和个性化文化需要,使各个年龄段的青年都可以参与到各种文化活动中。另一方面,不断推动科技赋能创新文化传播形式,增强青年对社会主义先进文化的具体感知。

天津市着力推动青年文化发展,2023 年 5 月 6 日,位于天津文化中心彩悦城周边的"青少年街区"正式开街。这是全国首个专门面向青年的"学习强国"线下阵地,将打造成为广大青少年学习习近平新时代中国特色社会主义思想的"互动课堂"。"青少年街区"分为思想引领、科技体验、体育运动、活动展

---

[1] 《汇聚青春动能,建功"十项行动"》,《天津日报》2023 年 2 月 13 日,第 4 版。

[2] 胡春艳:《天津:千方百计为青年办实事、解难事》,《中国青年报》2023 年 6 月 26 日,第 2 版。

示四个板块,将常态化、场景化、沉浸式开展主题团队日活动,形成服务青少年的"旗舰阵地"和"红色打卡地"。① 青年的理想视野决定了城市的发展高度,未来天津市将不断推进"青年友好型城市"建设,让天津的社会经济发展不断汇聚青春力量!

参考文献:

[1] 叶子鹏、郑宜帆:《青年发展与中国式现代化:强国复兴的青春路向》,《中国青年研究》2023 年第 8 期。

[2] 张志安、龚沈希:《中国青年发展十大热点观察报告(2022)》,《青年探索》2022 年第 6 期。

[3] 曾燕波:《当代青年就业问题及发展研究》,《青年发展论坛》2022 年第 5 期。

[4] 佘双好、苗露露:《新时代十年党的青年工作的历史性发展》,《青年学报》2022 年第 5 期。

---

① "天津'青少年街区'开街、十项青年民心实事发布……这场青春盛会汇聚青春力量",https://baijiahao.baidu.com/s? id = 1765222490117714631&wfr = spider&for = pc,访问时间:2023 年 10 月 3 日。

专题报告

京津冀生态环境协同治理研究报告

席艳玲　天津社会科学院生态文明研究所副研究员

杨　阳　天津市生态环境科学研究院工程师

摘　要： 推动京津冀协同发展是以习近平同志为核心的党中央在新的历史条件下作出的重大决策部署。生态环境协同治理是京津冀协同发展的重要组成部分。近年来，京津冀生态环境部门逐步建立协同机制，构筑协调配套的政策体系，促进区域生态环境质量持续改善，生态环境联建联防联治成效显著。在取得成绩的同时，也存在生态环境质量改善成效不稳固、结构性污染问题尚未根本解决、协同机制有待完善等问题，需要从统筹区域绿色低碳转型、强化污染协同治理、拓展协同治理机制、提升治理能力等方面持续发力，推动京津冀生态环境联建联防联治走得更深更实。

关键词： 京津冀　生态环境　机制协同　污染防治

生态环境保护作为推动京津冀协同发展需突破的重点领域，不仅是推动协同发展的着力点，也是社会各界普遍关注的核心问题，更是京津冀的共同利益所在。经过多年的共同努力，京津冀生态环境部门实施统一的规划管理、联合立法执法、协同减污降碳、加快生态格局重构重塑,逐步建立完善协同治理机制,并以切实有效的技术为支撑,促使区域生态环境质量发生了历史性、转折性、全局性变化。

一 京津冀生态环境协同治理进展

为了促进京津冀环境治理,加强政府间的协调合作,国家进行了一系列决策部署,突破传统行政区划限制,在生态环境保护、修复以及污染防治等方面建立跨行政区的全面合作,积极改善区域生态环境质量。近年来,京津冀建立了"中央—区域—城市"三层联动的立体协同治理体系:(1)中央层面的统一部署,提供了制度基础、领导保障和工作方向;(2)区域层面的协同互动,在中央统一部署下联合开展工作,建立协同工作机制;(3)各城市、各领域层面的具体任务落实,根据制定的目标开展能源结构调整、污染源头控制、末端治理等工作,推动各项任务的落实。三层联动治理体系推动京津冀生态环境逐渐发生了质的改变。

（一）生态环境协同治理组织结构逐步优化

近年来,中央层面结合京津冀生态环境实践进行了一系列机构调整,京津冀不断打破行政区划限制,协同治理组织结构不断得到优化。2013年9月"大气十条"发布后,北京市牵头会同周边省区市成立了"京津冀及周边地区大气污染防治协作小组",2018年该小组升级为具有一定决策权的领导机构——"京津冀及周边地区大气污染防治领导小组",从国家层面统筹推进区域大气污染治理重点工作。随着京津冀及周边城市空气质量的好转,为适应国务院机构精简的需要,2023年10月,中共中央办公厅、国务院提出不再保留领导小组,运行10年的临时机构正式退出历史舞台,京津冀生态环境协同治理进入新阶段。

（二）生态环境协同治理机制不断深化

在统一领导的推动下,京津冀生态环境治理工作由"各自为战"转向"集团作战",三地对机动车排放、工业企业等领域实施全面减排措施,携手强化生态环境协同治理,治理机制不断深化。

1.健全协同机制

近年来,在党中央和三地政府部门的共同努力下,京津冀逐步实现了政策协同、立法协同、标准协同、监测监管协同、执法协同等,为区域生态环境治理奠定了扎实基础。

第一,强化政策协同。其一,国家层面出台了一系列法律法规,进行了全方位决策部署(部分措施见表1),为京津冀生态环境协同治理奠定了制度基础,为相关工作的开展指明了方向。

表1　国家层面关于京津冀生态环境协同治理的决策部署

决策方向	主要措施 主要政策名称	目标和效果
总体规划设计	《京津冀协同发展生态环境保护规划》	推进京津冀区域污染防治和环境治理的合作机制
	《京津冀协同发展水利专项规划》	
	《京津冀及周边地区落实大气污染防治行动计划实施细则》	
制度体系建设	《生态文明体制改革总体方案》	对生态文明建设以及生态文明制度体系完善进行总体部署
	《关于加快推进生态文明建设的意见》	
	《关于构建现代环境治理体系的指导意见》	
提供政策依据	《生态文明建设目标评价考核办法》	为评价绿色发展状况和生态文明建设情况提供了政策依据
	《绿色发展指标体系》	
	《生态文明建设目标考核体系》	

决策方向	主要措施		目标和效果
	主要政策名称		
强化法律基础	《中华人民共和国环境保护法》		以国家法的形式确立了生态文明和"美丽中国"的根本遵循
	《中华人民共和国大气污染防治法》		
	《中华人民共和国水污染防治法》		
	《中华人民共和国循环经济促进法》		
	《中华人民共和国节约能源法》		
完善制度建设	《环境保护督察方案(试行)》	中央办公厅	建立环保督察机制

资料来源:作者整理。

其二,京津冀及周边地区也制定和签署了相关行动计划、规划和法规等(部分政策见表2),促进各项措施的落实,充分体现了京津冀在推动区域生态环境治理方面的政策协同。

表2 京津冀区域层面政策协同举措

年份	省市	签署文件	主要内容
2013	京津	《北京市天津市关于加强经济与社会发展合作协议》	加强两市重点污染物治理技术的合作,加强PM2.5污染治理合作,开展环境监测能力项目合作
2013	京冀	《北京市—河北省2013至2015年合作框架协议》	围绕首都经济圈大气治理等方面建立国家层面的协作机制,建立大气污染联防联控合作机制
2014	京津冀及周边地区	《京津冀及周边地区大气污染联防联控2014年重点工作》	建立专家委员会,组织开展区域大气污染基础性研究,科学指导区域大气污染治理工作
2014	京津冀	《北京市、天津市、河北省应急管理工作合作协议》	对森林防火、大气污染治理等领域开展应急合作

年份	省市	签署文件	主要内容
2014	京津冀	《京津冀水污染突发事件联防联控机制合作协议》	按照"五个第一时间"要求,做到应急指挥一盘棋、应急监测一张图、应急物资一体化、稳定社会一条心
2015	京津冀	《京津冀区域环境保护率先突破合作框架协议》	以大气、水、土壤污染防治为重点,以联合立法等十个方面为突破口,联防联控,共同改善区域生态环境质量
2015	京津冀	《京津冀协同发展林业有害生物防治框架协议》	设立协同防治核心区域,建立重要信息交流通报机制,推进一体化监测预警体系建设
2015	京津冀	《京津冀协同发展林业生态建设三年行动方案(2015—2017)》	继续加强优势互补、互利共赢,共同改善和保护林业生态
2017	京津冀及周边地区	《京津冀及周边地区 2017 年大气污染防治工作方案》	成立重污染天气联合应对工作小组,统筹指导督促各地做好重污染天气应对;部署开展空气质量专项督查
2017	京津冀	《建筑类涂料与胶粘剂挥发性有机化合物含量限值标准》	对生产、销售、使用建筑类涂料与胶粘剂的各个环节进行全过程管控
2021	京津冀	《机动车和非道路移动机械排放污染防治条例》	健全协调联络机制,推动重点任务落实,共同推进区域移动源污染防治
2022	京津冀	《"十四五"时期京津冀生态环境联建联防联治合作框架协议》	围绕大气污染联防联控等六大方面,进一步深化京津冀协同内容,突出京津冀地方层面协同的落地实施

资料来源:作者整理。

第二，强化法规协同。京津冀制定出台一系列相关规划和地方法规，设立"区域协同"条款或章节，如三地同步谋划、起草和实施《机动车和非道路移动机械排放污染防治条例》，实现"一地违法、三地受限"的协同管控。

第三，强化执法协同。京津冀不断健全执法机制，优化执法方法并强化应急联动，执法力度和效果不断加强。三地从定期会商、联合督查、联合检查、联动执法以及信息共享等方面强化"一地吹哨、三地响应"协同执法，共同组织开展了"2022年京津冀突发水环境事件联合应急演练"，制定实施《2023—2024年京津冀生态环境联合联动执法工作方案》，进一步提升京津冀生态环境联防联控应急响应能力。目前京津冀生态环境联建联防联治常态化机制已经建立。

2. 拓展协同领域

京津冀除了在大气、水等传统领域进行协同治理，还在危险废弃物等领域不断深入探索，协同领域不断拓展，统一标准迈出实质性步伐。如京津冀共同发布了《液氨贮存使用单位环境风险防控技术规范》，进一步规范液氨贮存使用单位环境风险防范及环境隐患排查工作；共同制定签署《华北地区危险废物联防联控联治合作协议》，对促进京津冀大气环境治理持续改善和保障区域生态环境安全发挥了重要作用。

3. 重点领域联保联治

京津冀坚持强化流域共治的基本理念，围绕水资源、水环境、水生态统筹推进水环境协同治理，进一步完善流域生态补偿机制。2018年，京冀两地政府签署《密云水库上游潮白河流域水源涵养区横向生态保护补偿协议》，联合开展水环境专项执法行动；2022年8月和2023年8月，京冀签订了新一轮为期5年的密云水库横向生态保护补偿协议，以及新一轮为期3年的官厅水库上游生态补偿协议；津冀签订了第三期引滦入津上下游横向生态保护补偿协议，三地生态环境保护联防联控力度不断加大。

（三）生态环境治理力度不断加强

1. 特色治理举措频出

除了在各个层面进行协同治理,京津冀也分别结合本地治理需求,采取了一系列具有自身特色的措施,并取得了良好的治理效果。如北京市率先推出"减量发展",实施疏解整治促提升专项行动。天津从能源清洁高效、工业升级改造等方面入手,推动全市工业企业的 2600 多座炉窑全部使用清洁能源,51套煤电机组污染排放水平大幅优于燃气标准,4 家钢铁企业全部完成超低排放改造,石化、平板玻璃、垃圾焚烧等重点排放企业持续开展深度治理,污染物排放总量逐年下降,创新实施煤、工业、机动车、扬尘、新建项目污染"五控"治气,并持续开展臭氧污染防治专项行动。河北省则在全国率先建立生态环境监管正面清单制度,对纳入清单内的企业实施差异化、精准化管控。详见表 3。

表 3　京津冀大气污染治理举措和成效

地区	主要内容	治理效果
北京	率先推出"减量发展",实施疏解整治促提升专项行动	累计腾退 3212 家一般制造业和污染企业; 分类整治"散乱污"企业 1.2 万余家; 累计完成 4 万蒸吨燃煤锅炉清洁能源改造; 累计淘汰老旧机动车 236 万余量
天津	创新实施"五控"治气; 持续开展臭氧污染防治专项行动; 严格施行"六个百分之百"控尘措施	53 台套公共及自备煤电机组稳定达到燃气水平; 1475 家企业完成 VOCs 综合治理改造; 淘汰黄标车、老旧车 70 余万辆
河北	率先建立生态环境监管正面清单	承德、秦皇岛完成 10.98 万户居民清洁取暖改造; 全省所有区市退出全国重点城市空气质量排名"后十五"名单

资料来源:作者整理。

2. 大力推进绿色转型

京津冀是落实国家碳达峰碳中和目标的关键区域,近年来京津冀结合自身的经济发展情况,采取积极的政策措施大力推进绿色转型,努力推动"双碳"目标的落实。北京市坚持疏解与提升并重,以绿色低碳和智能化为主线,大力发展高精尖产业,积极推广新能源汽车。天津市大力推动石化、平板玻璃等传统产业的转型升级,已有266家企业达到A、B级或引领性水平,在重污染应急期间可以稳定生产,成为行业高质量发展的"排头兵"。天津还试行了钢压延、塑料制品等6个地方绩效分级指南,使更多企业享受到政策红利。河北省以推动重点行业环保绩效"创A"行动为抓手,累计37家重点企业达到A级水平,同时大力推进柴油货车的新能源替代。

3. 坚持减污降碳协同增效

作为全国首批试点省市,北京市创新性探索建立二氧化碳总量控制下的碳排放权交易市场,并率先探索交易规则、市场规则,2022年累计成交额近34亿元。天津市陆续出台工业、建筑、交通等各领域的碳达峰专项方案,逐步建立碳达峰碳中和"1+N"政策体系,不断提升碳交易市场活力,2021年碳市场成交量5074万吨,在全国碳交易试点市场中位列第二,2023年纳入碳排放权交易的试点企业增加至167家,将全市70%以上的碳排放量纳入碳配额管理。河北省深化碳资产价值实现机制改革,构建林业碳汇、草原湿地、碳普惠等16个领域降碳产品方法学体系;推动塞罕坝机械林场、潮河源头森林、白洋淀芦苇等8种降碳产品实现价值转化2460.6万元;大力推进排污权市场交易改革,2022年全省交易2249笔、3.97亿元,排污权交易规模位列全国第一。

4. 加快生态格局重构重塑

近年来京津冀共建共享生态安全屏障,优化"两山、两翼、三带、多廊、多心"的生态安全格局。天津市着力推动实施"871"重大生态保护修复工程,在"津城""滨城"之间,建起736平方公里的绿色生态屏障,截至2022年,一级管控区内林地面积达到19.11万亩,绿化覆盖率达到26%,蓝绿空间占比提升到65.1%,碳汇能力增长45%,水清岸绿的蓝色海湾逐步形成。河北天然林保护进一步筑牢京津冀生态屏障,截至2022年,全省完成国家下达天然林保护任务 3295 万亩,其中国家级天然公益林保护任务 1978 万亩、停止天然林商业性采伐保护任务 1317 万亩,覆盖全省 8 市 64 县及 5 个省直林区。

二 京津冀区域生态环境协同治理成效

在习近平总书记亲自谋划部署下,在京津冀生态环境部门共同努力下,京津冀城市群持续严格落实大气、水、土壤三大行动计划,持续深入打好污染防治攻坚战,加强生态文明建设,加快推进绿色低碳专项,推动生态环境领域协同治理,区域生态环境治理显著改善。

(一)大气环境质量稳定改善

经过十年的治理,京津冀大气环境发生了转折性变化,并于近年来保持相对稳定。京津冀区域 PM2.5 平均浓度从 2013 年的 107 微克/立方米下降至 2022 年的 37 微克/立方米,累计下降了 65.1%[1]。其中,北京市 PM2.5 平均浓度从 2013 年的 89.5 微克/立方米下降至 2022 年的 30 微克/立方米,比 2013 年下降 66.5%,并连续两年达到国家二级标准;PM10、NO_2、SO_2 年均浓度分别为 54 微克/立方米、23 微克/立方米、3 微克/立方米,比 2013 年分别下降 50%、58.9% 和 88.7%[2]。2022 年天津市 PM2.5 浓度为 37 微克/立方米,优良天数比率为 73.2%、重污染天 4 天、累计减少 19 天,达到监测以来最优水平。[3]河北省 PM2.5 平均浓度降至 36.8 微克/立方米,创有监测记录以来最好水平。[4] 2023 年前三季度,北京市 PM2.5 平均浓度为 32 微克/立方米,优良天数比率为 70.3%;天津市 PM2.5 平均浓度为 39 微克/立方米,优良天数比率为 59.7%;河北省 PM2.5 平均浓度为 35 微克/立方米,三地大气环境质量尽管同

---

[1] 张博、马骏:《"同标同享"擦亮三地蓝天,京津冀交上大气治理优异答卷》,《北京日报》2023 年 4 月 25 日,https://news.bjd.com.cn/2023/04/25/10410500.shtml,访问日期:2023 年 11 月 5 日。

[2] 数据来自北京市生态环境局:《2022 年北京市生态环境状况公报》,2023 年 5 月。

[3] 数据来自天津市生态环境局:《2022 年天津市生态环境状况公报》,2023 年 5 月。

[4] 数据来自河北省生态环境厅:《2022 年河北省生态环境状况公报》,2023 年 5 月。

比有所下降,但较 2019 年明显改善,整体趋势还是向好的。

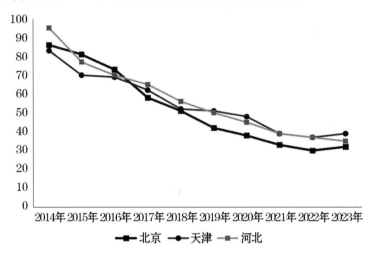

图 1　2014—2023 年京津冀 PM2.5 浓度变化趋势

注:2023 年为 1—9 月数据。

(二)水环境质量不断提升

京津冀地区的海河流域曾经是我国主要河流中水质最差、劣 V 类水占比最高、污染最为严重的流域。[①] 2013 年海河流域 I - Ⅲ 类水质断面占比为 40.4% ,劣 V 类水质断面占比为 42%[②],经过十年的治理,到 2022 年,海河流域 I - Ⅲ 类水质断面占比升至 74.8% ,全面消除劣 V 类断面[③],动态达到国家"十四五"目标要求。分地区来看,北京市 I - Ⅲ 类优良水体增加比例较为显著,2022 年优良水质占比 77.9% ,劣 V 类水体实现动态消除。天津市 I - Ⅲ 类优良水质占比 58.3% ,河北省 I - Ⅲ 类水质断面比例为 84.1% ,无劣 V 类水体。

从单个地区来看,以河北省为例,2013 年河北省地表水 I - Ⅲ 类水质断面

---

① 数据来自中华人民共和国生态环境部:《2015 年中国环境状况公报》,2016 年 5 月。
② 数据来自中华人民共和国生态环境部:《2013 年中国环境状况公报》,2014 年 6 月。
③ 数据来自中华人民共和国生态环境部:《2022 年中国生态环境状况公报》,2023 年 5 月。

占为47% ,2017 年出现短暂下降后于 2019 年持续上升,并于 2022 年出现较大幅度增加,2023 年前三季度达到 79.5% 、同比提升 0.8 个百分点。2013 年劣 V 类水质断面占 27.2% ,2014 年和 2015 年出现小幅上升后,于 2016 开始持续下降,并于 2022 年消除劣 V 类水体,2023 年前三季度无劣 V 类水质断面。[①]

表4　2013—2022 年河北省地表水水质状况

年份	I -Ⅲ类(%)	劣 V 类(%)	年份	I -Ⅲ类(%)	劣 V 类(%)
2013	47.0	27.2	2018	49.7	15.7
2014	43.1	30.7	2019	50.0	13.5
2015	49.3	30.4	2020	58.2	6.8
2016	53.7	25.9	2021	59.1	3.94
2017	45.3	26.4	2022	77.0	0

资料来源:河北省生态环境厅。

(三)生态系统质量和稳定性持续提高

京津冀地区兼有森林、草原、湿地、海滨、农田、沙漠、湖泊、山地等生态资源,要素齐汇、种类丰富。三地始终牢固树立和践行"绿水青山就是金山银山"理念,坚持山水林田湖草沙一体化保护和系统治理,调整划定生态保护红线,强化生态监管,对圈占土地、违建项目、矿山和地下水超采综合治理等违法违规行为进行严厉打击、清理规范,区域生态环境破坏行为得到有效遏制。京津冀持续实施"三北"防护林体系建设、治理风沙源、退耕还林还草、绿色矿山修复等一系列生态建设工程,筑牢生态安全屏障,区域生态环境质量持续稳中向好,生态系统稳定性显著增强。京津冀还大力推进生态文明示范创建,2023年,北京市朝阳区、天津市宁河区、河北省承德市和承德市隆化县获国家第七批生态文明建设示范区称号。

---

① 数据来自河北省生态环境厅发布的《2023 年 9 月河北省水质状况报告》。

三 京津冀生态环境协同治理面临的问题

2023 年 5 月,习近平总书记在河北考察时提出京津冀成为中国式现代化建设的先行示范区的目标。对标党中央和总书记新的要求,对照人民群众对优美生态环境的需要,京津冀在生态环境保护方面还存在一些难点问题亟待解决,高水平协同治理任重道远。

(一)区域生态环境质量改善成效尚不稳固

京津冀区域自然禀赋相对不足,大气扩散条件差、水资源短缺且开发强度大,生态系统结构和功能还不完善,生态环境尚处于超负荷的承载状态,区域大气、水环境质量与长三角、珠三角等重点区域存在差距。大气方面,京津冀地区一度是世界大气污染问题的典型区域,过去十年来虽然采取了一系列治理措施,大气环境质量明显改善,但 2023 年以来大气环境质量存在波动情况,重污染天气较往年有所增加,臭氧污染问题也愈加凸显。水方面,京津冀区域人均水资源仅为全国平均水平的九分之一,远低于国际极度缺水标准(500 立方米/人·年)。作为下游地区,水污染物汇聚,区域水污染压力大,且入海河流总氮管控治理责任还未有效延伸传导到流域上游相关省市,海河流域、渤海近岸海域水环境质量改善成效仍很脆弱。区域生态破碎化问题凸显,湿地面积和数量减少,优良等级森林面积占比仅为全国平均水平的四分之一,北京周边区域森林生态系统还不够稳定,天津和河北森林覆盖率仅为 12% 和 27%,远低于全国平均水平①。

(二)区域结构性污染问题尚未得到根本解决

高能耗、高排放、高污染问题仍是制约京津冀区域高质量发展的重要因素。京津冀产业结构偏重,集聚了大量钢铁、建材、化工等企业,焦炭、铸造、水泥、平

---

① 数据来自 https://www.163.com/dy/article/I4US33DI0553P06W.html.

板玻璃等产能居高不下,区域国土面积仅占全国的2.27%,粗钢产量占全国总量的四分之一左右,区域产业布局整体统筹不足,交互污染影响明显,存在跨界污染现象。此外,区域产业技术水平不高、创新能力不强,传统行业升级改造以及节能降碳技术水平仍需进一步提高。能源结构偏煤,区域传统能源消耗转型步伐滞后,新能源消费占比较低,且新能源开发、利用强度及规模不足。以能源结构转型成绩较为显著的北京市为例,虽然北京开展了以电代煤、以气代煤等一系列行动,煤炭消费大幅降低,但煤炭、石油、天然气三大传统能源消费总量占比依然较大,2021年三大传统能源占比达66.25%,能源消费总量从2010年的6359.49万吨标准煤升至2021年的7103.62万吨标准煤,整体呈上升趋势,能源消费结构转型压力较大,由此带来的结构性污染问题短期难以根本解决。

(三)区域协同制度机制有待进一步完善

京津冀经济发展水平差异较大,受城市定位、财政基础、社会因素等多因素影响,三地环境保护机制步调难以保持完全一致,存在机制障碍和政策壁垒。一方面,区域规划、标准、政策衔接还不够深入,环境污染治理基础设施建设仍有短板,区域治理水平参差不齐,污染物排放标准、工程治理要求等衔接不够,比如水污染排放标准限值、环境保护税税额标准等方面差异较大。另一方面,受制于区域协同法律法规缺失,联合执法、交叉执法证据难以互认,在行政交界地区,大气环境质量监测尚存空白,不利于污染解析和精准治理,流域治理的系统性、整体性有待加强。

四 进一步推动京津冀生态环境协同治理的对策建议

京津冀生态环境协同治理是一项复杂的系统工程,不可能一蹴而就,必须牢牢坚持和善于运用系统观念,坚持久久为功。深入推动京津冀生态环境协同治理迈向更高水平,实现经济和产业的绿色低碳转型是根本,加强区域污染的协同治理是重要手段,完善协同治理机制及强化协同治理能力是保障。为此,本部分提出以下建议。

(一)统筹推进区域绿色低碳转型

京津冀地区是我国能源消耗和碳排放都高度集聚的区域,碳排放量占全国的 11%,碳排放强度高出全国平均水平约 40%。[①],碳排放量占比明显高于地区生产总值占比,区域绿色低碳转型压力较大。与此同时,区域内三地的经济和产业发展现状也存在明显差异,北京市已处于后工业化发展阶段,天津市正处于工业化后期向后工业化时期过渡阶段,河北省仍处于工业化中后期阶段。根据三地经济发展阶段及产业结构的差异,三地绿色低碳转型需因地制宜推进。

北京应深化区域产业分工与合作,推动产业上下游区域协同,加强清洁能源开发合作及应用示范,优化供热格局和供热能源结构,推进区域能源低碳转型,加快绿色建筑在全市范围内的推广普及。天津应继续扎实开展"绿色低碳发展行动",推动产业、能源、交通运输结构加快调整,引领推动重点行业、工业园区绿色化、低碳化转型,深化碳市场建设,推动重点排放企业开展碳排放权交易。河北省需聚焦产业结构优化调整、绿色低碳生产、超低排放改造等,积极推动钢铁产业加快绿色低碳技术创新、强化数字化平台赋能、实现新能源渐进替代。

(二)持续加强区域污染治理协同

针对当前区域生态环境质量距广大群众期盼还有差距的现状,京津冀需聚焦大气、水等重点领域,在巩固完善大气污染应急、空气重污染绩效分级、联合监测预报等有效机制的基础上,注重重点污染物的协同治理,高标准打好污染防治攻坚战。比如大气方面,紧紧围绕基本消除重污染天气这一共同目标,以挥发性有机物和氮氧化物减排为抓手,加强 PM2.5 和臭氧的协同治理,紧抓重型柴油车污染排放开展攻坚,推进空气质量持续改善。在水方面,围绕消除劣 V 类水体的目标,加强流域治理协作,继续完善流域上下游横向生态保护补偿机制,推进大运河、潮白河、大清河、蓟运河等重点流域排污口设置管理,加快美丽河湖、美丽海湾建设,共同提升水生态质量,维护区域碧水长清。天津

---

① 黄昱杰等:《京津冀协同推动碳达峰碳中和路径研究》,《中国工程科学》2023 年第 2 期。

应在污染防治攻坚上持续发力,以 PM2.5、优良天数比率为重点,推动火电、钢铁、焦化、铸造等行业企业深度治理,持续实施臭氧污染防控专项行动;以优良水体比例、消除黑臭水体为重点,开展城市黑臭水体整治环境保护行动,持续实施"一河一策"入海河流治理;强化土壤污染源头防控,确保土壤污染地块不新增、地下水污染不新增,坚决守住农用地、建设用地安全利用底线,为区域污染协同治理贡献天津之为。

(三)深化拓展区域协同治理机制

推动京津冀协同发展,关键在协同,切入点是机制的不断完善,要以更为健全的协同机制促进区域一体化进程,推动京津冀更加协调的区域发展格局。京津冀应持续深化完善厅(局)级领导定期互访、纵向领域互联、横向区域对接的机制,持续完善规划、政策、法规、标准等制定实施的协同机制,分行业、分类别、分步骤推进标准要求统一,加强互学互鉴,力争实现生态环境政策要求一致,积极参与编制京津冀协同发展生态环境保护中长期规划,共同制定《低碳出行碳减排量核算技术规范》,推动实现区域危险废物处置合作、规范标准统一、生态环境执法联动等领域同频共振。天津应继续主动服务北京非首都功能疏解和河北雄安新区建设,高效服务落地天津建设项目。同时,发挥好工作协调小组轮值作用,深化完善标准衔接、污染防治、应急执法、新闻宣传等协同机制,推动生态环境联建联防联治不断取得新突破。

(四)全面提升区域协同治理能力

提升生态治理能力和水平是实现生态治理现代化的出发点和落脚点,其本质要义在于如何更好实现治理主体治理步调协同化、治理效果最大化、治理水平科学化、治理理念社会化。京津冀要以减污降碳协同增效为总抓手,共同联合龙头企业、高校科研院所、金融机构等,创建生态环保领域协同创新共同体,共同开展污染成因、机理研究,共同攻克关键治理技术,推动科研成果落地见效;建立健全环境空气质量、监测断面数据共享机制,推动环境基础设施共建共用共享,津冀将分别建设多氯联苯、飞灰等区域性特殊危险废物集中处置中心,实现一地建设、三地共享;实施生态环境治理联合立法和协同执法,建立自然保护地生态环境联动机制,加快推动执法互认,在移动源和固定源方面推进检验报告和执法处罚信息互认,利用京津冀执法信息共享平台共享处罚信息,不断提升京津冀区域协调治理能力。天津要在京津冀生态环境治理"一盘棋"中持续发力,推动交界地带环境基础设施共建、共用、共享,促进资金链、产业链、人才链、创新链深度融合,打造"政产学研金用服"新载体,打通京津冀生态环保产学研用新通道,打造京津冀生态环保产业创新发展新引擎。

自 2014 年京津冀协同发展上升为国家战略,至今已近十载,京津冀区域生态环境质量日新月异、持续向好。面向未来,三地要继续强化政治引领,切实增强推进生态环境联建联防联治走深走实的思想自觉、政治自觉、行动自觉,坚定不移推动绿色发展,站在人与自然和谐共生的高度,立足京津冀协同发展的战略场景,系统谋划、扎实推动,深化协同机制、促进资源共享,合力打造美丽中国先行区,以高品质生态环境支撑京津冀高质量发展,为京津冀努力成为中国式现代化建设的先行区、示范区厚植绿色底色。

参考文献:

［1］北京市生态环境局:《2022 年北京市生态环境状况公报》,2023 年 5 月。

［2］河北省生态环境厅:《2022 年河北省生态环境状况公报》,2023 年 5 月。

［3］黄昱杰、刘贵贤、薄宇,等:《京津冀协同推进碳达峰碳中和路径研究》,《中国工程科学》2023 年第 2 期。

［4］陆小成:《京津冀生态环境联建联防联治机制研究》,《理论与现代化》2019 年第2 期。

［5］天津市生态环境局:《2022 年天津市生态环境状况公报》,2023 年 5 月。

［6］张博、马骏:《"同标同享"擦亮三地蓝天,京津冀交上大气治理优异答卷》,《北京日报》2023 年 4 月 25 日。

京津冀公共服务共建共享
发展研究报告

张雪筠　天津社会科学院社会学研究所副研究员

摘　要： 近年来，随着京津冀协同发展的推进，京津冀公共服务的共建共享成果初现，顶层设计初步完成，协同机制不断完善，项目合作持续落实。但仍存在京津冀公共服务水平差距大，协同合作机制不深入，公共财政体制支撑力不足等问题。未来，京津冀需要从深化统筹协调机制，建立责任共担利益共享的财税体制，促进优质公共服务资源均衡布局等方面着手，深入推进京津冀公共服务的共建共享。

关键词： 京津冀　公共服务　共建共享

持续推动京津冀公共服务的共建共享，增强三地发展的平衡性、协调性和包容性，是促进区域协调，实现高质量、可持续共同发展的基础，也是增进人民福祉、实现富裕的重要措施。正因如此，《京津冀协同发展规划纲要》明确指出"促进基本公共服务均等化是有序疏解北京非首都功能的重要前提和京津冀协同发展的本质要求"是推动"京津冀协同发展的重要任务之一，也是疏解北京非首都功能和产业转移的重要基础和支撑"，同时还制定了到2030年"公共服务水平趋于均衡"的远期目标。自京津冀协同发展战略揭出以来，经过近十年的发展，京津冀携手重点推进医疗、教育、社会保障等方面的共建共享，取得了阶段性成效。

一 京津冀公共服务共建共享的发展状况

自京津冀协同发展战略实施以来,京津冀协同合作,积极推动基本公共服务的共建共享,基本公共服务一体化水平不断提高。尤其是在教育、医疗、社会保障、养老等方面共建共享取得了一定的进展。

(一)顶层设计初步完成,协同机制不断完善

2015 年 4 月中共中央政治局审议通过的《京津冀协同发展规划纲要》提出了京津冀公共服务共建共享的近期、中期、远期目标。近期目标是"2017 年实现京津冀公共服务规划和政策的统筹衔接合作",中期目标是"到 2020 年提高区域基本公共服务的均等化水平",远期目标是"到 2030 年使公共服务水平趋于均衡"。此后,京津冀根据这一规划,围绕教育、医疗、社会保障等基本公共服的合作制定了一系列具体的规划文件、实施意见、实施方案和配套政策。同时三地也根据本区域发展的需要在各自的发展规划中做出了安排部署(见表1)。目前京津冀围绕教育、医疗、社会保障等重点公共服务领域已初步建立起为目标协同、相互衔接合作的公共服务共建共享体系,形成了规划衔接机制、会商交流机制、协同工作机制、对口帮扶机制。京津冀公共服务基本实现了规划"一张图"、建设"一盘棋"、发展"一体化"。

表 1　有关京津冀基本公共服务共建共享的部分政策文件

		文件名称	主要内容
领域	医疗	《京津冀卫生计生事业协同发展合作协议》	协议提出了 10 个方面的合作内容,包括加强医疗服务区域合作,推进公共卫生计生区域联动,强化卫生计生事业发展规划对接,构建卫生计生综合监督协调机制,加快区域卫生健康信息一体化建设,加强人才培养和科研合作等

		文件名称	主要内容
领域	医疗	《卫生计生监督执法协同发展协议》	对人才培养、业务交流、科技研发、保障机制四项内容进行了约定,并建立联席会议、信息交流、应急互援、学术交流和案卷评查、共同培训、重大案件协查、业务指导七项机制
		《关于深入推进京津冀医疗卫生协同发展的实施意见》	提出了推进医疗卫生资源均衡布局、推动医疗联合体和跨区域专科联盟建设、加强医疗卫生人才队伍建设等方面的具体措施
		《京津冀医疗保障协同发展合作协议》	提出了推进京津冀医疗保障协同发展,包括推进医保目录互认,推进异地就医直接结算,加强医保基金监管等方面的合作
		《京津冀药品医用耗材联合采购协议》	提出推动京津冀地区药品联合采购工作,拓宽联合采购药品的范围,促进价格回到合理区间以及保障采购结果顺利执行
	教育	《京津冀教育协同发展行动计划(2023—2025年)》	推动区域教育总体布局更加优化。积极支持雄安新区教育质量提升。京津向河北省派驻优秀管理团队,加强与河北省教育资源共享
		《"十四五"时期京津冀教育协同发展总体框架协议(2021—2025年)》	推动基础教育、职业教育、高等教育均衡、融合、创新发展。推动教育协同发展体制机制创新
		《京津冀教育协同发展"十三五"专项规划》	建立协同发展领导小组、加强基础教育、高等教育、职业教育合作,加强师资队伍建设,推动三地教育协同发展

179

		文件名称	主要内容
领域	社会保障	《京津冀民政事业协同发展三年行动计划(2021—2023 年)》	在养老、社会事务、社会工作管理、干部人才交流等重要领域不断推动协调发展
		《京津冀社会保险经办服务协同合作协议(2023—2025 年)》	三地在多个方面合作,包括数据共享、跨省通办标准制定、社会保险转移接续、养老待遇资格认证、工伤保险经办协同、社会保障卡拓展应用等
		《京津冀医保协同发展 2022 年工作要点》	推进医保公共服务一体化、药品和医用耗材集中采购、医保基金监管一体化、医保信息化和标准化建设、医保政策和管理协同
		《京津冀养老服务协同发展行动计划(2023—2025 年)》	加强京津冀地区养老服务的合作,推动养老资源的优化配置和共享,提升养老服务的质量和水平。完善养老服务协同联动、加强养老服务设施建设、推进跨区域购买养老服务合作等措施
		《京津冀养老服务协同发展行动计划(2021—2023 年)》	加强京津冀地区养老服务的合作,推动养老资源的优化配置和共享,共同打造高品质的养老服务体系,为老年人提供更加优质、便捷的养老服务
		《京津冀人才一体化发展规划(2017—2030 年)》	构建区域共同的人才市场,促进干部人才的双向挂职,围绕疏解北京非首都功能、雄安新区规划建设等核心任务,以人才一体化发展的"先行者"角色推动京津冀协同发展
		《京津冀公共人才服务协同发展合作协议》	建立联盟、实施计划,推动人才一体化发展、加强职业教育和培训合作等多项措施,为劳动者提供更好的就业服务和支持

		文件名称	主要内容
地域	北京市	《北京市"十四五"时期教育改革和发展规划》	坚持区域协同发展,打造具有国际影响力的京津冀教育发展高地。统筹推进区域教育均衡、创新发展,加强优质教育资源供给,制定实施京津冀教育协同发展"十四五"专项规划
	天津市	《天津市国民经济和社会发展第十四个五年规划和二〇三五年远景目标纲要》	深化交通、生态、产业、公共服务等重点领域协同发展,深化教育、医疗、文化等公共服务领域合作,推动基本公共服务均等化,打造高品质生活宜居地
	河北省	《河北省国民经济和社会发展第十四个五年规划和二〇三五年远景目标纲要》	加强公共服务共享。加强与京津地区的合作,推动基本公共服务均等化。建设一批高水平的医疗机构、教育机构和文化设施,促进公共服务资源的优化配置和共享

(二)项目合作持续推进,共建共享成效显著

在不断完善顶层设计、建立健全协同发展机制的基础上,京津冀切实推进各项公共服务的合作共建,开发了大量的合作项目,取得了丰硕的成果。在教育领域,通过功能疏解、集团办学、学校联盟、结对帮扶等方式开展跨区域合作。在医疗领域,通过推进优质医疗卫生资源均衡布局、深化医疗项目合作、推动医疗卫生信息化建设、开展远程医疗等措施实现医疗卫生资源的区域共享,推动医疗卫生协同全面发展。在社会保障方面,京津冀在医疗保障、养老服务、人才流动等领域加强合作,通过完善服务联动机制、加强信息话建设促进三地社会保障资源的共融共通。目前京津冀公共服务的合作项目不断增加,合作范围不断扩大,基本实现了到 2020 年"河北与京津的公共服务差距明显缩小,区域基本公共服务均等化水平明显提高,公共服务共建共享机制初步形成"的中期目标。

1.教育共建共享逐步深化

自 2014 年实施京津冀协同发展战略以来,三地教育部门共签订各类合作协议 168 个,建立常态化联络机制和对接沟通机制,基本形成了协同合作共同发展的新格局。[①] 在基础教育领域,京津两地发挥优势带头作用,积极与河北省的中小学、幼儿园开展合作办学。三地累计签署基础教育合作协议 10 余项,开展了 60 多个帮扶项目。北京市通州区与廊坊"北三县"共同组建了 13 个基础教育协同发展共同体。[②]"通武廊"地区(北京市通州区、天津市武清区、河北省廊坊市)为促进区域教育一体化发展,开展了一系列基础教育均等化试点工作。目前京津冀已经有 500 多所基础教育学校进行跨区域合作办学,为提高河北省基础教育的质量提供了帮助。[③] 雄安新区所有县域均获得了京津优质学校的帮扶,目前对雄安新区进行帮扶的京津优质学校共有 59 所,被帮扶的学校有 61 所。[④] 北京市援建雄安的三所幼儿园、小学、中学已经完成建设任务,2023 年 9 月已开学。[⑤] 在高等教育领域,京津冀通过组建教育联盟的方式推动三地高等教育的协同发展。目前已经组建了京津冀信用教育联盟、京津冀协同创新联盟、京津冀经济学学科协同创新联盟等 22 个高等教育发展联盟。[⑥] 这些联盟通过建立学科建设、人才培养、成果转化等方面的合作机制,有力推动了三地高等教育的互融互通,促进了三地高校资源的有效利用和人才的交流互动,对提升区域内高等教育的整体水平起到了积极的推动作用。在职业教育方面,三地以高职院校跨省市单独招生为切入点,开展协同合

[①] "签署各类合作协议 168 个! 京津冀教育协同发展格局基本形成",中华人民共合作中央政府网站,https://www.gov.cn/xinwen/2021-02/26/content_5589003.htm,访问时间:2023 年 11 月 28 日。

[②] "京津冀协同发展,不断增强人民群众的获得感、幸福感和安全感",搜狐网,https://www.sohu.com/a/440213030_100137667,访问时间:2023 年 11 月 28 日。

[③] "公共服务共建共享! 京津冀加快以教育集团等方式跨区域办学",腾讯网,https://new.qq.com/rain/a/20230709A0148F00.html,访问时间:2023 年 11 月 28 日。

[④] "'瓣瓣同心 携手共进'京津冀 56 所学校与雄安新区 59 所学校建立帮扶合作关系",搜狐网,https://www.sohu.com/na/438761412_565998,访问时间:2023 年 11 月 28 日。

[⑤] "北京援建雄安教育,'建三'学校 9 月开学、'援四'办学全部落地",搜狐网,https://www.sohu.com/a/726595000_114988? scm = 1102. xchannel:325:100002.0.6.0,访问时间:2023 年 11 月 28 日。

[⑥] "公共服务共建共享! 京津冀加快以教育集团等方式跨区域办学",腾讯网,https://new.qq.com/rain/a/20230709A0148F00.html,访问时间:2023 年 11 月 28 日。

作,推进京津优质职业教育资源与河北省的共享。三地成立京津冀艺术职业教育联盟、京津冀卫生职业教育协同发展联盟等 5 个职业教育平台,成立了 15 个跨区域特色职教集团(联盟)。[①] 此外,京冀两地还持续推进通州区与"北三县"的合作,通过远程教育、网络资源共享等形式深化教育交流合作。

2. 医疗共建共享日趋紧密

在医疗卫生领域,京津冀着力合作共建,积极推动优质医疗资源的均衡布局。首先,大力推进京津冀紧密型医联体建设。截至 2023 年 7 月,河北省 11 个设区市通过专科共建、整体托管、合作建院等形式,与京津两地的高水平医疗机构共建 18 个紧密型医联体,实现了区市全覆盖。自京津冀紧密型医联体建设工作推进以来,截至 2023 年 7 月,京津两地已经为河北省输入医疗专家 267 人,新项目 45 个;累计诊疗 2.1 万人次,会诊救治急危重症患者 1658 人,开展远程医疗 1.05 万余例次。[②] 其次,积极推进三地医学检验结果互认和影像资料共享。截至 2021 年底,已有 685 京津冀家医疗机构实现了 50 项临床检验结果互认,313 家医疗机构现实共享 20 项医学影像检查资料。[③] 最后,加强公共卫生领域的合作。截至 2023 年 1 月,三地卫健委已签署 20 多项协议,内容包括疾病防控、卫生应急、综合监督等诸多方面。[④] 这些协议的签署标志着三地在建立公共卫生信息共享平台、突发事件协调联动机制、联合培训演练机制等方面取得了显著成效。此外,北京市不断加强与河北省的医疗共建,推动优质医疗资源向河北省的张家口、曹妃甸、承德、保定等重点地区合理布局。总之,协同合作的举措有力促进了京津冀医疗卫生领域的均衡发展,提高了三地协同应对公共卫生事件的能力,为广大民群众众尤其是河北省的群众提供

---

① "公共服务共建共享! 京津冀加快以教育集团等方式跨区域办学",腾讯网,https://new. qq. com/rain/a/20230709A0148F00. html,访问时间:2023 年 11 月 28 日。

② "京津冀深入推进'医联体建设'",中国农网,https://www. farmer. com. cn/2023/07/18/99932717. html,访问时间:2023 年 11 月 28 日。

③ 柳天恩、孙雨薇、田梦颖:《京津冀基本公共服务均等化的多重困境与推进路径》,《区域经济评论》2023 年第 3 期。

④ 柳天恩、孙雨薇、田梦颖:《京津冀基本公共服务均等化的多重困境与推进路径》,《区域经济评论》2023 年第 3 期。

了更多优质的医疗服务。

3.社会保障共建共享成效显著

社会保障方面的共建共享成果主要集中在医疗保障、养老以及脱贫攻坚三个领域。在医疗保障方面,京津冀不断扩大跨省异地就医直接结算范围,简化异地就医手续。在医疗保障领域,截至2022年10月,京津冀共有5000余家定点医疗机构实现了京津冀异地就医住院费用直接结算。[①] 参保人员只要使用社会保障卡或医保电子凭证进行住院、普通门诊诊疗以及购药等操作,即被视为已办理异地就医备案手续,可以直接享受医保报销待遇。目前北京市开通实时结算的定点医疗机构已实现异地参保人员普通门诊费、住院费用的全覆盖直接结算。此外,180家定点零售药店也开通了医保异地直接结算服务,三地参保人员均可持社保卡在定点药店直接购买药品、医疗器械和医用耗材并直接结算。[②] 在养老服务方面,三地着力破除区域内异地养老的阻碍,促进区域内养老服务的互惠合作。一是完善政策体系,促进三地养老优惠政策的衔接配合。二是通过多种扶助措施,促进京津两地的养老社会资源向河北省流动。三是大力发展养老产业,培养养老产业服务链,为有需要的老年人提供高质量的商业化养老服务。这不仅为区域内的老年人提供了更多的养老选择,也为河北省相关产业的发展提供了支持。在脱贫攻坚方面,京津两地开展了多个帮扶项目,深入推进脱贫攻坚工作。北京市共有14个区,天津共有5个区对河北省的28个县(区)进行对口帮扶,帮助其按期完成了脱贫任务。[③]总之,以上领域的共建共享提高了京津冀居民的社会保障水平,使三地居民尤其是河北省的居民享受到了京津冀社会保障共建共享带来的红利。

---

① "京津冀5000余家医疗机构实现跨省异地就医普通门诊费用直接结算",中华人民共合作中央政府网站,https://www.gov.cn/xinwen/2022-10/04/content_5715768.htm,访问时间:2023年11月28日。

② "北京180家定点药店开通医保异地直接结算服务",北京本地宝网站,http://bj.bendibao.com/zffw/2023329/344139.shtm,访问时间:2023年11月28日。

③ "京津今年投入11亿元对口帮扶河北28个贫困县(区)",环京津新闻网,https://baijiahao.baidu.com/s?id=1647699283367374199,访问时间:2023年11月28日。

二 京津冀公共服务共建共享存在的问题

目前京津冀公共服务共建共享取得一些成效,但京津冀公共服务的共建共享已经进入深水区,深层次的体制机制的"各自为政""利益分歧"以及公共服务水平的较大差距是阻碍共建共享深入的关键性难点,影响了公共服务效能的有效发挥。

(一)公共服务水平仍存在较大的差距

公共性和非营利性是公共服务的典型特征,其资源配置的数量、质量、空间布局主要是由中央和地方各级政府提供和分配。京津冀经济发展的差距以及历史沿革的利益分配格局造成了京津冀之间公共服务水平有着明显的差距。从人均教育经费支出中可看出明显差距。根据《北京市统计年鉴 2021》《天津市统计年鉴 2021》《河北省统计年鉴 2021》公布的数据计算,2020 年,北京市的人均教育支出为 2766 元,天津市的人均教育支出为 2253.7 元,河北省的人均教育支出为 1799.1 元,北京市的人均教育支出是天津市的 1.28 倍,河北省的 1.53 倍。从空间布局看,优质公共服务资源也主要集中在北京地区。以高等教育的空间分布为例,北京市共有 39 所教育部直属及其他中央部委所属高校,天津市有 3 所教育部直属高校。北京优质高校的数量是天津的 10 倍多,而河北省不仅没有 1 所教育部直属高校,唯一的一所"211"大学主校区还在天津市。① 再以医疗资源为例,根据《2021 中国卫生健康统计年鉴》的统计数据计算,北京市每百万人口的三甲医院数为 2.5 所、天津市为 2.2 所,河北省仅有 0.7 所,三地差距明显。

(二)协同合作机制不能支持公共服务的深度共建共享

目前京津冀虽然已经签订若干基本公共服务的合作协议,并各自制定了相关的规划和激励政策,促进公共服务的共建共享并取得了一定的成果,但受

---

① 柳天恩、孙雨薇、田梦颖:《京津冀基本公共服务均等化的多重困境与推进路径》,《区域经济评论》2023 年第 3 期。

制于行政区划、公共服务发展阶段、户籍制度、官员考核制度等,协同合作机制还不能有效支撑三地公共服务的深度共建共享。首先,京津冀公共服务共建共享顶层设计的规划框架协议多,具体可操作的行动方案少,且三地各自的制度设计侧重协同合作自身的利益,出台的政策没有充分做到整体规划的对接和政策衔接。其次,尽管区域协同共建的机构设置分工已经有成果,但仍存在机构碎片化、部门之间的协调成本高的问题。再者,三地间的协调主要集中在单一部门和单一领域,缺乏多部门、多层次的协调机制。这导致在财税、绩效考核、投融资等方面的综合配套性改革尚未实现。在政策实施的过程中也缺乏信息共享与协调行动。虽然有一些设想和举措,但推进进程缓慢。这导政策的制定、项目实施、过程的监督和评估的管理流程还未达到制度化、系统性、规范化的要求。最后,受现有行政壁垒、考核制度以及财政体制的影响,三地政府在提供公共服务时,更为关注提升本地公共服务的数量与质量,吸引更多的资本与人才,进而提高经济竞争力,而对共建深层次的利益协调分配机制,促进三地公共服务均等化并没有行动的动力与积极性。这影响了京津冀基本服务均等化的深入推进,三地居民之间公共服务水平的差异很难有实质性的缩小。

(三)公共财政体系掣肘公共服务共建共享纵深发展

公共财政是保障和改善民生的物质基础,也是实现公共服务均等化的主要措施。目前京津冀地区尚未建立起目标协同、利益协调的公共财政体系,经济发展的差异以及公共财政支出责权不清、目标分化等问题制约着三地基本公共服务的均衡化发展。一方面,三地之间的经济发展水平和发展阶段存在显著差异。目前"北京经济已经进入到'退二进三'的后工业化阶段,天津经济进入到'接二连三'的工业化高级阶段,河北经济进入到'培二育三'的工业化中级阶段"[①],根据《北京市 2022 年国民经济和社会发展统计公报》《天津市 2022 年国民经济和社会发展统计公报》《河北省 2022 年国民经济和社会发展

---

① 薄文广、殷广卫:《京津冀协同发展:进程与展望》,《南开学报(哲学社会科学版)》2017 年第 6 期。

统计公报》的统计数据计算,2022 年,北京市的人均 GDP 为 190091 元,天津市为 118801 元,河北省仅为 56888 元,河北的人均 GDP 为北京的 29.9%、天津市的 47.8%。在"分灶吃饭"的财政体制下,京津冀之间的经济发展差距直接影响了三地公共服务的数量与质量。财力最为雄厚的北京市公共服务的整体水平最高,天津市次之,而河北省最低。在缺乏有效的利益协调机制以及财政转移支付制度的情况下,仅依靠地方的力量以及浅层的协同合作很难改变京津冀公共服务资源阶梯形分布的现状,进而影响三地对资本要素及人才的吸引力,北京市的拉力也就意味着津冀的推力,而这又会不断加大三地之间的经济发展差距,对缩小三地公共服务的差距增加了难度。

三　推进京津冀公共服务共建共享的对策建议

推进京津冀公共服务的共建共享就是要实现区域内公共服务资源公正、合理的配置,使区域的居民均等享有相同数量与质量的公共服务。这需要消除体制机制障碍,不断深化三地之间共建共享统筹协调机制,建立健全责任共担利益共享的财税体制,优化优质公共服务资源的空间分布,为基本公共服务的均衡、公平分配提供制度保障和支持。

(一)深化公共服务共建共享统筹协调机制

目前京津冀已经在教育、医疗、社会保障等领域签署了协议,但是缺乏京津冀公共服务整体共建共享的规划设计。基本公共服务共建共享是京津冀协同发展的主体成分,也与区域的经济社会协同发展密不可分。因此,要将公共服务共建共享融入区域经济社会发展和产业发展、区域治理发展的大规划中,从整体发展的大局出发,统筹协调,突出战略的统一性和执行的协同性,促进区域、领域之间的融合发展,实现整体规划、分级实施、协同配合、综合配套。同时,三地还应依托京津冀协同办共同成立公共服务共建共享协调机构,形成轻型化、网络化、弹性化的跨区域多部门横向联合的治理体制与机制,形成面向京津冀公共服务协同发展,能承担多重任务的网络式组织单元,从而更好地实现跨区、跨部门的协调合作。

（二）建立健全责任共担利益共享的财税体制

京津冀公共服务资源密集，但受历史发展积累与现实实力差距的影响，基本公共服务的数量与质量差距明显，公共服务资源阶梯性分布，尤其是河北省与京津两地有明显的落差，河北省内部也存在着明显的不均衡。仅靠落后区域地方的经济实力无法追平这种差距。需要通过建立区域内责任分担、利益共享的财税体制支撑公共服务的一体化发展。建立京津冀财税政协调机制。根据不同区域的功能定位、人口分布和面积等客观因素，同时考虑经济发展水平和财政能力，构建区域基本公共服务的责任分担与统筹体系。完善财政转移支付制度，引导转移支付资金向关键人群和重要领域倾斜，以缩小三地财力差异导致的基本公共服务供给数量和质量差距，推动京津冀地区公共服务的协同发展。

（三）促进优质公共服务资源的均衡布局

京津冀公共服务之间的差距不仅表现在数量、质量上，还表现在优质公共服务资源空间分布不均衡，多集中在京津两地，而这也加大了河北省居民享受优质公共服务的成本，加剧了三地居民公共服务的不公平分配。因此，应当从优化三地公共服务空间布局着手，推进区域内公共服务效能的整体提升。在此过程中，应发挥北京市的辐射、引导和带动作用，通过疏散优质公共服务设施和资源，促进教育、医疗等公共服务领域的城市间合作。同时，要大力提高河北省的公共服务水平特别是要对公共服务水平较低的邢台、沧州、衡水、张家口、邯郸等南部城市，补足短板，提供更多公共服务资源支持其发展。[①]

---

① 杨卡、马可颉、卢睿智:《京津冀公共服务水平区域差异及其人口效应研究》,《河北工业大学学报(社会科学版)》2022年第4期。

天津市社区治理研究报告

寇大伟　天津社会科学院政府治理和公共政策评估研究所副研究员

摘　要： 党的二十大报告高度重视基层治理,社区治理是基层治理的重要组成部分。天津市在社区治理方面已经取得诸多成效,主要体现在社区党组织核心作用有力发挥、获得相关政策的大力支持、治理模式不断丰富、治理主体多样化机制不断成熟等几个方面。虽然已经取得不少成绩,但依然存在社区减负增效推进有难度、老旧小区物业管理问题较为严重、智慧社区建设数据共享与整合不足、社区治理精细化不够等诸多问题。在实地调研和借鉴先进省市经验做法的基础上,提出天津市社区治理的对策建议:优化权责体系,推进社区治理减负增效;发挥多元主体力量,提升老旧小区管理能力;借助技术优势,增强智慧社区建设力度;完善保障机制,强化社区精细化治理水平。

关键词： 社区治理　党建引领　减负增效　精细化

一　天津市社区治理现状

基层治理是国家治理的基石,社区治理是基层治理中的重要内容。天津市在社区治理中做了大量工作,推出了诸多行之有效的措施,助力社区治理水平不断提升。

(一)社区党组织核心作用有力发挥

在党建引领社区治理方面,天津市有很多创新举措,社区微党校、社区民主协商、"红色物业"等均是社区党组织核心作用有力发挥的具体体现。

1. 社区微党校助力社区治理

将党建引领与社区治理紧密结合体现在社区治理的方方面面。近年来,天津市在社区治理中积极融入红色文化和红色教育,不断对社区治理进行创新,党建引领在社区治理中的作用愈发突显。社区微党校作为党建引领社区治理多功能平台,是对"家门口党建、家门口服务,家门口文化、家门口协商"的纵深发展与深化。其中北辰区宝翠花都社区微党校的做法较为典型,社区已经建立18所楼栋微党校,平均每相邻3—4个楼门就有一所微党校。[①]

2. 党建引领社区民主协商

社区民主协商是在基层党组织领导下,社区各利益主体就涉及切身利益的事项提出协商需求,按相关程序进行协商、寻求共识的民主实践。天津市在党建引领民主协商过程中,不断提高社区多元主体参与协商的能力和水平。各协商主体围绕迫切需要解决的实际困难问题和矛盾纠纷等,通过规范的协商程序和灵活多样的协商形式,系统整合各种资源,及时回应和解决社区问题,提升社区治理效能。北辰区霞光里社区建立了党建引领"五社联动"协商议事机制,其宗旨是为社区居民服务,通过协商打通服务群众"最后一公里",实现从"最后一公里"到"最好一公里"。[②]

3. 打造"红色物业"党建阵地

物业是社区治理的主体之一,党建引领打造"红色物业"社区共治新平台,使物业服务与社区治理形成联动,更好实现业主与物业的沟通,解决物业管理面临的诸多问题,为社区居民实实在在干实事。南开区鼓楼街天霖园社区着力打造"红心碧海·红色物业"党建阵地,由社区业主党员和物业工作人员组成志愿服务先锋队,致力于文化养老,推动党建引领与物业服务的深度融合,

---

① "天津:党建引领基层治理 幸福感在家门口升级",央视网,2023 年 4 月 15 日,https://news.cctv.com/2023/04/15/ARTIN4UNiCql40BAlsL3TCjJ230415.shtml。

② "从'最后一公里'到'最好一公里' 社区民主议事协商机制提升服务群众效能",天津市北辰区人民政府网,2023 年 2 月 13 日,https://www.tjbc.gov.cn/zwgk/zfxxgk/xxgk_zjyq/zjyq_xxgk_gyxcj/xxgk_fdzdgk_gyxcj/xxgk_zdmsxx_gyxcj/xxgk_ggfw_gyxcj/202302/t20230213_6103010.html。

打造出"红色物业"服务品牌。① "红色物业"完善了社区物业党建联建和协调共治机制,在某种程度上实现了物业管理与基层治理的有机融合。

(二)获得相关政策的大力支持

天津市密集出台规范和支持社区治理的相关政策,并将社区治理的具体要求写入政府工作报告中。

1. 规范和支持社区治理的政策频繁出台

出台《天津市"十四五"城乡社区服务体系建设规划》②,对党建引领社区服务体系、服务主体和服务业态、服务手段等提出了相应要求。发布《天津市规范村(社区)组织工作事务、机制牌子和证明事项实施方案》③,指出 2023 年底前,基本实现村(社区)组织承担的工作事务权责明晰、加挂的牌子简约明了、出具的证明依规便民、在村(社区)层面设立的工作机制精简高效,以减轻村(社区)组织工作事务负担。发布《党建引领基层治理行动方案》④,明确提出实施完整社区样板创建工作,创新"五社联动"治理机制。出台《天津市城乡社区协商指导规范》⑤,对城乡社区协商的协商内容、协商主体、协商形式、协商程序等进行规范,鼓励多种协商形式,以及各级政府对社区协商工作的支持、指导和监督等。

2. 将社区治理纳入"十项行动"

天津市 2023 年政府工作报告提出"十项行动",第十项是"实施党建引领

---

① "天津南开区:党建引领 打造'红心碧海'共建共治新模式",澎湃网,2023 年 8 月 7 日,https://m. thepaper. cn/baijiahao_24139039。

② "天津市'十四五'城乡社区服务体系建设规划",天津市人民政府网,2022 年 6 月 9 日,https://www. tj. gov. cn/zwgk/szfwj/tjsrmzfbgt/202206/t20220609_5900199. html。

③ "天津市规范村(社区)组织工作事务、机制牌子和证明事项实施方案",天津市民政局网,2023 年 2 月 6 日,https://mz. tj. gov. cn/ZWGK5878/ZCFG9602/zcwj/202302/t20230206_6096536. html。

④ "天津发布《党建引领基层治理行动方案》",人民网,2023 年 4 月 27 日,http://tj. people. com. cn/n2/2023/0427/c375366-40394991. html。

⑤ "市民政局 市委组织部 市农业农村委关于印发《天津市城乡社区协商指导规范》的通知",天津市民政局网站,2023 年 7 月 12 日,https://mz. tj. gov. cn/ZWGK5878/ZCFG9602/zcwj/202307/t20230712_6351423. html。

基层治理行动",该行动是未来五年天津实施基层治理的重要抓手。在基层治理中,要做到重心下移、力量下沉和保障下倾,加快推进基层治理能力现代化。同时,对天津市在社区治理方面应努力的方向提出明确要求,对于深入发展和推进社区治理的"五社联动"机制、平安社区建设和智慧社区建设等具有重大指导意义。以"十项行动"为统领,天津市已在基层治理,尤其是社区治理方面做出积极努力并将持续下去。

(三)社区治理模式不断丰富

天津市在智慧社区治理、平安社区建设、完整社区创建等方面不断丰富社区治理模式。

1. 智慧社区建设便民利民

"津民家"是由天津市民政部门牵头,依托第三方建设的数字化社区生活服务平台,架起社区居委会、社区工作者与群众之间沟通的桥梁。2022 年 10 月,天津首个"津民家"智慧社区生活服务平台落户南开区。"津民家"智慧社区服务中心通过前期实地走访街道社区、发放调查问卷、研讨会等形式深入调研社区治理现状,找到社区治理的难点,提出"一个平台、两个目标、三个立足点"的整体建设思路,和"社区输入 + 网上推送 + 微呼百应"的平台运营模式。[①]"津治通"由天津市委网信办、天津市大数据管理中心建设,是全市一体化社会治理信息化平台。该平台整合党的建设、综合治理、数字城管等现有信息资源,为基层治理提供信息化支撑,构建了市、区、街道(乡镇)、社区(村)四级联通体系。[②]

2. 平安社区建设构建和谐社区

天津市在平安社区建设方面主要表现为"无讼"社区创建和建立社区司法

---

① "天津首个'津民家'智慧社区生活服务平台落户南开",体育中心街道微信公众号,2022 年 10 月 13 日,https://mp. weixin. qq. com/s? __biz = MzUzMzEwOTQzNA = = &mid = 2247491901&idx = 8&sn = 6c49e351564d4aff6db00c3bffcfc5a9&chksm = faabaee8cddc27fe489cd2ef4e51e6564b1302f4daffe6e630bc168cc4521b41759561b4b7e4&scene = 27。

② "天津:数字赋能基层'智'理'指尖'服务为民解忧",百度网,2023 年 4 月 17 日,https://baijiahao. baidu. com/s? id = 1763377428295616213&wfr = spider&for = pc。

联络机制。"无讼"社区倡导"和为贵"文化,引入志愿调解力量,志愿者需由社区、街道推荐,人品好且具有较强矛盾纠纷处理能力。和平区新兴街道组建银发志愿调解库,社区志愿调解员需经和平区法院法官培训指导,会同法院干警共同参与纠纷矛盾调解、普法宣传等工作。志愿调解员调解不了的纠纷,通过线上纠纷诉前收集和化解方式,提报至后台端,由法官助理跟进,从而形成社区司法联络机制。截至2023年7月,新兴街道11个社区均建立了司法联络机制,协助法官做好送达、联动调解、社区开庭等工作。从2023年开始,和平区法院特邀12家行业性、专业性调解组织,通过法律服务站等延伸站点共享给社区居民,引导居民通过非诉方式化解纠纷,有效缓解了司法资源有限的困难。

3. 完整社区创建开始起步

为完善社区服务功能、补齐社区服务设施短板,完整社区应运而生。完整社区是社区治理的基本单元,为居民日常生活提供基本服务和设施,在其中统筹配建中小学、养老院、社区医院、运动场馆、公园等设施。2023年7月,住房和城乡建设部等七部门公布完整社区建设试点名单,全国共106个社区入选,其中,中新天津生态城第四社区是天津市唯一入选社区,试点时间为期两年。完整社区致力于推进社区适老化、适儿化改造,为"一老一小"服务,完善社区各项设施,提高社区治理智能化水平,增强居民获得感、幸福感、安全感。

(四)社区治理主体多样化机制不断成熟

社区治理需要社区社会组织、社会工作者、社区志愿者等多元主体的积极参与,社区治理主体多样化机制不断成熟。

1. 社区社会组织培育不断规范

早在2021年天津市民政局就发布了《关于印发天津市培育发展社区社会组织十条措施的通知》,从十个方面支持社区社会组织。2023年2月16日,天津市民政局发布《天津市四类社会组织直接登记办法(试行)》(以下简称《办法》),其中明确界定了城乡社区服务类社会组织是指为促进社区和谐发展,基于社区及其辐射范围开展活动,提供满足城乡社区居民生活需求服务的社会团体、民办非企业单位。①《办法》规定了城乡社区服务类直接登记工作由区级登记部门负责。目前天津市备案登记的社区社会组织数量不断增多。

2. 社会工作开展稳步推进

社会工作者作为民政力量的重要补充，在社区治理和民主协商等方面发挥了重大作用，其从小切口接入项目工作，打通社区居委会与志愿者的通道。目前全市街道（乡镇）社工站共204个，分布在全市16个区。此外，每个区均设立了社工站区级指导中心。2022年，滨海新区通过社区公益金支持社工站项目600余万元，在全市首批实现社工站建设全覆盖；河东区新建10个社工站、34个社区社工室，累计服务困难群众近5000人；南开区大力发展社会工作服务，建立"一街一策略、一站一特色"工作机制，全区12个街道社会工作服务站建设实现全覆盖。②

3. 社区志愿者积极参与社区治理

社区志愿者是社区治理的重要力量，天津市社区志愿者积极参与社区治理，尤其是在疫情防控等方面做了很多辅助工作，贡献了非常多的力量。同时社区志愿者持续参与社区治理工作，针对社区网格员力量不足的情况，武清区孔官屯社区在楼门管理方面做出创新，2023年为每个楼门新添了一名志愿者，帮助社区居民解决日常遇到的大事小情。③ 北辰区在全区推广"五常五送"工作法，通过志愿服务力量满足居民需求。④

---

① "天津社会组织登记进入'3.0版本'"，天津市民政局网，2023年2月26日，https://mz. tj. gov. cn/XWZX289/MZXW1235/202302/t20230226_6121060. html。

② "优化民政服务 增进民生福祉 不断满足人民群众对美好生活的向往——2022年各区民政工作巡礼"，天津市民政局网，2023年2月14日，https://mz. tj. gov. cn/XWZX289/MZXW1235/202302/t20230214_6104725. html。

③ "武清区孔官屯社区：楼门志愿者 治理好帮手"，北方网，2023年9月10日，http://news. enorth. com. cn/system/2023/09/10/054364289. shtml。

④ "天津加大志愿服务力量 共建共治共享文明成果"，搜狐网，2022年10月7日，https://gongyi. sohu. com/a/590812377_620823。

二 天津市社区治理面临的难点

天津市在社区治理方面积极进行探索,取得了一定成效,但依然存在一些难点和不足,这将是天津市未来在社区治理中重点突破的领域。

(一)社区减负增效推进有难度

社区减负增效是我们的美好目标,但在推进过程中依然有难度。

1.部分治理主体权责边界不够清晰

《天津市村(社区)组织依法协助政府工作事务指导目录(2023年版)》列出了8类46条村(社区)依法协助政府的工作事务,工作事项对应了宣传、教育、网信、文化旅游等30余个责任单位。共计100条事务,每条事务都较为繁杂,且大多只是规定了一个大的方向,对于工作中涉及的具体范围和边界并没有明确规定,这为上级部门将各种临时性事务下派到社区留出了一定空间,造成政府行政事务或相关业务部门对社区自治空间的挤压。

2.社区居委会任务繁杂且责任重大

首先是工作事务繁杂。社区居委会承担的事项过多,社区工作涉及多方面任务,工作内容庞杂且琐碎。《天津市村(社区)组织依法履职工作事务指导目录(2023年版)》列出了3类54条村(社区)依法履职的工作事务,工作内容对应了组织、宣传、民政、生态环境、卫生健康、应急管理等20余个指导单位。既要完成对接和妥善完成上面各相关部门的事项,又要解决好社区范围内随时突发的各种矛盾和问题,社区居委会承担的事项过多。其次是工作时效要求高。部分社区工作比较紧急或是突发事件,对时效要求很高,且具体发生时间不确定,可能是工作时间,也可能是非工作时间,这样对社区工作人员在工作时效上提出了更高要求。最后是肩负责任重大。社区居委会的工作涉及居民的切身利益,需要有强大的责任心才能把此项工作完成好,这种责任意识也使社区工作人员负担过重。

3.社会工作者存在不同程度的职业困惑

社会工作者的专业知识涉及多个学科,工作内容主要是面向弱势群体,为其提供帮助和服务。首先需要社工具有丰富的专业知识和过硬的心理素质。但社区社会工作在我国刚刚起步不久,还不够成熟,相关制度还不完善,工作内容繁杂琐碎,任务量大。与此同时,存在的是社会认可度不高,多数社工选择这个职业也是想把此作为寻找理想工作的跳板。调研过程中发现,长时间从事社工工作自我价值感较低,也会产生不同程度的身心问题和较严重的职业倦怠。

(二)老旧小区物业管理问题较为严重

老旧小区的治理一直是社区治理的难点,随着经济社会的发展,老旧小区物业管理问题愈发严重。

1.老旧小区准物业模式无法提供全面服务

天津市老旧小区大多实行准物业模式,准物业的管理标准和收费标准较低。准物业的职责范围包括环境卫生保洁工作、社区保安工作、绿化养护管理工作、小区的停车管理工作、小区"除四害"工作、小型维修等。天津准物业模式收取的物业费为每月10元左右,收费标准确实很低。但是服务能力也较差,物业做的工作很有限,老旧小区遇到的诸多问题需要社区协调街道来解决。物业公司无法为小区提供全面的物业服务,其作用发挥远远不能满足社区居民的需求。

2.业主对于物业服务付费意识较差

准物业管理模式造成老旧小区的服务和管理效果较差,业主对于物业管理不满意,部分业主不愿主动交纳物业费,对于物业服务付费意识较差。这就导致老旧小区收取物业费较为困难,有些小区甚至超过一半住户常年不交纳物业费,形成恶性循环,即收到的物业费越少,服务越跟不上,最后只能靠市、区两级对物业公司的补贴勉强维持。针对这种情况,社区居委会表示无可奈何、较难破解。物业公司也表示很无奈,准物业费本来就非常低,又收不齐全,很难在服务上更好满足小区居民。

3. 老旧小区停车尤为困难

由于老旧小区年代较为久远,在规划建设阶段未对停车位进行规划,造成现在老旧小区的停车难题以及由此引发的邻里纠纷较为突出。一方面,准物业模式很难实施停车管理。虽然在社区居委会与准物业公司签订的合同中对于停车管理有明确规定,但"巧妇难为无米之炊",停车位非常有限的情况下,只依靠物业根本无法解决这一问题。另一方面,停车问题造成邻里纠纷。天津的老旧小区基本没有地下停车位,随着人们对用车需求的增加,小区车辆急剧增加,导致地上停车位处于极度饱和状态,随之而来的乱停车问题非常严重。尤其是用地锁、自行车等方式占车位现象普遍,同时也造成小区里新业主和老业主的矛盾等,导致邻里纠纷,影响小区居民凝聚力。

(三)智慧社区建设数据共享与整合不足

社区治理中,智慧社区治理平台不统一、信息碎片化、供需不匹配等问题仍存在。

1. 智慧社区治理平台不统一

智慧社区治理对应着上面的多个条条治理主体,每个治理主体均倾向于建立独立的治理平台,信息平台"百花齐放",结果就是目前天津市存在多个智慧社区治理平台,分别属于不同的系统和部门。例如,智慧平安社区建设平台是由市公安局牵头建设的,津治通由天津市委网信办、天津市大数据管理中心建设,同时各社区还在使用"社区通",社区要同步使用这么多平台,无疑为社区工作人员增加了负担。亟须将诸多社区平台进行合并与集中,提高社区工作人员的工作效率,减轻其负担。

2. 智慧社区治理信息碎片化

伴随着社区便民惠民智慧服务场景不断丰富,社区居民的生活不断便利化。但基层治理中数据平台的各自为政导致治理信息碎片化,数据壁垒严重。各治理平台尚未互联互通,数据管理不衔接,结果就是数据重复采集,增加时间成本,浪费人力物力,数据资源利用率低。同时,数据公开和共享机制不健全,深层次原因为各治理主体之间缺乏沟通,缺乏将智慧社区建设作为一个大的整体来对待的视野和格局,对智慧社区顶层设计的支持不足。

3. 智慧社区治理供需不匹配

智慧应用场景与社区治理需求匹配不精准,线上线下资源融合能力较弱,社区居民对智慧社区治理参与的积极性不高、动力不足。到目前为止,智慧社区建设作用的发挥还不够充分,还不能通过观察和分析智慧社区平台的数据特点,找出不同社区的需求侧重点。尚无法根据智慧社区治理平台展现出来的数据特点和社区画像,直观清晰得出结论,包括哪些社区老人较多、哪些孩子较多、哪些需要重点增加相关的基础设施和服务等。智慧社区治理供需不匹配问题亟须解决。

(四)社区治理精细化不够

社区精细化治理方面,还存在多元主体共治协同联动程度较低、运作流程不够畅通、治理机制仍不健全等难点。

1. 多元主体共治协同联动程度较低

调动各主体参与社区治理的积极性是完善党建引领基层治理的任务之一,社区治理需要各治理主体共同努力、形成合力。社区治理主体主要包括社区组织机构、社区社会组织、社会工作者、社区志愿者、物业公司、驻社区单位等。通过调研和分析发现,目前尚没有相关政策文件对各治理主体的功能边界和责任分工进行精准界定,也没有清晰和明确的关于社区治理的激励机制和协调联动机制,这很难使各治理主体做到各司其职、形成合力,社区治理共治共享效果不佳。

2. 精细化运作流程不够畅通

精细化运作流程不畅通,一是表现为社区网格化管理运作流程不明确。部分网格员与社区居民的联系不够紧密,如遇需要社区解决或者需要社区上报的问题,社区居民不清楚可以通过哪些渠道咨询和上报,尤其遇到需跨部门协调合作的情况,很难做到及时协调。二是表现为社区议事协商不能形成闭环。部分社区协商重过程而轻结果、重流程而轻实施,即使协商中产生分歧,也只草草了事,协商结果缺乏可行性和科学性。从这个角度来讲,需进一步优化和畅通精细化运作流程,真正形成协商闭环。

3. 精细化治理机制仍不健全

主要体现在两个方面,一方面是治理主体间沟通机制不健全。社区精细化治理涉及内容众多且复杂,信息不对称、反馈响应不及时等现象时常存在。同时,常态化沟通交流机制对于解决社区实际问题成效有限,很多沟通是临时性的,且不具有普遍性。另一方面是绩效考评机制有待完善。对社区工作的绩效考评更多体现在社区所做工作的形式方面,对于实质工作内容的考核很难把握,且经常忽视考核后的反馈环节,考核不够科学有效,这显然没有达到激励社区工作人员的效果。

三 提升天津市社区治理的对策建议

对照天津市在社区治理方面的难点,应采取有针对性的应对之策,主要在推进社区治理减负增效、提升老旧小区管理能力、增强智慧社区建设力度、强化社区精细化治理水平等方面着手和努力。

(一)优化权责体系,推进社区治理减负增效

要达到社区治理减负增效的目标,应清晰界定各治理主体权责边界、减轻社区居委会压力、激发社会工作者积极性。

1. 清晰界定各治理主体权责边界

社区是居民的自治组织,社区治理主体丰富多样,应将居民自治性事务和政府行政性事务分开分清,让社区居委会回归自治的本质。将社区和社会组织应该承担的事项主动交给他们承担,将政府部门应该承担的事项果断划归政府部门。需清晰界定各主体功能边界、明确责任分工,确保各主体角色定位精准、功能边界清晰,做到各司其职。不断拓宽各治理主体参与基层治理制度化渠道,充分发挥各主体功能和优势,凝聚为民服务合力,齐心协力完善社区治理。

2.规范社区居委会工作事项和方式方法

首先,规范社区事项清单。社区工作事项清单外的事项进入社区要有严格的限制,依法需社区协助的工作事项,应为其提供工作经费和必要条件。同时应精简压缩乡镇(街道)及其职能部门要求社区参加的各类会议和活动。其次,合理规划和统筹工作时间。工作中应根据工作任务的轻重缓急情况做排序,重要的和紧急的工作先做,统筹规划,提高工作效率。最后,适时心理调试。任何工作都会产生压力,在面对压力时,社区居委会工作人员应找到合适的解压方式,可以通过适当的休息和放松、运动等方式进行调节,将身心状态调整到最佳。

3.激发社会工作者的积极性

激发社会工作者的积极性,首先应提高社工的经济待遇。在严谨论证和研究的基础上,建立更加科学合理的薪酬体系,使社工在付出辛苦劳动的同时能够得到相应回报。其次要为社会工作者提供更大的职业发展空间。政府相关部门和社会应为社工提供更多的职业发展机遇,包括制定职业发展规划、拓宽晋升渠道、提供更多的培训和学习机会等。最后应加强对社工的人文关怀。社工的服务对象主要是弱势群体,在服务弱势群体的同时,社工也应得到关心和支持,以提高他们的工作积极性,如定期对社工进行心理指导和心理疏解等。

(二)发挥多元主体力量,提升老旧小区管理能力

在老旧小区治理中,应发挥物业公司、社区、社区志愿者等多元主体的力量,提升老旧小区管理能力。

1.完善老旧小区物业管理服务

其一,加强物业对老旧小区基础设施的维护。老旧小区基础设施陈旧、老化,应定期对消防设施、门禁、水电管线等进行检修和维护,以保证其安全和正常使用。其二,提升公共服务能力和水平。具体是要提高物业对小区环境卫生保洁、保安、绿化养护等方面的服务水平。其三,规范物业收费标准和收费方式。提高社区居民对物业服务的付费意识。针对部分业主不按时交纳物业

费的情况,应规范物业收费标准,必要时可以参考其他省市的经验做法,通过水电气费代收的形式代收物业费。

2.增加居民对社区治理参与的积极性

老旧小区的治理迫切需要居民的主动参与,可以通过各种宣传使社区居民认识到参与社区治理的必要性,提高社区居民的重视程度,鼓励社区居民积极参与社区治理和物业管理。可以组成类似"小巷管家"的志愿服务队,由党支部书记、物业负责人、网格员、楼栋长和社区志愿者组成志愿服务队,对社区范围内的小区楼院和大街小巷巡逻,打通社区治理"最后一百米"。居民对社区治理的参与不仅能促使物业更加尽职尽责,而且可以在社区治理中体验自我价值的实现。

3.优化资源利用解决停车难问题

解决老旧小区停车难问题可以借用周边闲置资源,此办法在解决老旧小区停车难问题的基础上,也可以达到优化资源利用的效果。一种情况是,社区内或附近有大型商场、大型停车场等场所,夜间停车位大多闲置,社区可以与其签定协议,以资源借用或有偿使用的模式,将闲置停车资源充分利用。另一种情况是,如小区周边有空地,可以打造错时共享停车场。这类停车场白天主要是周边的商户或临时办事人员使用,晚上主要是附近小区居民使用,停车场可以按月收取停车费。

(三)借助技术优势,增强智慧社区建设力度

应借助数字技术在智慧社区建设方面的优势,在智慧社区建设的顶层设计、信息共享、供需匹配等方面进一步努力。

1.强化智慧社区建设的顶层设计

加强顶层设计,重视智慧社区规划,制定可操作性强且符合本市社区建设需求的智慧社区建设方案。制定智慧社区建设标准,加快整合智慧社区治理平台,避免重复建设和资源浪费。在对智慧社区治理平台进行整合的基础上,拓展政务事项查询、办理、反馈等功能,将党建引领、社区服务、共建共治、物业服务、信息发布等核心场景纳入平台,同时将社区、物业、居民等诸多治理主体

纳入平台,通过平台办理的事项可追踪、可评价,形成社区事项办理的闭环。

2.畅通智慧社区治理信息共享

加大数据整合力度,针对不同应用场景逐步制定和拓宽数据开放清单,打通"单个部门"数据壁垒,加强部门间数据共享及政企数据双向流通。通过将周边商户信息纳入治理平台的方式,构建便民惠民智慧生活服务圈。加强智慧社区基础性数据库建设,整合数据资源,建立信息采集互认与交换机制,实现数据实时共享,让数据发挥最大作用。对平台数据实行标准化管理,并对数据进行实时更新,一方面将这些数据用于社区管理和服务,另一方面可以随时为上级政府部门提供所需数据,提高智慧治理效能。

3.发挥智慧社区的供需匹配作用

智慧社区治理应让社区治理更加科学化和便利化。科学化是在发挥智慧治理数据分析功能的基础上,合理匹配不同社区所需资源;便利化是使社区居民便捷获得相关信息和所需服务。在这个基础上,需要依托智慧平台数据分析,科学配置社区服务资源,优化社区综合服务设施功能布局。通过居民数量、年龄结构、健康情况等数据,分析出每个社区的特点,针对社区的不同特点,匹配不同的服务和资源。例如,对老年人比例高的社区应提供更多的养老服务,儿童较多的社区适当增设儿童看护和托管等服务。

(四)完善保障机制,强化社区精细化治理水平

推进社区治理精细化应从加强多元主体协同治理程度、提升精细化治理运作流程、健全精细化治理机制等方面进行改进。

1.加强多元主体协同治理程度

党中央、国务院高度重视基层治理建设,提出了以社区为平台、以社会组织为载体、以社会工作者为支撑、以社区志愿者为辅助、以社会慈善资源为补充的"五社联动"现代基层治理行动框架。要探索社区治理的多主体协同治理,形成多元参与、协调联动、共治共享的基层治理格局。多元主体是精细化治理的主体保障,多元力量的参与使精细化治理成为可能。在社区精细化治理过程中,应创新加强多元主体协同的方式方法,使多元主体协同在社区精细化治理中发挥积极作用。

2. 提升社区精细化治理运作流程

提升社区精细化治理运作流程,一要规范社区网格化管理运作流程。统一网格员工作标准,加强网格员与社区居民的密切联系,使社区居民在遇到问题或麻烦时能第一时间找到网格员上报,并及时给予协调和解决,提高工作效率。二要规范社区议事协商的运作流程。社区议事协商是社区民主治理的重要内容,要规范议事协商的运作流程,实现过程与结果并重。如议事协商过程中遇到有分歧的情况,要认真对待,并将其作为协商的一个环节重点关注。

3. 健全社区精细化治理机制

一方面,要健全各主体间的沟通机制。处理社区事务时要打破部门间的条块分割,建立治理主体间的常态化沟通交流机制,实现资源的整合与共享。同时对于社区居民的需求和建议应做出及时回应和反馈。应不定期召开各治理主体代表沟通协调座谈会,并将其作为各治理主体沟通协调的重要渠道。另一方面,要完善绩效考核机制。不断精细化绩效考核,将治理理念是否先进、治理主体是否多元、治理流程是否完整等纳入绩效考核目标,科学设置指标,并合理规范各指标权重。同时要将社区居民的满意度调查纳入社区绩效考核指标中。

天津市网络舆情分析研究报告

贾　杨　天津社会科学院舆情研究所助理研究员

于家琦　天津社会科学院舆情研究所研究员

摘　要： 2023年,天津市围绕全面贯彻落实党的二十大精神,聚焦高质量发展实施"十项行动",推动主题教育走深走实,深入开展基层反腐与扫黑除恶行动,重视食药安全治理体系建设,加强各项民生基本保障,获得网民积极评价,为建设社会主义现代化大都市营造了良好的网络舆论氛围。天津市采取有力措施不断壮大主流思想舆论,有效回应民众诉求,合理处置重大突发公共事件,网络舆情总体态势相对平稳。下一步应把网络意识形态工作放在重要位置,不断巩固和强化主流思想在网络舆论中的引领地位;坚持以人民为中心,走好网上群众路线;加强新时代网络文明建设,持续打造清朗网络空间,推动天津市网络舆情治理持续向好。

关键词： 网络舆情　思想舆论　舆情应对

一　2023年天津市网络舆情概述

2023年,天津市全面贯彻落实党的二十大精神,组织实施"十项行动",引发社会各界的广泛关注和高度评价,基层反腐败和扫黑除恶取得的成绩也增强了市民的安全感和获得感,各类民生保障举措稳步推进,让社会更加公平、和谐,网络宣传和网络综合治理取得积极成效,全市网络舆情呈现出积极向上的良好势头。《人民日报》、新华社、中国新闻网等中央媒体频繁报道天津市的高质量发展成效,在全国范围内形成明显的传播力。同时,天津市承办的各类高规格活动也取得了良好的网络传播效果,在有力提升天津市的文旅竞争力和消费潜力的同时,也为天津整体的城市形象加分。

(一)聚焦高质量发展全面实施"十项行动",市民群众反响热烈

2023 年初,天津市政府工作报告提出,未来五年,将集中力量实施"十项行动",吹响了坚定不移推动高质量发展的冲锋号,引发社会各界高度关注。"十项行动"决策部署后,津云、北方网、学习强国天津学习平台等媒体纷纷推出"十项行动"专题报道,广泛开展形式多样的网络宣传,向市民群众宣传"十项行动"的最新进展,描绘天津社会主义现代化大都市的美好蓝图,激励广大干部群众在新时代新征程上更加踔厉奋发。新华社、《人民日报》等媒体也积极报道了"十项行动",新华社客户端在《"十项行动"再塑天津新活力》一文中指出,"天津采取项目制、制度化、清单化方式,每一项行动都有市级领导牵头的工作专班,明确牵头部门和责任部门,形成一级抓一级、层层抓落实的责任体系,并发挥考核指挥棒的作用",充分肯定天津"十项行动"对高质量发展的推动作用。人民日报客户端转发《人民日报》文章《天津:实施"十项行动"推动经济加速回暖》,文中指出天津通过"十项行动"提振发展信心、推动经济发展,认为在"十项行动"提出后天津各部门迅速开展工作,抢抓发展机遇,天津经济发展动力强劲、活力十足。此外,天津市委宣传部、网信办和海河传媒中心共同主办第一届"你好·天津"网络短视频大赛,吸引广大市民通过短视频形式展示天津人民贯彻落实党的二十大精神,扎实推动高质量发展"十项行动"的火热场景,在抖音、快手、微信视频号等平台吸引了大批网民参与。

广大市民群众、专家学者对"十项行动"反响热烈,舆论普遍认为,"十项行动"着眼天津实际情况,涵盖了天津发展的方方面面,清晰勾勒出天津市未来五年发展的"施工图",对促进全市高质量发展具有重要推动作用。

（二）主题教育走深走实，全网学习践行习近平新时代中国特色社会主义思想氛围浓厚

2023 年 4 月，根据党中央的部署，全党自上而下分两批开展学习贯彻习近平新时代中国特色社会主义思想主题教育。天津市将开展主题教育作为 2023 年党的建设的重大任务，认真学习贯彻习近平总书记在主题教育工作会议上的重要讲话，从天津实际出发，把主题教育和做好各项工作紧密结合起来，在全面学习、具体运用上下功夫、求实效，在全市范围内推动主题教育走深走实。

同时，天津市各类媒体通过网络渠道积极宣传主题教育，推出了一系列理论宣传文章和融媒体作品，为主题教育营造良好的舆论氛围。津云、北方网、天津政务网、学习强国天津学习平台均推出了学习贯彻习近平新时代中国特色社会主义思想主题教育专题，其中津云的主题教育专题设立了中央部署、天津要闻、评论解读、理论文章等七个板块，全方位展示宣传习近平新时代中国特色社会主义思想的真理伟力，多角度讲述天津人民贯彻落实习近平总书记对于天津的一系列重要指示批示、紧跟核心团结奋斗的生动实践。人民网、中国经济网推出《天津：念好"四字诀"推动主题教育走深走实》《天津"三学联动"开展主题教育》《天津：建章立制巩固深化主题教育成果》等报道，阐释天津各级各部门党员干部认真贯彻中央决策部署，开展主题教育，同时以学促干，切实将主题教育成果转化为实际的工作成效。

（三）深入开展基层反腐与扫黑除恶行动，获得网民积极评价

2023 年以来，天津市推动基层反腐败取得了诸多成绩，相关情况引发舆论的广泛关注和好评。2023 年 8 月，中央纪委国家监委机关刊物《中国纪检监察杂志》发表专栏《天津：让监督有形有效覆盖基层》，同时转载至中央纪委国家监委网站、客户端和廉韵津沽网，专栏文章高度肯定天津在基层反腐方面的积极作为和突出成绩。此外，中央纪委国家监委网站和客户端还陆续推出了《完善基层监督体系、提升监督治理效能》《天津红桥：厚植廉洁文化涵养清风正气》《天津宁河：监督下沉看好管住小微权力》等报道，宣传天津在基层反腐方面的努力和成绩,表明了党在反腐败方面的坚强决心和意志,获得了网民的一致好评。

与此同时,天津市积极开展扫黑除恶斗争的系列行动也引发各界的高度肯定和赞扬。中共中央政法委官方新闻网站中国长安网发布《坚持务实重行 勇于创新担当 铸造善作善为敢打敢拼的天津综治督导铁军》一文,文章指出,2018 年以来,天津平安建设连续多年位居全国前列,扫黑除恶斗争战果超过前十年总和,海防建设稳固开展。中国新闻网发文《天津市公安局扫黑办开展〈反有组织犯罪法〉主题宣传周活动》,强调天津全市公安机关始终保持力度不减、强度不降,接续开展重点行业领域整治。常态化开展扫黑除恶斗争有力维护了全市社会稳定,为全面建设社会主义现代化大都市创造了安全稳定的政治社会环境,获得全市人民的高度赞誉。

(四)重视食品药品安全治理体系建设,着力提升民众安全感和满意度

天津市历来高度重视食品药品安全,2023 年以来,出台关于食品药品安全的一系列举措受到舆论的高度关注。《中国质量报》、中国食品安全网等相关领域国家级媒体多次报道天津市在食品药品安全领域的主动作为。中国食品安全网发文《天津市市场监管委:建立学校食品安全法规标准体系》,高度肯定天津在制定《天津市食品安全条例》过程中,专门设置"学校食品安全"章节,规定"学校主体责任、学校食堂管理、校外配餐管理、校外配餐企业管理"等条款。这在国内省级食品安全地方性法规中尚属首次。科普中国网也发文充分肯定天津市推动食品安全科普进校园,学生们增强了食品安全意识,进一步树立了健康饮食观念,提升了食品安全防范能力。

2023 年 7 月以来,天津市开展专项整治"百日行动",召开医药领域腐败问题集中整治工作会议,严查医疗领域滥用职权、以权谋私、失职渎职、利益输送等违纪违法问题,做到集中整治全覆盖、零容忍、有招法、见实效,保障了卫生健康事业高质量发展。此外,对于舆论高度关注的"网红"餐厅食品安全问题,"天津市市场监督管理委员会河西区局加强'网红'餐厅食品安全专项整治"的举措引发多家媒体积极关注和报道。此外,日本肆意排放核污水的情况

发生之后，天津市"突击检查进口日本食品安全，尚未发现相关地区食品流入天津市市场"。通过食品药品安全体系建设的持续发力，不断提升民众的安全感和满意度，获得网民点赞。

（五）加强基本民生保障，有效回应民心诉求

2023年，天津市深入贯彻落实党的二十大精神，持续加强基本民生保障，针对群众急难愁盼的各类问题开展主动服务，有效回应老百姓在就业、医疗、养老等方面的民心诉求，为实现人民对美好生活的向往不懈努力，全面提升了民众的获得感。

2023年7月11日，天津市民政局发布《关于全面推进新时代民政标准化工作的实施意见》，提出要重点推进基本民生保障领域、基层社会治理领域、基本社会服务领域标准化建设。同时，天津市各部门积极践行以人民为中心的发展思想，坚持惠民为本，全面保障和改善民生，认真落实优化就业、养老、医疗、政务服务等问题，群众获得感和幸福感持续提升，相关工作成效受到多家媒体关注。天津市人社系统千方百计稳岗位、保就业，尽力而为强保障、兜底线，量质并举聚英才、促发展，防治并重促和谐、防风险，创新竞进优服务、提效能。《工人日报》发布《天津实施重点群体创业推进行动》，赞扬天津积极帮扶就业困难人员的稳就业举措。《今晚报》发布《打造"津牌养老"坚持"儿童优先"》，在"一老"方面，天津市推出"津牌养老"，实施"津津有味"养老服务；在"一小"上，坚持"儿童优先"，通过"送关爱""送健康""送政策"，推动民生工作高质量发展。2023年10月，京津冀首个基本民生保障领域区域协同地方标准《救助保护和儿童福利机构未成年人心理评估规范》发布，进一步填补儿童心理标准化服务工作的空白，促进未成年人的健康成长和全面发展。此外，为了更好地满足市民合理的购房需求，着力解决新市民、青年人等住房困难群体的住房问题，2023年9月以来天津市接连发布了取消限购、降低首付比、"认房不认贷"等一系列楼市新政。与此同时，静海、宝坻等区纷纷发布"年底前购新房最高补贴5万元"配套支持政策，体现了更为精准的因区施策，满足了居民刚性和改善性住房需求。

（六）扎实办好各类活动，稳步提升城市形象

2023年以来，天津市圆满完成多项重大活动以及服务保障工作，并成功举办多场具有国内外影响力的盛会活动，积极展示天津良好城市形象，引发国际国内舆论关注。如夏季达沃斯论坛时隔四年在中国重启、时隔五年再回天津，吸引全球瞩目；举办首届网络空间安全高峰论坛、第七届世界智能大会、第二十五届中国国际矿业大会，以及第二届全国技能大赛、第六届中国天津国际直升机、第三届中国大学生太极推手锦标赛等高规格的活动，吸引了天津以及国内外众多媒体报道，极大提升了天津的城市形象和影响力。

此外，天津市还积极举办各类文体活动，这些活动也在网民中引发热议，网络热度对展示天津城市文化、促进天津文旅消费起到了不可忽视的作用。其中，2023年9月7日至10日，"周杰伦嘉年华世界巡回演唱会天津站"总计观众人数高达18.5万人次，其中外地观众占比达到62%，演唱会结束后，仅在小红书平台上，以"周杰伦天津"为标签的笔记就超过4万篇，浏览次数达到4103万次。2023年10月15日，天津马拉松成功举办，来自国内外的3万名选手参赛，吸引了众多网民的关注，比赛当天"天津马拉松"的微博阅读量超过2700万，"天马"成为展示天津城市魅力和文化的绝佳舞台。此外，"天津大爷跳水"火爆出圈，展现了天津人民自信包容、幽默风趣的地域性格。

二 2023年天津市网络舆情特点分析

2023年，网民在网络空间密集表达，涉及天津市相关的网络舆情呈现出网民参与度高的特点。依托"舆情之家"监测平台，利用相关舆情监测指标体系，舆情研究所从2023年1—9月的4万余例事件中筛选出90个典型案例，对这些案例编码后进行数据分析，并与往年数据进行比较分析。总体而言，2023年网络舆情态势相对平稳，市级和市辖区为主要舆情发生区域，舆情事件主要通过自媒体，尤其是短视频等载体传播，融合传播特征明显。

（一）全网时间分析：第二季度舆情事件相对密集，4月和7月为舆情高发期

2023年，天津市舆情态势总体而言相对平稳，但随着时间推移有所波动。其中4月和7月为舆情高发期，1月为全年最低时期。

分季度来看，第一季度发生的舆情事件最少，总共19个舆情事件。第二季度舆情事件相对密集，总共发生了37起舆情事件。第三季度与第二季度相差不大，发生了34起舆情事件。

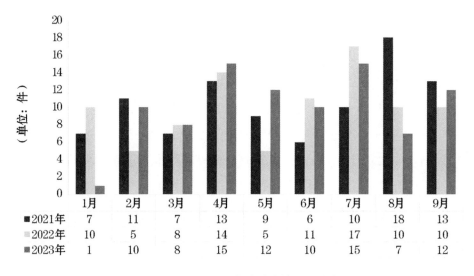

	1月	2月	3月	4月	5月	6月	7月	8月	9月
■2021年	7	11	7	13	9	6	10	18	13
2022年	10	5	8	14	5	11	17	10	10
■2023年	1	10	8	15	12	10	15	7	12

图1　2021—2023年涉津舆情月份分布

（二）行政级别分布：天津市网络舆情事件主要聚集在本市和市辖区范围

2023年1—9月，天津市网络舆情事件主要集中在本市和市辖区范围。其中，涉及天津市的舆情事件占46.7%，涉及区县范围的舆情事件占41.1%，同2022年相比稳中有升。与往年相比，2023年天津市涉及其他省的舆情事件大幅降低，从2022年的15.6%降为2.2%，且2023年未发生涉及全国范围的重大舆情事件。

表1　2019—2023年天津市网络舆情事件发生地行政级别分布　　单位:%

事件发生地的行政级别	年度				
	2019年	2020年	2021年	2022年	2023年
省　级(其他省)	0.8	13.3	14.2	15.6	2.2
市　　　级	47.5	22.5	32.5	40.0	46.7
区县级	39.2	48.3	37.5	33.3	41.1
乡镇、街道	8.3	11.7	10.0	10.0	7.8
村　　　级	—	2.5	1.7	1.1	2.2
全　　　国	2.5	—	1.6	—	—
国　　　际	1.7	1.7	2.5	—	—
合　　　计	100	100	100	100	100

备注:"—"表示0,指没有发生舆情事件。"省级"表示发生的舆情和其他省份有关,"市级"表示发生的舆情在天津本市范围内,"全国"表示发生的舆情涉及全国其他地方,"国际"表示发生的舆情涉及境外。

(三)事件载体分析:新媒体仍是舆情发生和发酵的主要载体,短视频在首曝平台中占比最多

2023年涉及天津的网络舆情事件中,新媒体仍是舆情发酵的主要载体,通过短视频、"两微一端"等新媒体首曝的舆情事件占比高达98.9%。通过传统媒体首曝的舆情事件仅占比1.1%。

由于新媒体能够在短时间内助推舆情快速升温,引爆舆论热点,所以,近几年新媒体已经成为舆情产生和发酵的主阵地。2021年新媒体曝光事件的占比已经达到95.0%,2022年为96.7%,2023年再攀新高,达到98.9%。

表2 2019—2023年事件的首曝媒体主要类型分布 单位：%

首曝媒介 具体类型	年 度					
	2019年	2020年	2021年	2022年	2023年	平均
传统媒体	10.8	8.3	5.0	3.3	1.1	9.3
新媒体	89.2	91.7	95.0	96.7	98.9	90.7
合 计	100	100	100	100	100	100

备注：首曝媒介表示第一时间发布。主要分为传统媒体和新媒体两类，新媒体主要包括微博、微信、客户端、短视频、网媒、论坛社区、官方网站等，传统媒体主要包括报纸、广播、电视、通讯社等。

而在各类新媒体中，随着互联网技术的发展和用户习惯的改变，短视频对舆情热度贡献越来越突出。2023年在天津舆情事件首曝媒体中，短视频占比40%，首次超越政务网站跃居第一；政务网站居于第二，占比37.8%；排名第三的是微信平台，占比7.8%。在政务网站中，主要是中央纪委国家监委网站、"廉韵津沽"网站和北方网《政民零距离》等占比较高。

表3 2019—2023年天津市舆情事件的首曝媒体具体类型分布 单位：%

首曝媒介 具体类型	年 度				
	2019年	2020年	2021年	2022年	2023年
短视频	6.7	6.7	7.5	26.7	40.0
政务网站	32.5	41.7	55.8	35.6	37.8
微信	5.0	16.7	13.3	21.1	7.8
网络新闻	20.8	5.0	0.8	5.6	5.6
微博	20.8	15.0	14.2	3.3	5.6
客户端	1.7	3.3	1.7	4.4	2.2
报纸	9.2	6.7	0.8	2.2	1.0
广播	—	0.8	0.8	1.1	—
通讯社	1.7	2.5	1.7	—	—
论坛社区	1.7	1.7	1.7		

首曝媒介	年　度				
具体类型	2019 年	2020 年	2021 年	2022 年	2023 年
官方网站	—	—	1.7	—	—
电视	—	—	—	—	—
合计	100	100	100	100	100

备注:"—"表示 0,指没有媒体首发曝光负面舆情事件。

三　天津市网络舆情应对工作亮点

2023 年,天津市坚持壮大主流思想舆论,积极回应社情民意,全市围绕全面建设高质量发展、高水平开放、高效能治理、高品质生活的社会主义现代化大都市的目标导向,坚持全市"一盘棋",加强正面宣传和舆论引导,为天津市建设和发展营造了有利的网络舆论环境。纵观 2023 年 1—9 月的天津市网络舆情应对工作,主要有以下亮点。

(一)深入学习宣传贯彻落实二十大精神,主流思想舆论牢牢占据全网舆论引领地位

党的二十大胜利闭幕后,天津市立即全面落实党的二十大确定的各项任务,在全市迅速兴起学习宣传贯彻落实党的二十大精神的热潮。天津市把党的二十大精神贯彻到网络宣传工作的各个方面,自觉用党的二十大精神指导舆情治理实践,持续巩固和发展主流意识形态,推动社会主义核心价值观入脑入心,主流思想舆论牢牢占据全网舆论引领地位。

持续推进"十项行动",实现党的二十大精神在社会各领域的全覆盖。"十项行动",是全面对标对表党中央最新战略部署、贯彻落实党的二十大战略部署的天津实践,是推动天津市各项优势转化为高质量发展胜势的行动纲领,是激发引领全市干部群众踔厉奋发启新程、勇毅前行担使命的冲锋号。2023年以来,天津市各单位各部门把推进"十项行动"作为学习宣传贯彻落实党的二十大精神的重要抓手,依托网络,通过媒体、电视、政务新媒体、自媒体等多

个渠道和平台,广泛深入开展宣介活动,在全网形成了强大的舆论声势,把党的二十大精神传播到每一个网民心中。

(二)高度重视各项民生诉求,增进群众获得感、安全感和幸福感

天津市委、市政府高度重视对社情民意的了解,利用网络优势,及时倾听群众心声、排除百姓困难,解决群众身边的难题,切实给广大网民带来了获得感、安全感和幸福感,激发了网民对美好生活的热爱。

一是高度重视社情民意,零距离倾听群众心声。通过"12345"便民热线、市长信箱、《政民零距离》等渠道,实现了政务部门与公众的直接交流。其中,由天津政务网和北方网联合创办的《政民零距离》开通已经13年,是我国直辖市中第一个推出的网络问政平台,是天津市政民沟通的主渠道,深受广大市民信赖。2023年1—9月,《政民零距离》共收到网民留言47345件,平均每月5260件。留言量最高为3月,共收到6664件留言,回复率达到99.6%,网民对回复的满意率达到90.9%。二是坚持不懈实施民心工程,不断提高民生福祉。天津市连续17年实施20项民心工程。2023年20项民心工程涉及就业、教育、医疗、养老、住房、交通出行、城市建设重要民生领域。根据《天津日报》报道,截至2023年9月底,20项民心工程的48项具体工作已经完成22项。2023年10月,下一年民心工程的意见征集工作已经开始,市民可通过"12345"便民热线、津云、北方网、天津政务网等渠道为2024年民心工程提出建议。民心工程坚持以人民为中心的发展思想,着力解决人民群众生活中的急难愁盼问题,注重与老百姓的互动交流,有效增进了民生福祉,获得天津市民的高度赞誉。

(三)有效处置重大突发事件,及时处置各类网民关注度高的敏感舆情

2023年,天津市在京津冀暴雨等重大突发事件舆情处置方面积极迅速,措施有力。7月底发生的京津冀连续暴雨,受台风杜苏芮影响,北京房山、门头沟,河北涿州等地,先后出现暴雨洪涝灾害,天津也面临着巨大的压力。面对这些突发事件,天津市有关部门主动采取有力措施,及时有效应对,取得了良好的效果。在暴雨应对处置方面,天津市防办、市应急局等联合气象、宣传、网

信等多个部门,及时研判汛情,第一时间发布汛情信息,为各级抗洪抢险部门、相关企业、群众提供有效信息支持。2023 年 7 月 29 日 7 时至 30 日 5 时,全市各区各部门派出工作组 7665 个、23690 人,加大重点点位巡查布控,积极应对强降雨。对潜在风险隐患发生点采取封闭、关停等措施,及时疏导或转移游客、群众。此后几天,持续关注涉暴雨舆情,高效调配救援人力、物力资源,在此次备受舆论关注的京津冀暴雨事件中,天津涉洪舆情呈现出总体稳定的态势,网民普遍认为天津面对暴雨处置及时有力,践行了"人民至上、生命至上"的价值追求,有效保护了人民生命财产安全。

四 天津市网络舆情应对建议

2023 年天津市舆情应对工作有成绩、有亮点,为全市经济社会发展大局营造了良好的网络氛围。基于天津市 2023 年网络舆情状况,结合全网舆论生态形势,对下一阶段天津市网络舆情应对提出以下建议。

(一)把网络意识形态工作放在重要位置,不断巩固和强化网络空间主流思想舆论的引领地位

确保网络意识形态安全,既是网络治理的基础,也是网络治理的目标。要把网络意识形态工作放在重要位置,将宣传贯彻党的二十大精神作为当前和今后的重要政治任务,始终保持主流思想舆论在网络舆论场的引领地位。这是推进网络治理的宝贵经验,应长期坚持。

一是深入学习贯彻习近平总书记和党中央关于网络治理和建设网络强国的一系列重要论述,与具体的管网治网实践相结合,勇于探索,创新思维,积极促成网络舆情治理新格局。二是认真制定贴近天津实际的管网治网办法和实施细则,针对天津市"两会"、全国"两会"、党和国家重大活动、重要节假日以及重大主题宣传等节点,各部门各单位既相互配合又独立负责,保质保量完成既定的工作任务。三是制定好突发事件应急预案,并根据网络舆论发生发展的实际情况,及时调整、丰富和完善预案,做好相关人员的专业培训,提高应对突发事件的能力和水平。四是网上网下协同、多部门协同，全方位回应民众诉求，为主流思想舆论奠定民意基础，不断提高主流思想舆论的吸引力、感召力和引领力。

（二）坚持以人民为中心，走好网上群众路线

有效应对网络舆情，要坚持以人民为中心，走好网上群众路线，让互联网成为党政部门与群众交流的新途径，成为解决群众急难愁盼问题的新平台，成为新时代走好群众路线的新渠道。通过走好网上群众路线，第一时间了解群众需求，及时为群众排忧解难，进一步增强政府公信力，负面网络舆情传播的可能性自然会不断降低。

一是主动学网懂网，善于运用网络加强政民沟通，组建一支政治过硬、业务精通、知网懂网、善于沟通的干部队伍。二是大力发展数字政府，借助数字网络技术提高为人民服务水平，加快推进数字天津建设，推动构建一体化网上政务服务平台，实现政府数字化转型。三是运用大数据技术精准施策，充分依托互联网，通过大数据、云计算等信息技术，更加精准定位群众需求，推广精准医疗、精准养老等个性化高水平服务，进一步提升政府的回应性。

（三）加强新时代网络文明建设，持续打造清朗网络空间

进一步做好新时代网络舆情工作，要坚持习近平总书记对网络空间治理的重要指示："坚持正能量是总要求、管得住是硬道理、用得好是真本事。"本着对人民负责、对全社会负责的态度，加强网络文明建设，培育积极、健康、向上的网络文化，让清朗的网络空间成为广大网民共同的精神家园。

一是强化网络空间治理，持续开展净网行动、护苗行动、清朗行动等互联网专项整治行动，强力整顿各类不良网络信息，持续净化网络空间环境。二是加强对网民的正面引导，通过各类途径、多种渠道向广大网民发出依法上网、文明上网的号召，引导网民主动了解相关法律法规，自觉维护网络秩序，成为网络文明的践行者和传播者。三是大力发展数字文化产业，适应网络时代人民群众日益增长的精神文化需求，主动跟上数字化、网络化的时代变迁，为人民群众提供高质量网络文化产品。

天津市全媒体传播体系建设研究报告

董向慧　天津社会科学院舆情研究所副研究员

摘　要： 天津市全媒体传播体系建设走上快车道，新媒体产品创新与媒体机构改革相得益彰，报纸、电视、电台、网站、手机应用等媒介融合发展，主流舆论不断巩固壮大，传播效能得到有效提升。同时，在内容生产机制、互联网头部产品打造、新媒体产品创新、政务短视频均衡发展、区级融媒体中心治理能力提升等方面还需完善。未来推动全媒体传播体系建设建议从以下方面着力。一是一体多维、双向进入的内容生产机制，二是互联网重度垂直和头部产品打造，三是智能传播时代的新媒体产品打造，四是政务短视频赋能文旅融合、城市形象传播，五是发挥区级融媒体中心传播治理功能。

关键词： 全媒体传播体系　媒体融合　主流舆论

2019年1月25日，习近平总书记主持十九届中央政治局第十二次集体学习，提出"四全"媒体的概念："全媒体不断发展，出现了全程媒体、全息媒体、全员媒体、全效媒体，信息无处不在、无所不及、无人不用，导致舆论生态、媒体格局、传播方式发生深刻变化，新闻舆论工作面临新的挑战。"2020年9月，中共中央办公厅、国务院办公厅印发《关于加快推进媒体深度融合发展的意见》，提出尽快建成一批具有强大影响力和竞争力的新型主流媒体，逐步构建网上网下一体、内宣外宣联动的主流舆论格局，建立以内容建设为根本、先进技术为支撑、创新管理为保障的全媒体传播体系。党的二十大报告指出，加强全媒体传播体系建设,塑造主流舆论新格局。近年来,天津市全媒体传播体系建设走上快车道,新媒体产品创新与媒体机构改革相得益彰,报纸、电视、电台、网站、手机应用等传播媒介融合发展,主流舆论不断巩固壮大,传播效能得到有效提升。

一　天津市全媒体传播体系建设成效

(一)主流媒体全媒体传播体系建设

1.媒体融合推进主流舆论做大做强

自 2017 年以来,天津市媒体融合发展、全媒体传播体系建设走上"快车道"。其标志性事件有两件。一是以"津云"为代表的新媒体产品融合创新,二是以海河传媒中心成立为标志的媒体机构改革。"津云"作为顺应智能传播时代的媒体融合产品,顺应"一次采集、多种生成、多元传播、智能反馈"的融媒体发展趋势。2023 年 7 月,由津云研发的"津云一站式智能媒体融合解决方案",采用人工智能、大数据、云计算技术,构建数据智能产品体系,为内容工作者提供"策、采、编、审、发、评、馈"全流程产品,入选中国记协"融媒有技"首批优秀案例。[①] 海河传媒中心则将报纸、电视、电台、网站、手机应用等传播媒介融为一体,实现了媒体机构的集约化发展。同时,海河传媒中心与津云新媒体建立新闻采编报道协作机制,这对于重大时政新闻报道、重大新闻采编活动策划有着独特优势。

在党的二十大重大主题报道中,海河传媒中心发挥全媒体传播体系优势,多次研究二十大报道方案,策划重点选题,做到一体化调度、多形式展现、多渠道传播、及时准确规范报道。按照以小切口呈现大主题、以小故事反映大变化的报道思路,采写原创稿件和新媒体产品超过 6000 余篇/件,总阅读量超过

---

① "津云一站式智能媒体融合解决方案入选中国记协 2023'融媒有技'首批优秀案",北方网,http://news.enorth.com.cn/system/2023/07/12/054109940.shtml,访问时间:2023 年 10 月 8 日。

1.14亿次,总展现量超过5.05亿次。海河传媒中心各媒体开设迎接党的二十大专栏《喜迎二十大·领航中国》《喜迎二十大·民生新账本》《非凡十年 蹲点调研行》,取得较好传播效果。

重大新闻活动报道过程中,媒体融合推进主流舆论做大做强的机制、流程、队伍建设不断完善。2022年,天津市承办了第六届世界智能大会、2022年中国网络文明大会、第十三届中国艺术节、世界职业技术教育发展大会等重点活动。2023年,天津市承办了第七届世界智能大会、第二届全国职业技能大赛、第十四届夏季达沃斯论坛、天津马拉松赛等重大活动。海河传媒中心发挥媒体融合优势,动态报道与深度报道相结合,新闻节目与专题栏目发挥各自优势,传统广播与新媒体同步。2023年,在天津马拉松赛活动报道过程中,海河传媒中心向全世界转播和直播大赛。在这一过程中,投入了12台大型转播设备,包括4台高清转播车、8台移动转播车,以及无人机直播设备,一共有80多个机位。同时抽调主播、记者、摄像、技术保障等近300人参与。直播覆盖42公里马拉松全程,为克服桥梁、涵洞、高楼信号回转难题,直播团队运用卫星传送、光缆、无线微波、5G等多种传输方式,搭建矩阵传播平台,送上了一场精彩的视觉盛宴。① 从物理相加到化学相融,天津市媒体融合壮大主流舆论的效能在重大主题报道中得到充分彰显。

2. 主力军进主战场与媒体融合创新

《关于加快推进媒体深度融合发展的意见》指出,"要推动主力军全面挺进主战场,以互联网思维优化资源配置,把更多优质内容、先进技术、专业人才、项目资金向互联网主阵地汇集、向移动端倾斜,让分散在网下的力量尽快进军网上、深入网上,做大做强网络平台,占领新兴传播阵地。"海河传媒中心与津云新媒体围绕重大主题、重大活动、文旅融合等,创作了一批优秀产品,在移动互联网、互联网领域广泛传播。

在党的二十大报道中,津云新媒体创作音乐故事MV《我们的十年》,采用

---

① "海河传媒中心派出精锐力量 转播马拉松精彩赛况",北方网,http://news.enorth.com.cn/index.shtml? 3 = kbpmon,访问时间:2023年10月31日。

叙事说唱方式，融入戏曲国潮元素，用年轻态度、创新方式展现十年辉煌成就。短视频作品《桥见芳容》利用借喻手法，多角度展现党的十八大以来天津取得的丰硕成果，形成积极的舆论引导，近十家央媒以及四十余家省级媒体转发，访问量超过 620 万，抖音播放量超过 376 万，获得"你好，天津"短视频大赛特等奖。同时，津云重点以新媒体创意产品做好党的二十大报告解读，推出系列金句海报《提气！报告里的这些话直抵人心》、读懂类海报《一起来！"数"读二十大报告》、SVG 互动类作品《二十大这些"热词"你记住了没?》、海报组图《未来怎么干? 看懂二十大报告中的这些关键词》。

2023 年第十四届世界达沃斯夏季论坛报道过程中，由津云新媒体集团承办的 2023 天津夏季达沃斯论坛主办城市网站开通上线。主办城市网站分为中英文两个版本，开设有"论坛要闻""最新报道""媒体关注""天津'十项行动'""感知天津""达沃斯资料库"等栏目。①

文旅融合创新大潮中，天津市媒体围绕"让文物活起来"策划主题宣传方案，津云新媒体以明代经典画作《桃园仙境图》为蓝本，耗时 3 个月，运用虚幻引擎等技术策划推出 XR 创意短视频《桃源仙境》，用短视频解读中国古画的文化内涵与底蕴。同时，津云新媒体携手天津博物馆推出重磅新媒体产品"VR 天博"，通过线上方式，360 度展现天津博物馆馆藏文物，"VR 天博"共有 5 个主题场馆、468 个 VR 场景，两个基础场馆中 2342 个展图及 1123 个文物，市民均可点开浏览。② 2023 第十一届天津融媒体粉丝节开幕式上，由天津市文化和旅游局指导、天津网络广播电视台特别策划的百集原创栏目《红色馆藏故事》，为用户讲述文物背后海河英雄儿女的革命故事，打造 IPTV 版"红色博物馆"，普及党史和党建知识。目前该栏目各平台累计点播次数超过 280 万。③

① "网聚精彩，有'融'乃强！天津夏季达沃斯论坛主办城市网站见证融合的力量"，新浪天津：http://tj.sina.com.cn/news/zhzx/2023-06-20/detail-imyxxsim8386749.shtml，访问时间：2023 年 10 月 31 日。

② 武少民：《天津博物馆——让文物"活"在群众身边》，《人民日报·海外版》，2023 年 05 月 24 日第 7 版。

③ "天津融媒体粉丝盛大开幕 推介活动精彩纷呈"，北方网：http://news.enorth.com.cn/system/2023/09/09/054359375.shtml，访问时间：2023 年 10 月 31 日。

3. 传播形态升级与音视频产品生产

随着抖音、快手等短视频应用的发展,传播形态由 Web2.0 时代的图文形态进入 Web3.0 时代的音视频时代。音视频有着内容丰富、传播立体、沉浸带入等传播优势。为顺应传播形态的升级和短视频时代 UGC(用户生成内容)的趋势,天津市于 2021 年 11 月至 2022 年 12 月开展第一届"你好,天津"网络短视频大赛。[①] 大赛重点讲述天津人、天津事、天津情、天津景,讲述百姓生活中的精彩故事,挖掘天津先进典型人物,推介天津特色文旅资源。截至 2022 年 11 月 23 日,"你好,天津"网络短视频大赛共收到投稿作品 38.6 万件,全网累计播放量超过 67.5 亿次。大赛启动以来,在全市各系统单位、高校、企业开展专场培训活动近 40 场,直接受训人超过 2200 人;结合突发事件、重大主题、重要节点策划推动话题 20 个。充分发挥海河传媒中心媒体融合优势,通过"声屏报网端"全媒体推广。同时,短视频大赛评选出了《桥见芳容》《白衬衣掰掰出警中》《瞰见天津》等一批传播天津城市形象的优秀作品。

当下,北方网推出"津城图事"专栏,以视频、高清图片辅助文字形式,展现天津城市风貌、经济发展、百姓故事。《勇夺三金! 解码机电学院在全国技能大赛取得佳绩的成功奥秘》《基建狂魔把信号基站建到大海 渤海湾 6000 多平方公里有 5G 了!》《"80 后"卖 1 米长的糖果子火出圈,天天排长队,有人凌晨 5 点来打卡》等作品从不同维度讲好天津故事。北方网"C 位研究站"专栏开设"洋主播话天津"节目,邀请外国友人讲述天津故事,制作《成立五年来,茉莉亚学院为天津带来了什么?》《50 年过去了,天津和神户的"老友记"讲了什么》《What? 村里来了"乡村 ceo"?!》等一批生动鲜活的音视频作品。

此外,由教育频道家森工作室制作,展现新时代天津魅力与活力的中英双语宣传片《品味天津》,以天津昼夜时光的流动为主线,以"看见""听见""踏寻""筑梦"四个段落为框架,呈现天津的壮丽山河、历史人文、城市气质和时代风采。

[①] "你好,天津"网络短视频大赛由天津市委宣传部、天津市委网信办、海河传媒中心主办,津云新媒体承办。

(二)政务新媒体与区县融媒体中心建设

1.政务新媒体与政府治理能力提升

在互联网深度融入现实生活的背景下,政务微博、政务微信、政务短视频等政务新媒体在发布政务信息、开展政务服务、回应网民关切、引导网络舆论等方面发挥着重要作用。天津市委网信办 2022 年每月开展政务新媒体传播影响力排行榜发布,推动各区、各部门政务新媒体围绕中心工作、推介成绩亮点。同时,2022 年天津市委网信办综合评比出 2022 年度传播力影响力排名前五的区政务新媒体和排名前十的委办局及人民团体。其中,最具传播影响力委办局政务新媒体前十名分别为健康天津、平安天津、天津气象、天津妇联、津门教育、天津政法、津彩青春、天津人社、天津市应急管理局、天津交通运输。[①]值得关注的是,天津市政务短视频将政务微博、微信、短视频有机融合,打造政务服务矩阵,涌现出了一批富有感染力、服务力、亲和力的政务新媒体。譬如,组建“天津政法”新媒体工作室,推出“民警杰克”“老警穆 baibai”“电动车法官”等生动的政法干警新媒体人物形象,推送的《法官巧断案》系列短视频,播放量达 2.1 亿次。“天津气象”政务新媒体提升气象服务的前瞻性、趣味性和实用性,将天气预报中温度、湿度、风向等专业术语“转换”成衣服搭配、雨具携带等服务提示,使气象服务“发得出、收得到、看得懂、用得上”。[②]

2.融媒体中心将传播力、服务力结合

2019 年 3 月,天津市 16 个区级融媒体中心全部挂牌。在近几年的探索中,各区融媒体中心发挥传播治理与服务功能,与本土资源、本土文化紧密结合,打造集新闻、资讯、问政、服务于一体的综合性、区域性服务平台。和平区融媒体中心聚焦文旅融合,推出首届 2022 年五大道咖啡文化节,发布五大道咖啡地图,助力和平区建设国际消费中心城市标志区。西青区融媒体中心在

---

① 信息来源:天津市委网信办官方账号“网信天津”2023 年 1 月 4 日发布信息。
② 津网推介,2022 年天津最具传播影响力政务新媒体之“天津气象”微信公众号 & 微博账号,腾讯网,https://new.qq.com/rain/a/20230104A07R3D00,访问时间:2023 年 10 月 31 日。

疫情防控、防汛抗洪中发挥重要功能。2023 年 7 月,天津强降雨后,西青区启动防洪一级响应,一线记者深入一线采访报道,推出《站好最后一班岗 老民警的"硬核"坚守》《堤坝之上 他们也是护佑百姓的"堤坝"》《褪戎装仍不减担当 树旗帜守一方百姓——记抗洪堤坝上的转业军人赵春雷》等系列报道,凝聚全区防洪的必胜信心和决心。武清区融媒体于 2022 年 4 月建立全市首个"学习强国"乡村大喇叭。乡村大喇叭播出时间为每日中午,设置"每日金句""新思想""实践故事""强国之声"等若干子栏目,宣讲党的创新理论和服务群众信息。① 滨海新区融媒体中心将新闻服务、政务服务与便民服务有机结合,开设《我为群众办实事》专栏,解决急难愁盼问题宣传报道 3600 余篇。同时,瞄准驻滨海新区企业,开设电商平台,推介新区特色品牌产品,形成"新闻 + 政务服务商务"的生动局面。②

二 存在问题

(一)主流媒体全媒体传播体系存在问题

1. 内容生产的媒体融合机制待完善

"全程、全息、全员、全效"的全媒体传播体系需要与之相匹配的"一体多维"媒体融合机制。"一体"指的是新型主流媒体、新媒体融合为一体,"多维"指的是报纸、电台、电视台采编人员都应具备传统媒体、互联网、移动互联网内容的生产和运营能力。③ 天津市媒体机构、媒体产品的融合在"一体"和"多维"两个方面仍有较大发展空间。在"一体"方面,新型主流媒体和新媒体产品存在着同质化竞争的问题,新闻采编资源还需要在互通、互补以及

---

① "武清区"学习强国"乡村大喇叭上线",澎湃网,https://m. thepaper. cn/baijiahao_17864160,访问时间:2023 年 10 月 8 日。

② 王学瑞:《推进媒体深度融合 打造创新型主流媒体——滨海新区融媒体中心在媒体融合发展中的实践与探索》,《新闻文化建设》2022 年第 12 期(下)。

③ 印永清:《推进内容生产供给侧结构性改革的几点思考》,《中国记者》2021 年第 10 期。

发挥合力作用方面提升。在多维方面,适应"六边行""多面手"新闻采编人员的内容生产、绩效奖励机制还不够完善。传统媒体采编人员转型还面临着"守摊"的思想限制,与新媒体产品生产能力匹配的培训、轮岗、实践机会还存在不足。

2. 互联网头部和细分领域产品不足

智能传播时代的内容产品向着知识化、视频化、个性化的方向发展。传统媒体机构在时政新闻领域有着独特和显著优势,但在互联网头部产品泛娱乐化、泛趣味化、泛知识化的背景下,主打时政新闻的主流媒体在互联网头部、细分领域内容产品领域存在明显不足。尤其是在智能算法广泛应用于传播领域,内容产品时刻面临着"流量"竞争。譬如,在抖音、快手等短视频平台,短视频内容面临着流量池算法的竞争机制,内容产品的竞争以秒为单位,"两秒完播率""五秒完播率"等"赛马"算法使得内容产品的生产思路、流程等发生颠覆性变化。而这对于擅长宏大叙事、结构叙事的传统媒体机构构成了较大冲击和挑战。因而,构建全媒体传播体系必须适应智能传播、算法推荐、流量竞争的生态,在互联网头部和细分领域着力,围绕经济、教育、体育、亲子等"赛道",打造更加精细化、精准化的内容产品。同时,当下在垂直和细分领域的头部作者往往是"个人IP",这对传统媒体的用人机制也存在着挑战。也就是说,传统媒体需要适应智能传播生态,由传统人才管理方式探索MCN机构人才管理方式。

3. "破圈"传播和跨界融合的能力待提升

社交媒体的普及和下沉使得舆论生态呈现明显的圈群化态势,即围绕着不同的群体标签、兴趣爱好形成了多样化的互联网圈群。而不同的互联网圈群有着各异的阅读喜好、文化品味。尤其是对于"Z时代"青年,形成了"二次元"等亚文化群体。因而,建构全媒体传播体系亟须"破圈"传播。对于新型主流媒体而言,亟须避免"信息茧房""受众固化"效应,即生产内容只服务于泛时政新闻类群体、传统媒体受众等。这就需要传统媒体提升"破圈"传播能力,针对青年、老年人等不同群体、亚文化圈群量身打造内容产品。同时,打造全媒体传播体系还需要提升跨界融合能力。在流量社会、数据社会的背景下,人、货、物都有着媒体属性。跨界融合就是要拓展媒体融合的视野,探索"媒体＋文旅""媒体＋医疗""媒体＋教育""媒体＋电商"等跨界产品。媒体融合的跨界能力是提升经济效益和社会效益的必由之路。天津市在"媒体＋文旅"方面已经开展了尝试和突破,亟须在"媒体＋教育""媒体＋电商"等领域提升跨界融合能力。

(二)政务新媒体与区级融媒体中心存在问题

1. 政务短视频发展均衡性有待提升

天津市政务新媒体发展态势良好,在政务微博、微信、短视频等方面取得显著成效。但同时,政务新媒体还存在着政务短视频发展均衡性待提升的问题。天津消防、天津政法、天津气象等政务短视频"有梗""有料",爆款产品多现。同时,不少地区和部门的政务短视频尚处于空白状态,有些机构虽然已开设了政务短视频,但对于政务短视频认知还停留在信息发布的印象,"网感"明显不足。另外,从长远发展来看,政务短视频面临着智能算法的"流量赛马"机制,这对于政务短视频的持续性创作和更新提出了较高要求,亟须与之相匹配的人才队伍。

2. 区级融媒体中心传播治理效能不足

天津市区级融媒体中心在政务服务、群众服务等方面取得长足发展,但也存在明显不足。不少区县级融媒体中心的定位为行政部门而非新闻机构,职能发挥与省市级新闻机构存在同质化现象,舆情研判、舆论引导、地方文化传播、服务地方企业品牌等特色鲜明的传播治理功能发挥不够充分。调研发现,人才不足、定位不清、目标不明、缺乏激励成为限制区县级融媒体中心发展的四大"瓶颈"。同时,与兄弟省市融媒体中心"事业＋企业"等灵活的运营方式相比,天津市融媒体中心的运营方式还存在灵活性和有效调动新闻采编人员积极性不足的现象。

三　对策建议

（一）主流媒体全媒体传播体系对策建议

1. 一体多维、双向进入的内容生产机制

为建立适应全媒体传播体系的新型主流媒体,首先应建立一体多维、双向进入的内容生产机制。"一体多维"指的是媒体机构整体"变身"为"中央厨房",实现图文、音视频等多形态的内容生产。"双向进入"指各编辑部领导及全体内容生产人员逐步实现"一岗双责",图文、音视频传统媒体编辑、记者分步成建制进入新媒体,新媒体编辑、记者融入各矩阵产品的生产运营。[①] 同时,一体多维、双向进入的内容生产机制需要较强的"中央厨房"体系、大数据技术以及合理的薪酬机制,从而使得内容生产既守得住固有阵地,又能够拓展互联网空间。

2. 互联网重度垂直和头部产品打造

智能传播时代,重度垂直和头部产品的数量是衡量全媒体传播体系的重要指标。媒体融合过程中,应着重提升破圈传播和跨界传播能力。一是针对不同群体的关注点、兴趣点和接受习惯制作新闻内容产品;吸收和借鉴 MCN 机构 IP 打造经验,吸引抖音达人、知乎达人、B 站 UP 主（上传者）加入制作团队,把宏大叙事转化为个体话语、把同质画像转化为生活细节。二是扩展媒体融合的视野,开展"媒体＋教育""媒体＋医疗""媒体＋电商"等跨界融合探索,在传播力、服务力方面有机整合,提升媒体产品的竞争力和经济效益,为媒体融合深度推进提供支持和保障,为新媒体产品孵化和打造留足发展资金,促进媒体融合的良性循环。

3. 智能传播时代的新媒体产品打造

打造适应智能传播时代尤其是大模型人工智能时代的新媒体产品。一是

---

① 印永清:《推进内容生产供给侧结构性改革的几点思考》,《中国记者》2021 年第 10 期。

充分运用智能算法、大数据技术,提升对新闻内容产品传播力、影响力、公信力的监测和反馈水平,将成熟的监测、反馈数据与算法智能化、产品化。二是积极与大模型人工智能、生成式人工智能头部企业开展合作,探索 AIGC(生成式人工智能)在音视频生产中的应用,开发适合新型主流媒体的 AIGC 技术伴侣,使其促进媒体机构和采编人员的转型升级、技能提升。

(二)政务新媒体与区级融媒体中心对策建议

1.政务短视频赋能文旅融合、城市形象传播

在定期开展政务微博、政务微信传播力、影响力榜单的基础上,适时开辟政务短视频榜单。鼓励天津市各地区、各部门开设政务短视频,定期开展政务短视频比赛、评优活动。将文旅融合、城市形象传播作为政务短视频的发力点,在"你好,天津"短视频大赛中设立政务短视频专区。将"全域旅游"理念融入政务短视频推广计划,各地区、各部门协力开展文旅融合与城市形象传播。

2.发挥区级融媒体中心传播治理功能

明确区级融媒体中心的新闻机构定位,以服务力提升为重心,鼓励融媒体中心探索适应本地特色的政务服务、便民服务、商务服务和文化服务模式。赋予区级融媒体中心"事业 + 企业"等更加灵活的运营机制,支持区级融媒体中心积极服务本地区的企业、行业,通过薪酬体系的改革调动新闻采编人员干事创业的积极性。将融媒体中心的传播治理功能与应急管理、文明城区创建、志愿服务活动有机结合,使得融媒体中心"新闻 + 服务"的特色更加突出。

天津市职业教育国际化
发展研究报告

邵红峦　天津社会科学院舆情研究所助理研究员

摘　要： 随着国家对职业教育国际化发展的重视和一系列重要工作部署的实施，天津依托高质量职业教育发展基础，一直走在全国前列。2023年天津持续聚力，职业教育国际交往中心建设高效能推进，鲁班工坊助力国际发展合作稳步推进，职业技能国际人才培养制度建设逐步推进。在快速发展的同时，天津市职业教育国际化发展也面临问题与挑战，职教国际参与度和引领力有待提升，职业教育国际化发展资源存在不均衡问题，天津企业在国际产教融合发展中作用仍需激发，鲁班工坊面临规模化发展难题。建议未来要在积极创建及参与全球性、区域性职教国际组织，推动职业教育国际交往中心建设；扩宽职教国际合作方式，推动职教国际发展更加均衡化、规范化；关注职教国际产教融合发展，推动本土企业"抱团出海"；统筹职教资源，推进鲁班工坊建设发展升级等方面持续发力。

关键词： 职业教育国际交往中心　鲁班工坊　国际发展合作　国际产教融合

坚持职业教育国际化发展，既是国家总体外交战略，也是我国职业教育发展的重要方向。2020年6月，教育部等部门印发《关于加快和扩大新时代教育对外开放的意见》，明确提出要加快建设具有国际先进水平的中国特色职业教育。① 同年9月,教育部等九部门印发《职业教育提质培优行动计划(2020—2023年)》,进一步明确了推动中国职业教育"走出去"的重点任务。② 天津在推进职业教育国际化发展方面一直走在全国前列。2022年天津不仅举办了首届世界职业技术教育发展大会、世界职业教育产教融合博览会,还发布筹建世界职业技术教育发展联盟的《天津倡议》和《中国职业教育发展白皮书》,凸显了在职业教育机制与规范发展进程中的创建力、引领力。2023年5月,教育部与天津市人民政府共同印发《关于探索现代职业教育体系建设改革新模式的实施方案》,提出要将天津建成我国职业教育的国际交往中心。③ 在职业教育国际交往中心建设的进程中,天津市在国内国际职业教育"走出去"和"聚进来"方面都显示了独特的引领作用,职业教育国际化水平不断提高。

一 天津市职业教育国际化发展概况

当前天津市职业教育国际化发展突出表现在三个方面,主要包括职业教育国际交往中心高质量建设,鲁班工坊建设走深走实,职业技能国际人才培养制度化进程加快。

(一)职业教育国际交往中心建设高效能推进

《关于探索现代职业教育体系建设改革新模式的实施方案》明确指出,要将天津打造为职业教育国际交往中心。此前,天津市已经开展实践探索,依托高质量职业教育发展基础,"会、盟、赛、展"职业教育交流合作创新平台和范式

---

① "加快和扩大新时代教育开放",中华人民共和国教育部网站,2020年6月23日,http://www.moe.gov.cn/jyb_xwfb/s5147/202006/t20200623_467784.html,访问时间:2023年9月10日。
② "教育部等九部门关于印发《职业教育提质培优行动计划(2020—2023年)》的通知",中华人民共和国教育部网站,2020年9月23日,http://www.moe.gov.cn/srcsite/A07/zcs_zhgg/202009/t20200929_492299.html,访问时间:2023年9月10日。
③ "教育部 天津市人民政府印发关于探索现代职业教育体系建设改革新模式实施方案的通知",天津市人民政府网,2023年5月8日,https://www.tj.gov.cn/zwgk/szfwj/tjsrmzf/202305/t20230531_6255951.html?eqid=d66eaacb0000d41d00000006647eef99,访问时间:2023年8月20日。

发展卓有成效。天津市在推进职教国际交流合作机制建设中持续发力。

第一，在创建和参与职业教育国际联盟领域表现突出。2022 年 4 月金砖国家职业教育联盟成立，共有来自金砖五国的 83 家机构成为联盟成员单位。其中，中国共有 27 个成员，含职业院校 19 个、中资企业 4 个，天津轻工职业技术学院、天津机电职业技术学院也作为成员单位参与联盟建设与发展工作。在金砖国家职业教育联盟下设的四个国别工作组中，天津轻工职业技术学院牵头印度工作组。目前印度共有 5 个成员单位，包括培训总局、国家创业和小企业发展研究院、印度创业学院、国际技能发展集团、全国职业培训委员会。①2022 年中国教育国际交流协会在"未来非洲—中非职业教育合作计划"框架下建立中非职业教育联合会，天津轻工职业技术学院作为联合发起单位之一成为该联合会初始成员，该联合会成员单位共包括中国 7 省市 14 所职业院校以及非洲 11 国 13 所普通高校与职业院校，同时还包括在非中资企业及商会。②2023 年天津铁道技术学院的中吉（布提）铁道类专业鲁班工坊建设项目、天津商务职业学院的中摩（洛哥）跨境电子商务鲁班工坊建设项目、天津市职业大学的中南（非）物联网增材制造鲁班工坊建设项目、天津工业职业学院的中乌（干达）智能制造与能源开发鲁班工坊建设项目分别作为入围项目被列入"未来非洲—中非职业教育合作计划"特色项目，全国共有 18 个项目入围。天津成为同领域全国入围项目最多的国内城市，展现了天津在职业院校国际合作领域的突出实力。③与此同时，天津市职教相关机构在中国—东盟职业教育联合会表现突出，后来居上，虽然未列国别工作组牵头单位，仍表现出较为高水平的交流平台建设能力。2023 年 8 月天津市教育委员会与中国教育国际

---

① "金砖国家职业教育联盟简报（2022 年第 1 期）"，金砖国家职业教育联盟秘书处网站，2023 年 1 月 3 日，https://www.ceaie.edu.cn/dist/#/detail? id = 1627927127741534209&active = project，访问时间：2023 年 8 月 20 日。

② 参见中国教育国际交流协会网站：https://www.ceaie.edu.cn/dist/#/projectDetail? id = 1574751765264347138&active = projectDetail。

③ "关于'未来非洲—中非职业教育合作特色项目'入围和培育项目名单的公示"，中国教育国际交流协会网，2023 年 6 月 21 日，https://www.ceaie.edu.cn/dist/#/detail? id = 1671451596875198466& active = project，访问时间：2023 年 8 月 10 日。

交流协会、北京师范大学、东南亚教育部长组织技术教育发展区域中心（SEAMEO TED）共同组织"东南亚国家职业技术教育校长工作坊"，天津轻工职业技术学院还与联合国教科文组织人工智能与教育教席共同承办工作坊期间的"东南亚国家职业技术教育校长工作坊—天津职教行"活动，为中国与东南亚职业教育国际交流合作贡献天津力量。[①]

第二，在以鲁班工坊为核心的国内国际职业教育机构交流合作以及鲁班工坊联盟建设中展现出持续性高水平领导力。以鲁班工坊建设为核心纽带，天津市职业教育合作网络规模持续扩大。2020 年 11 月鲁班工坊建设联盟在天津成立，联盟旨在研发鲁班工坊建设标准，打造职业教育"走出去"重要平台，初始成员单位包括中国院校、企业、科研机构等共计 72 家。在第一次工作会议上审议通过《鲁班工坊建设规程》《鲁班工坊建设联盟工作办法》，天津职业大学与天津轻工职业技术学院分别当选联盟理事长与副理事长单位。2023 年鲁班工坊建设联盟实现超越式、井喷式发展态势，新增成员包括全国院校成员 140 所、企业 46 家、观察员单位 65 所。其中，天津理工大学、天津农学院、天津职业技术师范大学、天津中德应用技术大学 4 所普通高等院校，天津渤海职业技术学院、天津电子信息职业技术学院等 17 所天津职业院校，以及天津渤海化工集团有限责任公司、天津圣纳科技有限公司 2 家企业成员成为联盟新增成员单位。[②] 2023 年 5 月鲁班工坊建设联盟第二次成员大会在天津召开，300 余位联盟成员代表出席大会。此外，2023 年 4 月鲁班工坊建设专家委员会在京成立，由来自工科、职业教育、国际中文、行业企业等多领域共计 25 名专家组成，由天津职业技术师范大学副校长吕景泉担任专家委员会主任。同年 8 月，鲁班工坊建设专家委员会第二次工作会议在津召开。

---

① "东南亚国家职业技术教育校长工作坊成功举办"，中国教育国际交流协会网站，2023 年 8 月 22 日，https://www.ceaie.edu.cn/dist/#/detail? id = 1693958933204684802&active = project，访问时间：2023 年 9 月 1 日。

② "关于鲁班工坊建设联盟新增成员单位的公告"，中国教育国际交流协会网站，2023 年 3 月 23 日，https://www.ceaie.edu.cn/dist/#/detail? id = 1638870064302223361&active = project，访问时间：2023 年 8 月 20 日。

(二)鲁班工坊助力国际发展合作稳步推进

鲁班工坊作为中国职业教育"走出去"国际品牌,是天津率先探索和构建的一种职业教育国际化发展新模式,是响应国家"一带一路"倡议和中国企业"走出去",进一步探索创建职业教育国际合作交流的新窗口。鲁班工坊重点面向东南亚、非洲、中亚等地区,基于当地经济产业发展的人才需求,采取学历教育和职业培训相结合的方式,分享中国职业教育教学模式、教育技术、教育标准、建设培训中心,提供先进教学设备,组织中国教师和技术人员为合作国培养技能人才。截至 2023 年 5 月,天津在亚非欧 20 个国家设立 21 个鲁班工坊。① 目前工坊已经成为推进中国国际发展合作的标志性、创新性项目,形成了包含政政合作、政社合作、政企协同、校企协同国际产教融合的国际经济合作新模式,是"一带一路"共商共建共享、互利共赢的重要成果。

1. 以鲁班工坊为依托推进国际发展合作

第一,打造鲁班工坊职业教育国际合作品牌。从 2016 年泰国鲁班工坊建立以来,包括天津渤海职业技术院校、天津职业大学在内的 20 余所天津本地高职院校、本科院校持续作为中方牵头院校推进中国职业教育"走出去"。如今,鲁班工坊已经成为国际发展合作优先聚焦的"小而美"项目典范,中国携手世界构建人类命运共同体的重要行动。与此同时,鲁班工坊也作为中外人民交流国际品牌项目,在实现"一带一路"沿线国家"硬联通""软联通""心联通"进程中发挥重要影响力。

第二,践行新时代中国国际发展合作新理念。2021 年国务院新闻办公室发布《新时代的中国国际发展合作》白皮书,明确了党的十八大以来中国在国际发展合作实践中不断形成了具有新时代特色的中国国际发展合作观,指出坚持正确义利观是价值导向,南南合作是基本定位,帮助发展中国家实现联合

---

① "中葡院校签署战略合作协议,共同推进 EPIP 专业认证和"工程师学院"建设",鲁班工坊网站,2023 年 5 月 17 日,http://www.lubanworkshop.cn/html/2023/dtgf-lb_0517/506.html,访问时间:2023 年 8 月 20 日。

国 2030 可持续发展议程是重要方向。鲁班工坊从东南亚地区开始,不断向非洲、中亚地区发展,以职业教育合作、中外合作办学、师资培训、留学生培训等方式服务于东道国社会经济发展需求,促进中国企业"走出去",服务"一带一路"国际合作。在支持其他发展中国家的减贫事业进程中,中国长期推进以援建职业技术学校和职业培训中心为主要内容的职业教育援助事务,而在吉布提、埃及等国不断建设的鲁班工坊为当地青年提供了良好的技术培训和就业机会。

第三,积极推进新时代中国开展国际发展合作政策主张。中国国际发展合作坚持秉承"聚焦发展,改善民生""授人以渔,自主发展"。以职业技术培训,校企合作实践训练为特色的鲁班工坊在促进国际产教融合的同时,为当地提供了大量的技术就业人才,是践行我国国际发展合作政策主张的创新举措。2023 年 7 月全球共享发展行动论坛高级别会议发布的《全球共享发展行动论坛首届高级别会议北京声明》特别强调要用好鲁班工坊,支持科技人才培训培养,弥合发展鸿沟,共建高质量全球发展伙伴关系。[①] 在此前的中外媒体吹风会上,国家国际发展合作署副署长赵峰涛在回答记者关于在南南合作重要性更加凸显的当今形势下,中国发挥了什么作用的相关问题时就充分肯定了鲁班工坊在践行以人民为中心,开展"小而美、见效快、惠民生"的国际发展合作项目中的重要作用与影响。

2. 持续推进"一带一路"沿线职业教育交流合作

2023 年 10 月国务院新闻办公室发布《共建"一带一路":构建人类命运共同体的重大实践》白皮书,高度肯定鲁班工坊在中国职业教育国际交流中的作用及影响力,指出鲁班工坊已经成为中国职业教育"走出去"的一张"国家名片"。[②] 2023 年鲁班工坊在中亚、非洲、东南亚地区朝着更深、更广、更高质量方向发展。

[①] "全球共享发展行动论坛首届高级别会议北京声明",国家国际发展合作署网站,2023 年 7 月 10 日,http://www.cidca.gov.cn/2023-07/10/c_1212242994.htm,访问时间:2023 年 8 月 25 日。
[②] "共建"一带一路":构建人类命运共同体的重大实践",中华人民共和国外交部网站,2023 年 10 月 10 日,https://www.fmprc.gov.cn/web/zyxw/202310/t20231010_11158751.shtml,访问时间:2023 年 10 月 11 日。

第一，深耕中非职业教育交流合作。2023 年 2 月随着埃及鲁班工坊"3 +
2"项目教学工作会的召开，鲁班工坊项目正式纳入埃及国民教育体系。3 月 2
日，马里共和国驻华大使迪迪埃·达科一行赴天津医学高等专科学校、天津红
星职业中等专业学校，以及天士力、慧医谷科技有限公司、现代中医药创新中
心等工坊合作企业交流访问，大使和随行参赞高度赞许鲁班工坊在推进中马
职业教育交流合作以及两国友谊加深方面的重要影响作用，同时表示竭尽全
力推进工坊后续发展工作。① 2021 年埃塞俄比亚鲁班工坊由天津职业技术师
范大学牵头建立完成，主要在机械制造、电子与信息通信、电气—电子技术专
业开展职业教育合作。经过两年的发展，工程实践创新项目（EPIP）教学模式
在该国鲁班工坊朝着更加规范化、制度化方向发展。2023 年 4 月天津职业技
术师范大学举办"埃塞俄比亚鲁班工坊"高质量发展推进会，埃塞国劳动与技
能部国务部长、驻华使馆公使与中方代表共同参与会议，大会还揭牌成立了
"工程实践创新项目（EPIP）研推中心"和"东非职教师资培养 EPIP 认证试验
中心"，极大推动了非洲地区鲁班工坊的高质量发展。当前，该国鲁班工坊已
经被非盟总部指定为面向全部非洲的技术技能人才培训中心，并与东非职教
一体化世行项目（EASTRIP）实现对接，成为埃塞俄比亚、肯尼亚等四国 16 所
职校高水平师资基地。②

第二，引领中国—中亚职业教育发展合作。中亚峰会指出中国将实施"中
国—中亚技术技能提升计划"，在中亚国家设立更多鲁班工坊。2022 年 11 月
塔吉克斯坦鲁班工坊建立，标志着中国与中亚职业教育交流合作迈向新台阶、
新方向。2023 年 5 月中国—中亚峰会举行期间，天津市与哈萨克斯坦共和国
东哈萨克斯坦州签署《中华人民共和国天津市人民政府与哈萨克斯坦共和国
东哈萨克斯坦州政府建立哈萨克斯坦鲁班工坊合作协议》，哈萨克斯坦鲁班工

---

① "马里驻华大使：以鲁班工坊为起点，深入推进中非职业教育交流合作"，鲁班工坊网站，2023 年 3
月 5 日，http://www.lubanworkshop.cn/html/2023/xwzx_0305/477.html，访问时间：2023 年 8 月 20 日。
② "埃塞俄比亚鲁班工坊：高质量发展推进会暨 EPIP 教学分享活动在津举行"，鲁班工坊网站，
2023 年 4 月 25 日，http://www.lubanworkshop.cn/html/2023/jdtp-lb_0425/498.html，访问时间：2023 年
8 月 20 日。

坊项目正式全面启动。① 此后各项准备工作逐步开展。2023 年 8 月东哈萨克斯坦技术大学 15 名教师就燃油汽车、新能源汽车、智能网联汽车专业于天津职业大学接受为期一个月的师资培训,为 10 月份的正式运行做准备。

(三)职业技能国际人才培养制度建设逐步推进

2023 年天津在职业技能人才培养方面持续发力,积极探索"中文 + 职业技能"人才培养模式,优化升级职业教育中外合作办学项目,引领中国职业教育标准与方案"走出去",在推进职教体系纳入当地国民教育体系方面取得明显成效。

1. 创新职业技能国际人才培养模式,推进职业教育国际化办学进程

第一,探索"中文 + 职业技能"人才培养创新模式。2021 年 4 月教育部印发《教育部关于学习宣传贯彻习近平总书记重要指示和全国职业教育大会精神的通知》,提出要加强职业教育国际交流合作,将职业教育列为中国政府奖学金、"留学中国"项目的类别,并探索"中文 + 职业技能"的职业教育国际化发展模式。② 天津也不断创新职业技能国际人才培养模式,摸索职业技能留学生培养模式,推进"中文 + 职业技能"项目建设。一是以鲁班工坊为依托,共建院校间的"中文 + 职业技能"人才培训合作逐步推进。2023 年 2 月天津外国语大学、天津渤海职业技术学院、泰国大成技术学院承办汉语桥"汉语 + 职业技能"项目,以线上培训方式为 160 余名泰国学生开设了为期　个月的直播课程。2023 年 5 月,天津商务职业学院也与摩洛哥鲁班工坊共同开办"中文 + 职业技能"线上培训班,推动鲁班工坊高质量发展。③ 二是中外职普三方合作模

---

① "天津市与哈萨克斯坦共和国东哈萨克斯坦州签署建立哈萨克斯坦鲁班工坊合作协议",天津市外事办公室网站,2023 年 5 月 25 日,https://fao. tj. gov. cn/XXFB2187/WSDT8158/202305/t20230525_6249300. html,访问时间:2023 年 8 月 20 日。

② "教育部关于学习宣传贯彻习近平总书记重要指示和全国职业教育大会精神的通知",中华人民共和国教育部网站,2021 年 4 月 26 日,http://www. moe. gov. cn/srcsite/A07/s7055/202104/t20210429_529235. html,访问时间:2023 年 8 月 20 日。

③ "天津商务职业学院成功举办摩洛哥"中文 + 职业技能"线上培训班开班仪式",天津商务职业学院网站,2023 年 5 月 18 日,https://www. tcc1955. edu. cn/info/1021/8205. htm,访问时间:2023 年 8 月 30 日。

式筹备推进。2023 年泰国教育部职教委访问团来津访问期间，初步达成泰国职教委、天津师范大学与天津商务职业学院三方合意愿，提出合力打造"中文＋职业技能"联合培养项目在泰国本土发展意愿，并计划将"中文＋茶技艺"作为重点特色短期人才培训项目，推动以"中文＋职业技能"为引领的津泰职业教育国际合作。① 三是市内职普校际合作活跃。2023 年 7 月天津外国语大学与天津职业大学共同签署职普融通校际合作框架协议，为来华来津留学生提供"中文＋职业技能"学历教育、语言和职业技能联合培养机会，不仅为天津职普融合提供范例，还推进语言和职业教育人才培养强强联合，推动国际职业技能人才培养机制创新，探索"联合育人、职普融通、学分互认、资源互享"的育人机制。②

第二，职业技能教育中外合作办学发展突出。各职业院校持续完善中外合作办学，切实推进天津市职业教育对外开放。在 2022 年天津商务职业学院与泰国博仁大学签署中外合作办学协议书后，2023 年 5 月，两校合办的旅游管理、广告艺术设计两个专业项目在教育部成功获批立项，实现了天津市高职院校举办中外合作办学项目的重大突破，该校也成为天津市目前唯一举办中外合作办学项目的高职院校。③

2. 推动职教人才培养标准"走出去"，职教项目纳入海外国民教育体系

第一，随着新时代以来中国职业教育国际化定位发生的方向性变化，天津职业教育国际化发展逐步从"引进来"转向"走出去"，尤其是在输出职业教育标准和方案，以及为东道国培养职业技能人才方面表现突出。2022 年天津市教育委员会组编出版《引领与示范——天津职业教育国际化专业教学标准建设》，以天津市职业教育国际化建设过程中的经验做法为基础研究开发，包含中职、高职在内的 55 个专业的国际化专业教学标准，为职业教育人才培养标

---

① "津泰一家亲，共同推动津泰职业教育交流合作"，天津商务职业学院网站，2023 年 6 月 5 日，https://gjjlyhzc.tcc1955.edu.cn/info/1122/1327.htm，访问时间：2023 年 8 月 10 日。

② "天津外国语大学与天津职业大学携手探索"中文＋职业技能"留学生培养新模式"，天津职业大学网站，2023 年 7 月 28 日，https://www.tjtc.edu.cn/info/1020/4896.htm，访问时间：2023 年 8 月 20 日。

③ "喜报！我校两个中外合作办学项目在教育部成功获批立项"，天津商务职业学院网站，2023 年 5 月 19 日，https://gjjlyhzc.tcc1955.edu.cn/info/1122/1330.htm，访问时间：2023 年 8 月 20 日。

准的国际输出打下坚实的基础。目前天津职业技术师范大学建立的职业技能人才培养的 EPIP 教学模式已成功推向海内外职业教育合作,已在亚欧非多个地区和国家成立 EPIP 教学研究中心。2023 年 4 月,该校牵头建立"工程实践创新项目(EPIP)研推中心"与"东非职教师资培养 EPIP 认证试验中心",并在埃塞俄比亚、葡萄牙、泰国设立 EPIP 认证实验中心[1],不断推动天津市职业技能国际标准人才培养合作朝着平台化、制度化方向发展。此外,致力于推动我国职业教育标准"走出去"的天津职业技术师范大学在 2023 年 7 月与德国国际合作机构(GIZ)[2]签署了中国职教师资培训国际标准的制定与实施合作意向备忘录,共同研制职教师资培训国际标准,以实际行动切实推动天津打造职业教育国际交流合作中心城市进程。

第二,以鲁班工坊项目为依托,职业教育海外教学培训项目逐步与东道国国民教育体系相融合,为跨地区职业技能人才学历认证提供制度化便利。2023 年 2 月,随着埃及鲁班工坊"3＋2"项目教学工作会议的召开,埃及鲁班工坊项目正式纳入埃及国民教育体系。[3] 统计数据显示,截至 2022 年,埃及鲁班工坊"3＋2"项目一至四年级共招生 149 人,招生专业为金属加工技术与汽车保养维修技术。[4] 此前,在 2022 年 5 月,乌干达国家高等教育委员会检核合格后,天津工业职业学院牵头建设的乌干达鲁班工坊黑色冶金技术和机电一体化技术专业就已正式成功纳入乌干达国民教育体系。[5] 目前已有多个国际

---

[1] "天职师大围绕"学、效、准、实"高标准开展主题教育促进高质量发展",天津职业技术师范大学网站,2023 年 9 月 5 日,https://news. tute. edu. cn/info/1003/11205. htm,访问时间:2023 年 10 月 11 日。

[2] 该机构是非营利性德国联邦政府直属机构,受德国联邦政府委托在全球开展国际合作项目,积极参与"一带一路"共建,2019 年与中国商务部签署《中华人民共和国商务部国际经贸关系司与德国国际发展机构关于支持亚洲区域经济合作的谅解备忘录》。以"双元制"著称的德国职业教育模式在国际职业教育发展中具有举足轻重的地位,也是我国较早借鉴和学习的重要的职教人才培养模式。

[3] 郑文柱:《埃及鲁班工坊项目正式纳入埃及国民教育体系》,《天津日报》2023 年 2 月 8 日,第 11 版。

[4] 天津轻工职业技术学院:"天津轻工职业技术学院高等职业教育质量年度报告(2023)",2023 年 1 月 5 日,现代高等职业技术教育网,https://www. tech. net. cn/column _ rcpy/art. aspx? id ＝ 17652&type ＝ 2,访问时间:2023 年 8 月 20 日。

[5] "乌干达鲁班工坊两个专业纳入乌干达国民教育体系实质性推动鲁班工坊持续发展",天津工业职业学院网站,2023 年 1 月 8 日,https://www. pctj. edu. cn/info/1187/3696. htm,访问时间:2023 年 8 月 20 日。

化专业教学标准获得合作国教育部批准,纳入其国民教育体系,天津市经济贸易学校牵头的英国鲁班工坊中餐烹饪国际化教学标准也已纳入英国普通和职业学历框架体系。[①]

二 天津市职业教育国际化发展面临的问题与挑战

天津市职业教育国际化高质量发展的同时也面临着一定程度的困难与挑战。主要表现在职业教育国际参与度引领力有待提升,职业教育国际化发展资源不甚均衡,职业教育中外合作办学能力有待激活,国际产教融合程度有待提升等,与此同时,鲁班工坊快速发展的同时也面临规模化成长的难题。

(一)职业教育国际参与度、引领力有待提升

近年来在职业教育国际化发展的政策与战略指导下,我国牵头建立多个全球性、区域性职业教育国际合作机制与合作组织。包括 2017 年成立的"一带一路"职教联盟,由国内外 39 所院校、29 家行业企业、3 个政府部门(印尼)共同发起建立,天津渤海职业技术学院是创建成员之一。截至 2022 年,陆续共有 34 个院校、企业等单位加入联盟,至今该联盟仅有一个天津成员;2020 年 11 月中国院校、研究机构、企业与社会组织共同发起建立鲁班工坊建设联盟,推动鲁班工坊规范建设,天津相关院校、行业企业等机构发挥指导、主导作用;2022 年 4 月建立的金砖国家职业教育联盟,该联盟执行秘书处设于宁波职业技术学院,同时设立四个国别组,天津轻工职业技术学院牵头印度工作组;2022 年 5 月在中非合作论坛"未来非洲—中非职业教育合作计划"框架下成立的中非职业教育联合会,通过构建中非政—校—行—企合作伙伴网络平台推进中非职业教育交流合作,该机构中方执行秘书处设于成都航空职业技术学院;2022 年 8 月在"中国—东盟双百职校强强合作旗舰计划(2018—2022)"

① "我市建设鲁班工坊,打造职业教育输出体系",天津市教育委员会网,2023 年 10 月 16 日,ht-tps://jy.tj.gov.cn/JYXW/TJJY/202310/t20231016_6430756.html,访问时间:2023 年 10 月 20 日。

框架下成立的中国—东盟职业教育联合会,该机构由 175 个职业院校、高校、研究机构以及行业企业发起,中方成员单位 98 个,东盟国家成员单位 77 个,执行秘书处设于长沙民政职业技术学院,下设五个国别组分别设立于长沙、温州、日照、柳州、咸阳五市五所职业院校;2022 年 8 月在天津承办的世界职业技术教育发展大会上,由中国教育交流协会联合国内外高校、职校、企业行业等组织发起成立了世界职业技术教育发展联盟。综合来看,天津发挥主导性作用的职教国际合作组织主要集中在鲁班工坊建设领域,具有较高的领导力,相比其他省市的政校企等机构,但在其他区域性职教国际组织中力量发挥有限,仍有很大的发挥空间。

(二)职业教育国际化发展资源存在不均衡问题

2016 年泰国鲁班工坊建设以来,天津市职业教育国际化发展进入新阶段,以高职院校为主体的职业教育力量纷纷投入鲁班工坊建设,然而中职院校、普通高等院校参与不多,全市职教资源释放有限。目前除天津职业师范大学在鲁班工坊制度化、标准化、国际化推广方面发挥带头作用,以及天津外国语大学在"中文 + 职业技能"国际人才培养模式方面推动职普融合、产教融合创新发展以外,其他高等教育院所、科研机构的贡献力有待提高。2023 年天津市部分普通高等学校、中等职业技术院所成为鲁班工坊建设联盟新增单位,这既是对新加入的建设力量的挑战,也是其在天津职业教育国际化发展进程中崭露头角,高质量"出海"的优势机遇。

(三)职业院校中外合作办学能力有待提升

目前天津市职业院校中外合作办学呈现项目化、短期性等特征。境外办学是职业教育国际化的重要举措,有利于提升职业教育的国际话语权。据教育部国际合作与交流司数据,2016 年全国各地上报的对外合作项目中,[①]天津

---

① 最新的全国职业教育对外合作项目统计工作由 2021 年 1 月开始审核,数据尚未公布,目前可查数据截至 2016 年。

共有三所职业院校开设中外合作办学机构（项目），包括天津工程职业技术学院与澳大利亚中央技术学院合作办学、天津轻工职业技术学院与新西兰怀卡理工学院合作办学、天津商务职业学院与美国特里夫卡拿撒勒大学合作办学项目，以及包括各海外鲁班工坊在内的中外其他合作项目。相比其他省市职业教育合作办学情况而言，天津中外合作项目较为单一，集中在鲁班工坊建设。2023年天津商务职业学院数据显示，目前该校是唯一举办中外合作项目的高职院校，其他职业院校的中外合作办学项目有待发展。

（四）天津企业在国际产教融合发展中的作用有待增强

作为天津职业教育国际化发展的精品项目，鲁班工坊在服务天津企业"走出去"和本土化经营的进程中发挥着重要支点作用。鲁班工坊建设坚持五项原则，其中之一就是产教融合原则。然而天津企业参与鲁班工坊建设的程度仍有待优化与提升，在新扩容的鲁班工坊建设联盟46家企业成员单位中，天津企业仅有2个。天津作为首批试点建设国家产教融合型城市，创新"五业联动"职教模式，促进产教融合，2022年印发《天津市产教融合型试点城市建设实施方案》，2023年天津市正式成立四个产教联合体，天津经开区生物医药、滨海高新区信创两个产教融合联合体被列入教育部公布的第一批国际级市域产教联合体。天津在产教融合领域已有突出卓越的发展成效，而在国际产教融合领域的创新和突破仍是天津职业教育国际化发展的重要任务与战略方向。

（五）鲁班工坊建设成绩突出的同时面临规模化发展难题

鲁班工坊国际化发展与天津市职教资源储备存在张力，将来或成为制约鲁班工坊发展的瓶颈。目前来看天津市职业教育国际化发展突出表现在鲁班工坊相关建设成果，其他层面的职教国际化发展还有待提升。鲁班工坊高质量发展成为天津市职业教育国际化发展的突出亮点，然而随着鲁班工坊向国际级职业教育国际合作战略升级的同时，全国各省市普职院校、研究机构、企业行业也积极响应加入到鲁班工坊的建设中，在一定程度上冲击着天津市在此领域的发展空间。正如 2020 年鲁班工坊建设联盟仅有 72 个成员单位，2023 年实现首次扩容后成员单位增至 323 个，而天津成员单位数量占比大大减小；在 2022 年公布的全国首批 25 个鲁班工坊运行项目中，其中 5 个项目由宁波、成都、渭南、金华、杭州的职业院校运行。天津职业院校的规模和数量有限，双语、双师师资力量供给不足，资源开发有限，在一定程度上难以支撑鲁班工坊高质量服务"一带一路"建设，需要更多院校、师资、研究力量的注入。

三　天津市职业教育国际化发展的对策建议

未来，天津市在职业教育国际化发展进程中，要积极创建和参与全球性、区域性职教国际组织，为职业教育国际交往中心建设打好基础；要推动职教国际合作方式多样化发展，推动职教国际发展更加均衡化、规范化；要聚焦国际产教融合，更好地推进和服务天津企业"走出去；要统筹全市职业资源，合力推动鲁班工坊发展升级。

（一）积极参与职教国际组织建设，提升国际话语权与交往力

第一，持续推进职业教育全球性国际组织建设与发展。2022 年天津市倡导筹办世界职业技术教育发展联盟，这是我国发起的第一个全球性质的职教国际交流合作组织，要持续发挥天津的号召力，借鉴其他职教国际组织建设发展经验做法，吸纳国内外政、企、校、研等机构加入联盟，构建全球性、立体化、多主体职教合作关系网络平台；开展务实活动，发布项目动态及成果、完善联盟建设章程，推动联盟建设规范性发展。第二，聚力中国—中亚、金砖国家职教国际组织建设，持续发挥主导作用。目前依托鲁班工坊，天津市相关职业院校、企业行业力量在中国—中亚职业教育合作以及金砖国家职业教育合作中发挥引导性、主导性作用。在这两个区域性职教合作组织快速发展时期，要调动和统筹职教力量，共同发力，保持在联盟建设和发展工作中的领导力。第三，进一步提升天津市在中非、中国—东盟职业教育国际组织中的参与度，为职业教育国际话语权的提升打好基础。

(二)扩宽职教国际合作方式,推动职教国际发展更加均衡化、规范化

第一,加强顶层设计,制定配套激励和扶持政策,调动天津市职教国际化发展优势力量,吸纳更多高校、研究机构、行业企业等投入到职业教育国际化发展工作中,缓解职业院校国际化发展压力。第二,以鲁班工坊为依托,走出具有天津特色的"鲁班工坊 + "职教国际化发展道路。一方面,针对目前天津职业教育中外合作项目主要由鲁班工坊项目构成的发展状况,制定配套措施,鼓励支持职业院校建设中外合作办学机构,推进中外双学历职教人才培养工作制度化发展,推动职业技能国际人才服务中国国际发展合作的同时,助力当地经济发展。另一方面,依托鲁班工坊职业教育与培训专业化标准,持续推进职业教育国家教学标准体系的国际输出。以现有鲁班工坊建设单位为支点,推进中外政、校、企、行协同发展,推进职业教育国际合作关系网络平台建设,促使职业教育国际合作高效能发展。

(三)推动本土企业"抱团出海",促进职教国际产教融合发展

第一,探索职业教育政企校协同国际化发展模式,推进职业教育"走出去"的同时,服务天津本土企业"出海"。教随产出,教助产出,产教同行,服务本土企业国际化发展是职教国际化发展的重点内容。无论是鲁班工坊高质量建设还是职教国际交流合作平台建设都离不开企业的支持和参与,各省市也在积极探索产业、行业、企业、职业、专业融合的国际职教合作发展模式。在天津市职业教育"走出去"的进程中,既要持续激活本土企业行业参与的积极性,更要为其国际化发展提供政策支持,以教促产,高质量服务"一带一路"国际发展合作。第二,依托优势产教联合体,推动职业教育国际合作。天津作为产教融合型试点城市,在产教融合方面积累了深厚的发展基础。截至 2023 年 7 月,天津市已组建 31 个产教融合职教集团,组建高端装备与智能制造等十大产业人才创新创业联盟,6 个职教集团入选国家示范性职业教育集团培育单位,还组

建了北斗导航综合实训室等 4 个产教融合示范项目。① 在职业教育国际化发展进程中,可积极鼓励和引导职教集团、产教融合项目组团"出海",推进国际产学研用协同发展。

(四)统筹职教资源,推进鲁班工坊建设发展升级

第一,统筹天津市职业教育力量,聚力鲁班工坊建设,缓解鲁班工坊快速发展进程中职教资源尤其是职业院校建设资源供给不足的问题,解决鲁班工坊长期发展过程中可能面临的瓶颈问题。第二,推进鲁班工坊建设结构化升级发展。在学历认证、专业设置、专业领域扩展、培养培训标准规范、政校企合作模式等方面开拓创新,将现有的鲁班工坊运行项目做大做精。第二,培育天津市在全球鲁班工坊建设进程中的核心领导力、知识力。在号召和吸纳全国各省市职教力量参与鲁班工坊大规模、高质量"走出去"的同时,维持天津市在鲁班工坊建设研究、复制、推广中的中心地位,总结建设成功经验,研究建设标准,推动建设规范化制度化发展,分享建设经验的同时引导建设创新。

本报告为天津市 2022 年度哲学社会科学规划立项课题青年项目《"一带一路"伙伴关系网中"关系性信任"演化机制及对策研究》阶段性成果,项目编码为 TJZZQN22-002。

---

① 徐丽:《产教融合重点项目建设持续推进》,《天津日报》2023 年 7 月 30 日,第 2 版。

天津市"高精尖缺"人才培育研究报告

王建明　天津社会科学院舆情研究所副研究员
张文英　天津社会科学院舆情研究所副研究员

摘　要： 天津市积极培育聚集"高精尖缺"优化人才成长的要素供给，高标准启动天开高教科创园建设，强化校企合作与产教融合，努力做强升级产业链聚集和培育"高精尖缺"人才，已取得较大成绩。然而，天津市在"高精尖缺"人才培育方面，仍然面临人才的吸引力不强、队伍建设后劲不足，引进模式与渠道单一、人才信息缺少整合，评价机制不尽合理、配套政策仍难落实，人才认定标准存在局限、激励政策仍有较大不足等问题。建议明确引人用人导向、优化人才培育机制，拓宽引才模式与引才渠道、完善人才政策支撑体系，建立健全高层次人才分类评价与激励机制，强化"高精尖缺"人才产学研深度融合、协同发展，疏通人才培养堵点、强化人才服务保障。

关键词： "高精尖缺"　产教融合　人才培育

"高精尖缺"，一般来说，"高"指高科技、高附加值、高知识密集性，"精"指具有比较优势、符合定位发展、高效低耗，"尖"指处于尖端、为产业作支撑和引领，"缺"指缺乏产业急需。"高精尖缺"人才的引进可以使一个国家和地区在较短的时间内实现技术升级，迅速提高劳动生产效率、促进管理创新、促进经济增长与贸易升级。"高精尖缺"人才的数量及质量，越来越成为决定一个地区的经济能否保持快速增长,促进经济发展的重要因素。[①] 面对全球范围内的"抢人大战",天津市"高精尖缺"人才引进与培育面临诸多挑战,需要进一步发挥优势,突破自身短板,为实施制造业立市和人才强市战略发展不断注入动力。

一 天津市"高精尖缺"人才的基本概况

(一)近年来天津市人才队伍基本情况

一是在"海河英才"行动计划的牵引下,天津市人才队伍逐步壮大。天津市统计局发布的公告显示,2020 年、2021 年、2022 年天津分别引进各类人才 35 万人、42.3 万人、10.6 万人,人才的大量引进进一步丰富了天津人才队伍结构,为天津高质量发展提供了更多的人力资源储备。二是采取"项目＋团队"引才,实现了产业发展和人才引进双赢模式。天津市统计局发布的公告显示,仅在 2020 年,天津市就遴选出 306 个创新创业团队"带土移植",不仅推动天津产业链向价值链高端延伸,其中也孕育着天津未来的专精特新"小巨人"企业。三是天津引进人才呈年轻化、高学历、高技能化特点。据统计局发布的公告,截至 2023 年 6 月底,"海河英才"行动计划累计引进人才 46.4 万人,全市技能人才达到 273 万人,其中高技能人才 84 万人,占比达 30.8%。[②] 特别是滨海新区的优秀人才集聚较高。据不完全统计,截至 2022 年底,该区集聚的海内外人才总量超 85 万人,引育领军人才 1213 人。[③] 这从一个侧面反映出,天津市引进人才的整体趋势呈年轻化、高学历、高技能化,各类优秀人才高度集聚、创新活力竞相迸发、聪明才智充分涌流。各类优秀人才为推动经济高质量发展提供了有力的人才智力支持,也有力保障了天津制造业立市和"一基地三

---

① 王传会:《山东省"高精尖缺"人才引进机制研究》,中国海洋大学出版社,2021 年,第 9 页。
② 《奏响人才"引育用留"四部曲》,《今晚报》2023 年 7 月 10 日,第 2 版。
③ "引育领军人才 1213 人 点燃人才强劲'引擎'滨海新区:打造中国式现代化建设先行区滨城人才样板",网信滨海,2022 年 11 月 23 日,https://baijiahao.baidu.com/s? id = 1750238317251742404&wfr = spider&for = pc,访问时间:2023 年 11 月 1 日。

区"建设的顺利进行。

(二)天津市"高精尖缺"人才的分布和能力结构情况

1. 产业领域分布

引进"高精尖缺"人才是增强天津区域竞争力,推动地区经济社会全面进步的核心力量。调查显示,天津市"高精尖缺"人才主要集中在新一代信息技术、生物技术与现代医药、新能源、新材料、装备制造、航空航天、汽车工业、海水淡化、现代金融等重点领域。2023 年,滨海新区高新区信创、生物医药、新能源、高端装备制造、新经济服务业五大重点产业从业人员占比达到 80.5%,其中在人才需求占比中,中信创与生物医药产业的人才需求最高,分别为 35.3%和 18.2%。[①] 这与天津市聚焦信创产业、生物产业和高端装备制造等重点产业创新能力提升的发展目标相一致,也很好地服务了天津"一基地三区"的功能地位。

2. 工作区域分布

天津市"高精尖缺"人才主要聚集在高校和科研院所等事业单位,其他主要分布在市级和国家级工业园区、科技园区,如天开高教科创园、天津经济技术开发区、赛达工业园、天津滨海—中关村科技园、天津港保税区等重要产业集群区。其中一半人员来自北京、河北、山东等地,且主要来自"海河英才"计划,这表明京津冀协同发展战略初显成效,京津冀人才一体化趋势明显。此外,天津市滨海高新区高质量推进中国信创谷建设,聚集了飞腾、麒麟、曙光、海光、三六零等领军企业,信创产业生态企业超过 1000 家,产业规模超过 800 亿元。[②]

3. 学历、能力与技能状况

综合《天津市引进人才"绿卡"管理办法》和《天津市"海河英才"卡管理办

[①] "滨海高新区发布 2023 产业人才生态白皮书 紧缺人才目录地图助企引才 主导产业人才占八成 技术人才需求大",网信滨海,2023 年 10 月 15 日,https://baijiahao. baidu. com/s? id = 1779818689181441215&wfr = spider&for = pc,访问时间:2023 年 11 月 1 日。

[②] "天津滨海高新区发布'中国信创谷'高质量建设有关成果",中新网天津,2023 年 9 月 28 日,https://m. chinanews. com/wap/detail/chs/zw/4535883hctnzfmdf. shtml,访问时间:2023 年 11 月 1 日。

法》可以看出,天津市引进的"高精尖缺"人才主要分为三类:科研型、应用型和技能型。创新型人才的学历层次较高,且科研创新能力较强,如"A"卡发放范围主要包括:入选国家杰出青年科学基金、国家有突出贡献中青年专家,以及高层次人才特殊支持计划等重点人才专项的;获得国家科学技术奖励,或省部级科学技术奖励一等奖的;曾经主持或来天津主持国家级科研项目、工程项目,以及国家及省部级重点实验室等重大创新平台的;来天津高校、科研机构担任教授、研究员的。统计局发布的公告显示,2020—2022 年,天津连续进站博士后为 417 人、600 人、632 人,截至 2022 年底,在津院士 44 人。应用型人才主要看重管理经验和能力,如"A"卡发放范围主要包括:曾担任国内外 500 强企业中层及以上职务,或来天津百强企业担任高级管理职务的。技能型人才主要看重技能高低,"不唯学历唯能力",如"A"卡发放范围主要包括:获得世界技能竞赛、中华技能大赛大奖,或持有国际通用最高等级职业技能资格证书的。

二 天津市培育"高精尖缺"人才的主要做法及成效

(一)优化"高精尖缺"人才成长的要素供给

完善升级引人用人政策,坚持"引得来"与"留得住"两手抓,进一步集聚和留住更多"高精尖缺"优秀人才。借力重点企业、重点院校、国家级研究所,深挖天津"存量"高层次人才"朋友圈""校友圈""商友圈",向全球"高精尖缺"英才频频抛出绣球。创新推出"引才大使"制度,通过人才带动人才、人才引进人才、人才激励人才,形成人才集聚的"磁场效应"。在 2018 年发布的《天津市引进人才"绿卡"管理办法》的基础上,2023 年出台了《天津市"海河英才"卡管理办法》,将引进人才"绿卡"升级为"海河英才"卡,全面拓展配套服务功能,在支持对象、优惠政策、办理程序等方面进行全面的升级完善,以更加便捷化、人性化的服务供给和政策供给,加快营造"天下人才天津用"的发展生态。

持续优化人才成长环境,打造"高精尖缺"人才创新创业的热土。推行"项目＋团队"服务模式,支持人才团队携带项目"带土移植",为人才团队提供一对一的个性化服务。以市场化为导向,加快培育一批猎头、管理咨询、服务外包领域人力资源龙头企业,为用人单位和人才提供"高精尖缺"人才寻访、推荐、引进、培训等定制化服务。深化科研创新的体制机制,为"高精尖缺"人才持续创新提供制度保障。发布《天津市深化科技奖励制度改革方案》,赋予科研单位和科研人员更大自主权。改革科技项目形成机制,进一步推动建立主要由市场决定的科技项目遴选机制。针对经济社会和产业发展需求的关键共性技术难题,有力有序推进创新攻关的"揭榜挂帅"机制,由企业提出攻关技术需求,张榜公布面向社会征集研发团队或解决方案。2022 年 3 月,天津发布《天津市人民政府办公厅关于完善科技成果评价机制的实施意见》,推动科技成果顺利转化,为天津高质量发展注入自主创新动力。完善科研诚信体系,弘扬"海河工匠"精神,进一步营造优良创新氛围。2023 年 12 月,天津市人社局发布了《天津市高层次和急需紧缺人才开发目录（2023）》,确定 201 个与该市 12 条重点产业链关联度强、市场需求量大的岗位,并进行集中发布。①

（二）高标准启动天开高教科创园建设

2023 年 5 月 18 日,为打造科技创新策源地、培育经济发展新动能,天开高教科创园正式开园。天开高教科创园是京津冀协同创新的重要平台载体,在立足京津冀协同发展的基础上,推进"高精尖缺"人才在京津冀的优化配置和多向流动。天开高教科创园通过大力推进北京科技创新优势和天津先进制造研发优势的结合,深化与在京高校、科研院所"高精尖缺"人才的交流合作,加强关键核心技术联合攻关,以京津冀人才链服务于产业链与创新链的深度融合。天开高教科创园无论是"一体"还是"两翼",都聚集了天津最优秀的人才资源。以"一体"为例,以天津大学、南开大学为龙头,同时周边聚集了国家海洋局天津海水淡化与综合利用研究所、中国医学科学院生物医学工程研究所等一批国家级科研院所,聚集了 9 个国家级工程中心、6 个国家级重点实验室、46 个天津市工程技术中心、56 个天津市重点实验室,科研主体和人才、技术密

---

① 《天津发布高层次和急需紧缺人才开发目录》,《科技日报》2023 年 12 月 11 日。

集,科研成果丰富,创新底蕴和氛围都很丰厚。这在持续推动天开高教科创园产教融合、科教融汇的同时,也将推动天开高教科创园进一步成为"高精尖缺"人才聚集区,成为天津打造自主创新重要源头和原始创新主要策源地的关键支撑和主要平台。

(三)强化校企合作、产教融合激发人才创新活力

为给天津制造业高质量发展培育更多技术技能型人才,天津市通过建立区域产教联合体、产业链的产教融合共同体,完善人才供需对接机制,推动各类主体深度参与技术技能人才培养。以区域产教联合体建设为例,先行推进天津经济技术开发区、天津港保税区、天津滨海高新技术产业开发区、天津东疆综合保税区四个重点产业区域,与政府相关部门、骨干企业、职业学校、普通高校、科研机构合作,打造 4 个兼具人才培养、创新创业、产业升级等功能的产教联合体。产教联合体鼓励校企联合共建重点实验室、技术创新中心、工程研究中心、产业创新中心等科教创新平台;鼓励建立校企人才培养双向牵引机制,开展"订单式"培养,加强产业技能人才培养平台建设,这些举措推动了产业与人才的深度融合。

为推动重点产业区域和重点产业链与技术技能型人才培养的深度融合,优化技术技能人才评价与激励机制,以制度保障技术技能型人才的培养和发展,2023 年 8 月,天津市委人才工作领导小组下发《天津市关于加强新时代高技能人才队伍建设的实施意见》,为发展天津高技能人才队伍提供了指导和遵循。明确职业学校毕业生在落户、就业、职务职级晋升等方面,与普通学校毕业生同等对待。在产教联合体和产业链共同体中,对"高精尖缺"技能人才率先实行协议工资、年薪制、股权期权激励、技术创新成果入股等激励办法。支持高技能人才就业创业,提供场地支持、租金减免、创业补贴、创业担保贷款等政策扶持。

(四)做强升级产业链聚集和培育"高精尖缺"人才

做强升级产业链加强战略科技力量建设,是实现天津市制造业高质量增

长的核心抓手，也是实现产业和人才双赢的关键所在。天津坚持"政府搭台、人才主角、产业发展"的融合发展生态，通过搭建"赛、展、会、盟"引才聚才平台，聚集和培育"高精尖缺"人才。在《天津市制造业高质量发展"十四五"规划》中，天津市规划编制了信创、高端装备、集成电路、车联网、新能源、航空航天、新材料、汽车及新能源汽车、生物医药、中医药、绿色石化、轻纺共12条重点产业链。围绕这12条重点产业链，梳理形成关键技术（产品）攻关清单，扶优做强重点企业，强化人才引育，服务产业链发展。天津市人社局坚持构筑"引育用留"全链条人才发展生态，通过统筹谋划、政策推动，围绕提升产业链开展产学研协同攻关，实现产业、企业、人才的共赢，提升天津产业链现代化，聚集培育创新型、技能型和应用型人才，而高质量的人力资源储备也会进一步推动天津产业链提质升级。通过完善博士后制度、创新揭榜领题机制、实施"海河工匠"建设工程、承办第二届全国技能大赛，厚植人才成长沃土；通过推进职称制度改革，构建"一链一策"职称专业体系，激发人才创新创造活力。2020年7月，滨海新区成立首个产业（人才）联盟——信创联盟，而后相继成立海洋装备、精细化工和新材料、生物医药、租赁等18个产业（人才）联盟，累计引进高层次人才5000余人。

三 天津市"高精尖缺"人才培育的主要问题

（一）人才的吸引力不强，队伍建设后劲不足

随着我国经济发展进入高质量发展阶段，各省市对于人才的需求旺盛，人才竞争激烈，特别是对于"高精尖缺"人才竞争尤为激烈。加快实施制造业立市和人才强市战略，关键靠人才特别是靠高层次的"高精尖缺"人才。相比上海、北京、苏州、深圳等发达地区，天津对于"高精尖缺"人才的吸引力较弱，人才队伍建设后劲有待加强。尤其在资金投入力度方面与发达省市之间存在一定差距，引进和留住"高精尖缺"人才的比较优势不强，特别是对高端人才缺乏吸引力。由于天津市"高精尖缺"人才总体数量小，人才队伍梯队建设不强，中

高层次人才中坚力量薄弱，"高精尖缺"人才队伍建设后劲不足，这正日益成为制约天津市高质量发展的突出问题。

（二）引进模式与渠道单一，人才信息缺少整合

当前天津市"高精尖缺"人才引进与培育缺乏优秀的政校企对接合作平台，人才引进模式与渠道缺乏多样性，人才信息整合不足，尤其是柔性引才数量不多。近年来，天津市对于人才引进主要采用举办世界智能大会等"以会引才"方式，通过"海河英才"行动计划引进。一些部门和单位组织虽然开展了"津洽会"人才智力引进、"双一流"校园招聘、创新创业大赛等引才活动，但企业、科研院所、高校、人才中介参与度不够，引才效果总体不佳。由于"高精尖缺"人才引进主要依靠天津市科技局、市人社局等政府部门组织，企事业单位缺少参与，导致用人单位（市场主体）无法掌握高端人才的基础信息，缺少市场上人才供需信息的反馈机制，难以做到科学的人才需求预测。① 特别是人才招聘信息发布、招聘渠道开拓、人员甄选等环节，人才信息缺少有效整合，发布的人才需求目录难以反映地区行业细分需求，用人单位对"高精尖缺"人才缺乏必要的自主权，致使用人单位在"高精尖缺"人才引进方面存在惰性、积极性不高。

（三）评价机制不尽合理，配套政策仍难落实

"高精尖缺"人才评价机制，主要解决其"用得好""留得住"的问题。天津现行的"高精尖缺"人才评价机制，在前期未能高效匹配用人单位实际需求，后期考核不能体现人才的实际价值，工作与生活"软环境"相关配套政策仍难以落实。天津市虽出台了各类高端人才引进计划和相应的薪酬标准，但尚未建立统一科学的人才评价机制，科研评价手段单一，不能照顾到人才的多样性、特殊性，尤其是对教育、医疗、文化和社会组织等民生领域的人才引进相对不利。科研人才评价制度也不尽完善，科研评价不能合理有效整合涵盖人才的

---

① 曹晓丽、王肖肖、杜洋：《关于天津引进外国高端人才的对策研究》，《天津城市》2022 年第 8 期。

专业性、创新性,缺乏长期有效的科研成果转化机制,更没有设置人才履责绩效、创新成果、实际贡献、科学精神、职业道德、从业操守等评价指标,使科技创新人才在高校、科研机构、科技企业之间无法形成以科技创新活动为核心的流动机制,人才链与创新链、产业链、资金链不能有效融合。一些针对"高精尖缺"人才政策,由于涉及不同部门,不能及时有效解决其在居留和出入境、落户、子女入学、配偶就业、医疗保险等方面的问题,也影响了人才的引留。

(四)人才认定标准存在局限,激励政策仍有较大不足

目前天津市"高精尖缺"人才认定条件标准还存在局限,专业覆盖面不够宽,缺乏针对性和多元化的评价标准,人才综合评价体系还有待完善。一般来说,高精尖缺人才主要包括:国内外顶尖人才、国家级领军人才、地方级领军人才、高端创新人才和优秀骨干人才五大类。天津只有高层次人才认定标准和将引进人才"绿卡"升级"海河英才"卡,而没有详细、科学的"高精尖缺"人才认定标准,缺乏建立柔性引进"高精尖缺"人才审批备案制度,对于外籍"高精尖缺"人才地方认定标准仍然在探索中。另外,天津市也没有建立"应用型"人才和"学术型"人才的"双轨制"分类认定体系,缺乏聚焦战略重点来制定战略性产业集群关键核心技术引才目录,也不能充分体现天津的产业转型升级需求导向和问题导向的"高精尖缺"人才政策。此外,在人才激励政策方面,天津市还缺乏完善的科技奖励、科技成果评价和股权激励等机制,"高精尖缺"人才与产业融合集聚不够,人才、项目、政策、资金等要素难以整合,资源共享不畅。

四 对策建议

(一)明确引人用人导向,优化人才培育机制

创新"党管人才"方式方法,深化人才体制机制改革,从人才引育、政策扶持等多个方面不断健全"高精尖缺"人才发展保障机制,打造高质量人才发展

"最优环境"。瞄准"高精尖缺"领域,通过政企校合作、产学研融合,统筹规划实现创新资源整合,创新人才培养模式,多方协同培养卓越人才,为天津经济社会高质量发展提供人才智力支撑。

一是着眼"高精尖缺"突出需求导向,聚集重点产业领域,发挥顶层设计功能,加强资源配置,着力引进和培养天津经济社会发展急需的各类高层次人才。要紧紧围绕天津经济社会发展重点行业、重点领域,深挖国内外各类人才资源,靶向施策,积极引进培育具有国际水平的领军人物、拔尖人才,以弥补天津高端人才不足的问题。

二是突出主动引进、为我所用的原则,聚力制造业的高质量发展,加强"高精尖缺"人才与天津市产业转型升级和创新发展精准对接、紧密融合,提升产业链、供应链现代化水平。依据天津市产业优势与特点,根据企业需求制定引进国内外高端人才规划,加快引进集聚掌握关键核心技术、引领未来产业变革的"高精尖缺"人才。特别是重点引进在天津制造业高质量发展行动,加快数字化转型,壮大新兴产业集群上,在信创、生物医药、新能源、高端装备制造等行业急需的高端人才、紧缺人才、青年人才和创新团队,推动产业链与创新链加速融合,持续为经济高质量发展注入新动能、新活力。

三是精准施策进一步释放用人单位自主权,加大松绑减负力度,优化育人机制,不断深化人才服务和保障改革,完善人力资本政策支撑体系。大力支持在津国家级科研机构、国有大型企业和高校三管其下、协同培育高层次人才和急需紧缺专业人才,助力国家重大科研项目和重点工程建设。释放出"授权、赋能、激活"的政策导向,坚持向用人主体放权、积极为人才松绑,完善人才培育制度体系,提高引才引智效率,以创设更加良好的高层次人才引育政策制度环境,力促天津高水平人才高地建设。

(二)拓宽引才模式与引才渠道,完善人才政策支撑体系

坚持围绕中心服务大局,充分发挥政府与市场双重作用,有效拓展"高精尖缺"引才模式与引才渠道,完善高精尖缺人才资本政策支撑体系。要坚持"分类指导、错位竞争、刚柔相济"的工作思路,坚持"走出去"与"请进来"相结

合，积极引导"高精尖缺"人才牢固树立新发展理念。

一是对高端创业人才，要"不求多、重在精"，整合各部门资源力量，着力招引带技术、带项目、带资金的创业人才，做好后续配套服务，培育新的经济增长点。二是对高端创新人才，树立"不求所有、但求所用，不求所在、但求所为"理念，打破国籍、户籍、地域、身份、年龄、学历、人事关系等制约，通过项目引进、合作引进、兼职引进等灵活多样的方式，吸引更多的"候鸟型专家""周末工程师"等高层次人才和紧缺型人才为天津高质量发展做出贡献。① 三是突出招才引智，推进市场主体与人才资源高效对接。要围绕天津主导产业、新兴产业和新动能培育，充分利用柔性引才、节会引才、活动引才、大赛引才、桑梓引才等方式招收人才，着力发现、培养、集聚高层次人才。② 特别是借鉴国外高端人才招聘引进的先进经验与招聘渠道，向全球"高精尖缺"英才频频抛出绣球，在国外著名招聘平台、"猎头"公司发布职位信息，也可以设立专门的外国高端人才网络招聘平台。四是在京津冀协同发展战略下，利用北京"高精尖缺"人才政策的"虹吸—溢出"，将吸引更多的"高精尖缺"人才和资源辐射到天津，或与天津的科技企业加强合作，达到引智目的，从而建立起人才引智的柔性机制。五是促进政府、用人单位以及一些社会团体的合作，广聚天下英才为我所用。要加大与欧美同学会、海外高校校友会、海外华人社团以及海外留学生社团等渠道的合作，深挖"存量"高层次人才"朋友圈""校友圈""商友圈"，鼓励和支持人才服务机构和人才载体，积极参加天津"高精尖缺"人才的引进和服务，并为其社会活动提供便利条件和政策支持，使得引智工作更灵活，从而营造精准引智新格局。

（三）建立健全高层次人才分类评价与激励机制

聚焦人才管理核心环节，树立"天下英才天津用"理念，探索完善高层次人

---

① 张学艳、周小虎：《从精英人才到精准人力资本——我国人才政策的转变路径探究》，《领导科学》2020 年第 4 期。

② 周志霞：《新旧动能转换下高质量发展研究》，企业管理出版社，2021 年，第 182 页。

才分类评价机制,制定更加科学的"高精尖缺"人才认定标准。创新人才培养模式,为吸引更多海内外"高精尖缺"人才提供坚强有力的政策支撑和制度保障。要从"高精尖缺"人才认定入手,推动人才分类评价工作,并给予相应的优惠和支持政策,为人才与产业融合发展积累经验。[①] 要围绕国家战略和天津本地产业急需,对"高精尖缺"人才数据进行收集、归类,建立数据全面、结构合理、功能优化、动态更新的"高精尖缺"人才数据库。同时建立更加科学的"高精尖缺"人才分类评价体系,进一步优化科学、规范、适用的人才评价制度,根据各自特点建立不同的评价标准与评价机制,突出行业认可、实绩水平等,并按照分类机制制定不同层级人才的义务、权利、福利待遇等政策,推动人才引进更加精准高效。

同时,针对不同类型的"高精尖缺"人才特点,建立符合科研人才成长规律、尊重和体现人才价值的多元评价体系,以专业特点、职业属性和岗位要求为基础,以质量、绩效、贡献为核心,来提高考核指标的针对性和可操作性。破"四唯"立新标,以业绩贡献论英雄,完善长周期评价和同行专家评议制度,以创新成果的社会效益和经济效益作为评价的重要标准。充分调动"高精尖缺"人才创新的积极性,提高科研项目研究效率和水平,增加科技成果及技术成果转化。遵循科技发展规律,积极探索建立股权和分红激励等中长期激励实施办法,促进各类人才发展与创新链紧密融合。[②] 积极探索针对"高精尖缺"人才的物质激励、精神激励等多元模式,充分体现正向激励,让各类人才各展所长,破解人才认定标准不科学、不精准的难题。

(四)强化"高精尖缺"人才产学研深度融合协同发展

以国家战略和高新技术产业发展需求为主导,联合高校、科研机构和科研企业,通过交叉合作,建立健全产学研用一体化创新机制。创新人才培养模

---

① 周妮娜:"瞄准高精尖缺领域协同培养卓越人才",https://baijiahao.baidu.com/s? id = 176429214605835994&wfr = spider&for = pc,访问时间:2023 年 11 月 1 日。
② 中国石油高级 HR 任职资格培训班第五组:《加强高精尖缺人才引进的对策与思考》,《石油组织人事》2021 年第 7 期。

式,积极搭建"高精尖缺"领域政产学研深度融合载体平台,重视数字化人才引进,引进和培育"高精尖缺"人才和科技创新领军人才,壮大高技能人才队伍。要依托高校的"大平台、大团队、大项目"引育高端人才,充分发挥高校以及国家和天津市重点实验室、工程中心等高水平研究平台的引才优势,大力加强人才团队建设。开展"高精尖缺"技术研究,推动有利于科研成果转化的新型研发机构建设,进一步加强高校、科研院所与企业的合作力度。[①] 依托更高层次载体平台,聚集天津产业转型升级与智能智造,形成以人才引领产业、以产业带动人才的高水平人才创新高地。对接龙头企业对产业创新人才的紧缺需求,加快推进产业与人才深度融合、精准对接,实现产业链、人才链协同发展。

坚持以产业聚才,大力引进海内外制造业领域"高精尖缺"人才和高水平创新团队,完善人才跨界交叉培养模式,拓展拓宽产学研深度融合"双创"育人方式与路径,实现引进一个人才、带进一个团队、促进一个产业。[②] 聚焦人工智能、物联网、大数据、云计算等数字技术领域,强化产业政策与人才政策叠加效应,更好助力天津社会经济发展和"高精尖缺"行业人才健康发展。坚决打破不利于"高精尖缺"人才产学研融合的桎梏,切实解决科技计划碎片化、科研项目取向不聚焦的问题,破除在数据开放、信息共享层面的本位思想,释放创新潜能和市场活力,更好激发"高精尖缺"人才的积极性、主动性和创造性。

（五）疏通人才培养堵点,强化人才服务保障

创新人才评价机制,放权松绑,着力疏通天津"高精尖缺"人才培育的堵点,重点破解人才政策中结构碎片化、服务分割化、资源不集成的难题,加快集聚和留住更多"高精尖缺"优秀人才。要强化人才服务保障,落实联系服务专家制度,优化引进高层次人才的环境。在制定人才引进政策之前,应扎实做好有关人才环境和人才服务的调查研究。引才过程中,应允人才的各种待遇,包

---

① "天津拿什么引才？这场座谈会,专家学者企业家这样说……",澎湃网,2020 年 11 月 26 日, https://m. thepaper. cn/baijiahao_10157659,访问时间:2023 年 11 月 1 日。

② 栾江:《强化天津制造业高质量发展的人才支撑》,《天津日报》2023 年 6 月 2 日,第 9 版。

括优厚福利待遇、弹性工作时间、优良研发平台保障等,要优先保障落实。同时加强各方面服务保障力度,重点聚集住房、医疗、生活、交通等,以便使其将更多精力投入创新创造活动中。[①] 注重引进培育并举,着力提高培育人才能力,规范人才合理有序流动,完善人事薪酬制度。加大高层次人才引进力度,进一步改进战略科学家和创新型科技人才培养支持方式,开阔胸怀、眼界与思路,打破陋习,扫除羁绊,点上突破,着力解决当前阻碍"高精尖缺"人才脱颖而出的一系列制度障碍。[②]

"高精尖缺"人才引进要与天津本地发展规划相结合,以实际产业需求为导向,克服唯学历、"唯帽子"、唯海归的引才倾向,克服重引进轻培养的不良倾向,研究提出有利于吸引和培育"高精尖缺"人才作用的各种政策。不断优化人才队伍知识结构,使引进人才与产业发展精准对接,让人才充分发挥作用,破除管理体制僵化、人才激励弱化、成果转化乏力的机制障碍。有针对性地解决科研事业单位高级技术岗位紧缺、职业发展机制不完善、岗位聘用矛盾凸显等问题,深化职称制度改革,逐步建立体现人才价值、鼓励创新创造的人才评价机制。加大对天津高校特别是"双一流"大学的支持力度,充分发挥在津国家重点实验室、国家科研机构等国家队吸附效应,全方位谋划做好基础学科人才和复合型人才培养服务保障,培育打造一支扎根天津、具备国际视野的"高精尖缺"人才队伍。

---

① 杨彧、邸晓星、田野:《新时代党的组织建设丛书——新时代党的组织建设》,党建读物出版社,2020年,第230页。

② 《疏通"高精尖缺"人才培养的堵点》,《文汇报》2016年5月10日。

天津市滨海新区家庭服务
发展研究报告

魏慧静　天津社会科学院法学研究所助理研究员

摘　要： 本报告通过对天津市滨海新区家庭服务法人单位和个体经营户发展情况、常住居民家庭使用家政服务员情况和使用需求情况进行比较和分析,总结分析家庭服务发展存在从业人员专业素养低、服务质量有待提高,职业认同感和职业道德较低,经营主体"小、散、弱"现象明显,行业发展标准化不足,社会信用体系不健全等问题,提出加强职业培训、提高从业人员专业技能和综合素质,适应转型升级,提高经营主体发展能力和加大对家政服务行业发展支持力度,促进家政行业提质扩容等对策建议。

关键词： 家庭服务　服务供给　使用需求　行业规范

2017 年国家人力资源社会保障部办公厅印发《关于开展家庭服务业调查的通知》,明确在北京、天津、上海、武汉等 36 个城市开展家庭服务业调查工作,通过对家庭服务业发展有关情况开展调查,获取有代表性的家庭服务业统计数据,为制定和完善家庭服务业相关政策提供支持。作为全国家庭服务业体系建设中心城市,天津市滨海新区被确定为 2020—2022 年度家庭服务业抽样城市。本报告将以 2020—2022 年度滨海新区家庭服务业抽样调查为基础,通过描述分析滨海新区家庭服务经营主体发展和家庭服务供给与使用需求情况,总结分析滨海新区家庭服务发展面临的问题,并提出相应的对策建议。①

一　滨海新区家庭服务发展基本情况

（一）行业类别与主要服务内容

根据 2017 年国民经济行业分类（GB/T4754-2017），家庭服务业在国民经济行业中涉及两个小类，一类是家庭服务（行业代码为 8010），指雇佣家庭雇工的家庭住户和家庭户的自营活动，以及在雇主家庭从事有报酬的家庭雇工的活动，包括钟点工和居住在雇主家里的家政劳动者的活动，主要包括家庭孕产妇新生儿照护、家庭婴幼儿照护、家庭饮食服务、家庭保洁服务、家庭事务管理、居家老人照料、家庭病人陪护和其他家庭服务。一类是其他清洁服务（行业代码为 8219），指专业清洗人员为企业的机器、办公设备的清洗活动，以及为居民的日用品、器具及设备的清洗活动，包括清扫、消毒等服务。本报告中提及的其他清洁服务只包括为居民家庭进行的生活清洗、消毒服务、地毯清洗服务、门窗清洗服务、厨房设备清洗服务、其他生活清洗和消毒服务、害虫防治服务、灭鼠及预防服务，不包括家庭以外（如企业）的其他清洁服务。②

滨海新区从事家庭服务业的法人单位和个体经营户行业类别以家庭服务（8010）为主。2022 年滨海新区法人单位中从事家庭服务（8010）的比重为61.9%，从事其他清洁服务（8219）的占38.1%；个体经营户中从事家庭服务的比重为76.5%，从事其他清洁服务的占23.5%。法人单位和个体经营户提供的家庭服务中以家庭保洁服务为主，比重均达到70%以上，其他服务内容详见表1。

---

① 根据人社部印发的《家庭服务业统计调查制度》关于"统计信息共享"的相关规定，本报告所使用的数据不允许直接呈现调查样本数据，因此，仅以相对数（如百分比、均值等）形式反映天津市滨海新区家庭服务发展情况。

② "2017 年国民经济行业分类（GB/T 4754-2017）"，国家统计局网站，http://www. stats. gov. cn/xxgk/tjbz/gjtjbz/201710/t20171017_1758922. html，访问时间：2023 年 10 月 25 日。

表1　滨海新区家庭服务经营主体主要服务内容　　单位:%

服务内容	法人单位			个体经营户		
	2020 年	2021 年	2022 年	2020 年	2021 年	2022 年
孕产妇新生儿照护	22.8	22.6	23.8	44.4	50.0	19.4
家庭婴幼儿照护	21.1	22.6	14.3	55.6	52.8	15.3
家庭饮食服务	19.3	19.4	14.3	33.3	11.1	10.2
家庭保洁服务	77.2	93.5	71.4	77.8	88.9	71.4
家庭事务管理	14	29	14.3	14.8	5.6	4.1
居家老人照料	26.3	25.8	19.0	48.1	38.9	23.5
家庭病人陪护	19.3	22.6	9.5	37	33.3	16.3
其他家庭服务	57.9	54.8	66.7	33.3	27.8	54.1

(二)经营情况

1.法人单位

从机构种类来看,滨海新区家庭服务业法人单位多数为企业性质,占81.0%,非企业性质的法人单位占19.0%。法人单位中属于员工制家政企业的占38.1%。经营形式以独立门店经营为主,占71.4%,其他经营形式占28.6%。通过互联网开展经营活动日益成为家庭服务法人单位重要的经营形式或方式,以宣传推广为主,客户服务和网络订单比重均有所增加。

2022年法人单位平均从业人员近30人,从业人员规模较2021年增长7.7%;从业人员中家政服务员占59.1%,家政服务员规模显著减小,较2021年降低28.6%;员工制家政服务员占家政服务员的11.8%,且较2021年减少趋势更加显著,减少37.3%。2022年在家庭服务业法人单位进行登记求职的家政服务员,较2021年度降低25.2%;成功介绍工作的家政服务员占所有登记求职人员的14.1%;2022年登记求职及成功介绍工作的家政服务员,较2021年均显著降低。

2022年法人单位资产及经营(活动)资产较2021年降低9.3%,营业收入较2021年减幅为24.7%;其中收取的中介服务费(管理费)占全年营业总收入的5.2%,较2021年增长8.0%;通过互联网开展经营活动所获得的营业收入,占全年营业总收入的8.3%,较2021年增幅高达131.9%。营业成本支出较2021年降低23.1%,其中用于支付的人工成本较2021年降低33.3%。2022年法人单位资产及经营(活动)资产以及营业收入较2021年均有所减少,营业成本及人工成本也有一定的缩减,但收取的家政服务中介服务费/管理费以及通过互联网开展经营活动所得营业收入均有所增长,尤其是通过互联网开展经营活动所得营业收入增长显著。

2.个体经营户

2022年滨海新区家庭服务业个体经营户雇佣总规模较2021年显著增加,增长104.2%,其中雇佣家政服务员占总雇佣人数的76.4%,较2021年增长159.5%。雇佣家政服务员中57.3%为小时工(钟点工),较2021年增长154.4%;具备初级工及以上职业技能水平的,占家政服务员的34.5%。个体经营户2022年介绍了家政服务工作的较2021年增长104.2%。

个体经营户2022年取得营业收入较2021年增长88.0%,营业收入中收取的家政服务中介服务费(管理费)占全年营业总收入的6.91%,较2021年增长38.9%。与经营相关的总支出较2021年增长85.9%。其中支付给家政服务员的劳动报酬占全年与经营相关总支出的80.0%,较2021年增长70.9%。个体经营户支付给家政服务员的劳动报酬是其主要支出。2022年个体经营户雇佣规模、营业收入及收取的家政服务中介服务费(管理费)显著增长,与经营相关的总支出及劳动报酬支出也有一定的增长。

二 滨海新区家政服务员发展情况分析

(一)结构特征及变动情况

近年来滨海新区家政服务员的性别、年龄和受教育程度分布均有所变动。就性别而言,家政服务员以女性为主,2020年女性家政服务员占91.2%,男性仅占8.8%;2021年女性家政服务员占89.1%,男性占10.9%,较2020年增加2.1%;2022年女性家政服务员占86.0%,男性占14.0%,较2021年增加了3.1%。比较发现,家政服务员中女性比重逐渐降低,而男性家政服务员比重呈现连续增加的趋势。

就年龄分布,整体而言,家政服务员比重随着年龄的增加而增大,家政服务员年龄相对老化。但与2021年和2020年相比,2022年家政服务员整体年龄分布有所降低,即高年龄组比重逐渐减少,低年龄组比重逐渐增大,变动较明显的是31—40岁和50岁以上年龄组。如图1,2022年家政服务员50岁以上人员占42.0%,较2021年同年龄组减少16.8%,较2020年减少21.4%。家政服务员年轻化趋势明显。

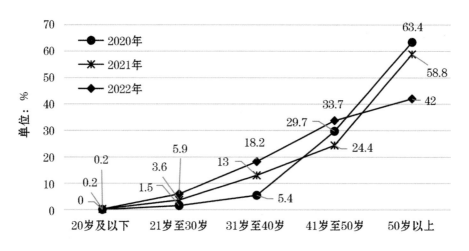

图1　滨海新区家政服务员的年龄结构分布比较

就教育程度而言,家政服务员教育水平较低,以初中及以下教育程度为主,但近年来家政服务员初中及以下学历比重呈现连续降低的趋势,而高中(含中专)、大学专科、大学本科及以上学历家政服务员比重均呈现连续增加的态势。如图2,2022年家政服务员学历为初中及以下的占38.6%,较2021年降低18.8%,较2020年显著降低39.5%;2022年大学专科及以上学历的占25.3%,较2021年增加13.3%,较2020年增加23.8%。整体而言,家政服务员的受教育水平显著提高。

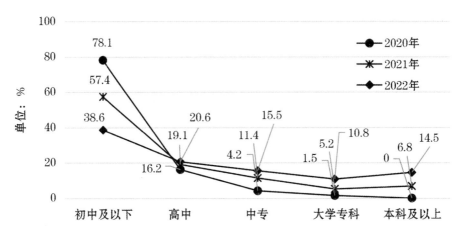

图2 滨海新区家政服务员的学历结构分布比较

(二)就业方式及工作年限

对于家政服务员的就业方式,以常住居民家庭自行招用为主,2022年通过常住居民家庭自行招用的家政服务员占49.6%,由家政服务公司派遣(介绍)的占32.3%,由个体经营户派遣(介绍)的较少,占8.4%;由其他方式被招用的家政服务员占9.8%。其他年份家政服务员的就业方式详见表2。家政服务员的就业方式以常住居民家庭自行招用和家政服务公司派遣(介绍)为主。

表2 滨海新区家政服务员就业方式比较 单位:%

就业方式	2020年	2021年	2022年
家政服务公司派遣(介绍)	30.7	18.2	32.2
由个体经营户派遣(介绍)	6.4	5.2	8.4
常住居民家庭自行招用	49.1	57.9	49.6
由其他方式被招用	13.8	18.7	9.8
总计	100	100	100.0

2020年和2022年家政服务员从事家政服务相关工作年限在5年及以上的比重较大,2021年和2022年从事家政服务相关工作年限在3年及以下的比重超过一半;超过七成的家政服务员在每个雇主家从事家政服务平均工作年限在2年以内;超过五成的家政服务员在当前雇主家从事家政服务工作年限在1年以内,详见表3。

表3 滨海新区家政服务员从事家政服务工作年限情况 单位:%

	从事家政服务工作年限			在每个雇主家从事家政服务平均工作年限			在当前雇主家从事家政服务工作年限		
	2020	2021	2022	2020	2021	2022	2020	2021	2022
1年以内	14.5	26.4	14.5	41.8	41.5	38.8	53.3	54.4	52.3
1—2年	19.7	21.4	21.9	25.8	30.1	33.4	18.9	22.1	22.9
2—3年	15.7	16.2	20.1	16.2	15	13.8	11.8	10	11.5
3—5年	17.4	15	17.4	9.8	7.7	7.4	7.6	6.6	5.4
5年以上	32.7	21	26.0	6.4	5.7	6.6	8.4	6.8	7.9
合计	100	100	100	100	100	100	100	100	100

(三)服务内容及服务方式

家庭服务员所提供的服务内容以家庭保洁服务为主,2022年家庭服务员中提供家庭保洁服务的占54.5%;其次是提供居家老人照料服务,占33.2%;提供家庭饮食服务的占29.7%;提供家庭婴幼儿照护服务和孕产妇新生儿照护服务的分别为17.9%和15.7%;提供家庭病人陪护和家庭事务管理服务的分别为12.5%和11.5%。

2020年家政服务员工作方式以全日制住家为主,而2021年和2022年以小时工(钟点工)为主,详见表4。家政服务员工作方式的变化一定程度上反映了居民家庭服务需求的变化,在经历新冠疫情防控时期后,家政服务员的工作方式也受到不同程度的制约和影响,如提供全日制住家服务的比重显著降低。

表4　滨海新区家政服务员服务方式变动情况　　　　单位：%

	2020 年	2021 年	2022 年
全日制住家	50.1	31.9	36.4
全日制不住家	12.8	13.7	18.9
小时工（钟点工）	37.1	54.4	44.7
合计	100	100	100

（四）培训及专业资质情况

是否接受过家政服务相关培训以及是否获得家政相关的职业资格证书或者职业技能等级证书，不仅是家政服务员职业技能和专业水平的衡量标准，也是用户家庭选择家政服务员的重要依据。2022 年滨海新区家政服务员中参加过家政服务相关培训的占 63.6%，较 2021 年参加培训的比例增加 37.2%，较 2020 年增加 49.1%。获得（拥有）与家政相关的职业资格证书或者职业技能等级证书的占 38.6%，较 2021 年减少 15.8%，较 2020 年减少 14.7%。参加家政服务相关培训的比重显著增加，但拥有与家政相关的职业资格证书或者职业技能等级证书的比重有所降低。进一步了解发现，家政服务员参加家政服务相关培训多是基于入职需要或入职后的基本培训，获取与家政相关的职业资格证书或者职业技能等级证书则需要更高层次水平的培训和学习。家政服务员专业服务水平和职业技能均有待进一步提升。

（五）劳动报酬获得及收入水平

家庭服务员劳动报酬的支付方式以按月支付为主，比重超过 65%；其次是按次支付，不定期支付和其他支付方式也占一定比重，但均低于 10%。家庭服务员劳动报酬的发放方式以雇主家庭直接支付为主，占比超过 85%；由企业直接支付或代发的也占一定比重。

2022 年家政服务员平均月收入在 4501—5500 元的占 22.1%，比重较 2021 年增加 10.9%；月均收入在 5501—8000 元的占 20.4%，较 2021 年增加 15.4%，

增长显著;收入在 8000 元以上的占 12.0%,较 2021 年增加 8.8%。家政服务员月均收入在 1500 元及以下和 1501—2500 元的分别为 3.2% 和 5.9%,较 2021 年显著减少 8.7% 和 16.0%;月均收入在2501—3500 元的占 15.5%,较 2021 年减少 8.9%;3501—4500 元的占 20.9%,较 2021 年减少 1.7%,详见表5。通过比较发现,2022 年家政服务员群体中等和较高等收入的比重均显著提高,月均收入在4501 元以上的已经超过五成(54.5%),较低收入家政服务员比重显著降低。整体而言,家庭服务员平均月收入呈现提高特点。

表5　滨海新区家政服务员平均月收入情况　　　　单位:%

平均月收入	2020 年	2021 年	2022 年
1500 元及以下	4.2	11.9	3.2
1501 元至 2500 元	11.5	21.9	5.9
2501 元至 3500 元	31.4	24.4	15.5
3501 元至 4500 元	28.7	22.6	20.9
4501 元至 5500 元	15.7	11.2	22.1
5501 元至 8000 元	7.4	5.0	20.4
8001 元至 10000 元	1.0	1.4	7.6
10001 元及以上	0	1.8	4.4
合计	100	100	100.0

(六)社会保险及权益保障

就家庭服务员参加社会保险情况,2022 年有 56.8% 的人参加了各种社会保险,较 2021 年增加 9.0 个百分点,参保率显著提高;家庭服务员参保以基本养老保险和医疗保险为主。2022 年家庭服务员中参加基本养老保险的比重为52.6%,其中参加城乡居民基本养老保险的为 32.9%,参加城镇职工基本养老保险的占 19.7%,以家政企业员工的身份或方式参加城镇职工基本养老保险的占 45.0%。参加基本医疗保险的占 49.6%,其中参加职工基本医疗保险的占17.0%,参加城乡居民基本医疗保险的占32.6%。参加其他保险(失业保险、工伤保险和生育保险)的占31.0%,较2021年其他社会保险参保率显著提高。整体而言,家庭服务员参加社会保险情况有所提高。

签订劳动合同或服务协议是家庭服务员劳动权益的重要保障。家政服务员与家政服务公司或个体经营户签订劳动合同的占21.6%,签订服务协议的占15.7%;62.7%的家政服务员既没有签订劳动合同也没有任何服务协议的,且该比重较2020年和2021年均有所提高,劳动合同或服务协议签订率较低。加强家庭服务业用工规范,提高劳动合同签订率,可以充分保障家庭服务员的劳动权益。

三 滨海新区家政服务员使用需求情况

关于常住居民家庭对于家政服务员使用需求,2022年有48.9%的家庭表示今后将使用家政服务员或有使用家政服务员的需求,较2021年减少4.8%,但较2020年显著增加19.8%。潜在需求家庭对于家政服务员的用工形式的选择,整体而言,常住居民家庭对家政服务公司派遣或介绍的信任度逐渐提高,并且倾向于根据自身服务需求和经济条件自行招用家政服务员,而对于个体经营户的派遣和介绍的家政服务员信任度较低。常住居民家庭较多希望家政服务员以小时工的方式开展工作,比重超过65%。对于全日制住家服务方式的需求,近三年呈现连年增加的趋势,但对于全日制不住家的服务方式需求较低。

随着互联网的不断普及以及从行业发展来看,"互联网 + 家政"是大势所在,通过线上平台等实现家政服务供需精准、高效、智能匹配。2020—2022年存在潜在需求的常住居民家庭通过网络查找家政服务员信息和通过网络订单形式招用家政服务员的比重逐年增加,这表明,一方面家政服务行业网络化和信息化程度不断增强,另一方面居民家庭对于家庭服务网络信息的认知度和认可度均有所提高。

四 滨海新区家庭服务发展面临的问题

(一)家庭服务供给方面

1.家庭服务内容全面多样,但高品质服务供给不足

法人单位和个体经营户,在家庭保洁服务、居家老人照料、家庭婴幼儿照护、家庭孕产妇新生儿照护、家庭病人陪护、家庭事务管理、家庭饮食服务等家庭服务提供中均有所涉及,服务内容提供全面,尤其是家庭保洁服务开展的最为广泛。但也存在明显的服务供给不足,服务人员主要集中在家庭保洁等服务上,一些规模较小的企业愈加拥挤在低端服务项目的供给上。随着城市的发展,居民的生活方式发生了较大的改变,已经不再满足于打扫卫生、洗碗做饭等简单服务。随着二胎、三胎新生儿的增加,人口老龄化的日趋加重,对家庭服务行业总的需求量尤其是婴幼儿照护和居家老人照料等服务也将明显增加,且对于婴幼儿、居家老人照料的精细化服务质量要求将显著提高。

2.家庭服务经营主体"小、散、弱",行业发展难以提质扩容

家政服务的行业准入条件不高。目前家政服务业进入门槛低,无论是法人单位经营还是个体经营户从事家庭服务业,对资金、技术、人员素质的要求均较低,法人单位和个体经营负责人的家庭服务相关专业素质、管理经验和技术水平也都较低,一定程度影响了家庭服务行业的高质量发展。家庭服务经营主体呈现典型的"小""散""弱"的特征,"小"表现为经营规模小、雇佣人员少、经营收益少,"散"表现为布局分散、雇佣人员不稳定、聚合力差,"弱"表现为连锁化、品牌化经营程度低,技术化、专业化程度弱,抗风险能力弱。[①] 家庭服务行业发展不均衡不充分,难以提质扩容,有待进一步提升服务品质、做大做强。

---

① 杨军剑:《我国家政服务质量存在的主要问题及对策建议》,《经济研究导刊》2021年第4期。

3.用工规范化程度相对较低,员工制有待持续推进

与家政服务公司或个体经营户签订劳动合同的家政服务员,占所有以家政服务公司或个体经营户派遣(介绍)等方式被常住居民家庭招用的家庭服务员的比重不足两成。提升用工规范化程度,提高劳动合同签订率,不仅是有效解决劳动纠纷的合理依据,也是维护家庭服务员劳动权益的合法保障。

员工制家政企业发展不充分,2022年法人单位中属于员工制家政企业的占38.1%,较2021年降低了20个百分点,员工制家政企业有待进一步发展。员工制家政企业管理模式表现为家政服务员与企业签订劳动合同,企业为家政服务员提供专业和技术培训、派遣(介绍)家政服务工作、规范其工作内容和服务形式,发放劳动报酬、缴纳社会保险以及处理与服务家庭产生的劳动纠纷等。大部分家庭服务企业基本局限于社区范围经营,服务半径小、企业规模小,流动性大,专业化程度低,处于维持经营状况。同时家庭服务由于从业人员工作量大、时间长、社会地位较低,不仅招工难、留人难,而且培养培训力度难以持续,这是家政企业推行员工制管理模式的重要制约因素。

(二)家庭服务需求方面

1.家庭服务人员结构特征明显,服务供给难以满足使用需求

家庭服务从业人员八成以上为女性,教育程度偏低,多为初中及以下学历,且年龄结构虽然趋向年轻化,但仍老化严重。教育水平低,年龄普遍偏大,培训力度不足,甚至在培训和实际操作中对专业或技术培训知识的理解力和领悟力较差,使得从业人员缺乏家庭服务业相关的专业知识和技能,且职业资格证书持证比例不高,家庭服务专业化水平有待进一步提升。女性为主、受教育程度低、年龄老化、专业技能层次低,这是家庭服务人员显著的结构特征。

在实际的供需市场中,一方面,家政服务需求较大。根据《中国家政服务业发展报告(2018)》,以居家养老护理、母婴护理、重度残疾人护理和高度家政服务需求岗位为计算基础,预计2025年的全国家政服务人员需求量近5000

万人。① 另一方面,家政服务从业人员供给严重不足。由于传统观念以及对于家政服务员社会地位的评价等的影响,年轻人从事家政服务工作的意愿较低,简单重复、琐碎无趣的工作内容无法吸引更多的人尤其是年轻人从事家政服务工作。随着居民家庭生活质量的不断提升,居民家庭对家政服务的质量需求不断提高,而受过专业家政服务教育的从业人员严重短缺。因此,家政服务供给规模和服务水平均难以满足居民家庭的生活需求。

2.家庭服务人员职业认同感欠缺,职业道德喜忧参半

通过对家政服务员的访谈发现,家政服务员普遍缺乏职业认同感,家政服务从业人员多数为中老年人,很多年轻人不愿意从事清洁、家政等具体的家务工作,无法从工作的结果和成就中获得足够的动能。家政行业普遍表现为薪酬和提成不高以及工作时间的不固定,家庭服务员收入低、工作没有成就感和挑战性。此外,社会公众对家政服务的偏见依然存在,甚至得不到家人的体谅和理解,家政服务人员的职业认同感和职业幸福感普遍较低。

根据对居民家庭的深入访谈,家政服务员的职业精神和职业道德均有待进一步提升,如在居家老人照料、婴幼儿照护等服务过程中,家政服务人员未能做到专心、耐心、细心和爱心,甚至出现打骂老人、虐待儿童等违反职业精神和社会道德的行为现象,这严重影响了居民家庭对于家政服务员的使用需求和社会评价。

(三)家庭服务行业发展方面

家政服务行业发展标准化建设严重不足,亟须健全家政服务社会信用体系。家政服务行业普遍存在家政人员稳定性低,雇佣关系较为松散,家政服务项目清单不明、价格不清,职业技术评定标准不一致,甚至存在不合规经营、不正当竞争等经营行为,严重阻碍家庭服务行业健康有序发展。因此,从政府层面出台统一的社会信用体系政策标准,规范统一的行业标准、资格证书和家政服务行业培训,建立和打造规范健康、合作共建、信息共享、规模发展、政策支

---

① 莫容:《中国家政服务业发展报告(2018)》,中国社会劳动保障出版社,2018 年。

持、多方共赢的新型家政服务业态,促进家政市场繁荣发展,已成为家庭服务行业和政府监管方面的共识。①

此外,疫情对社会经济发展和人民生活造成了很大影响,给家庭服务行业带来了极大的冲击,家政服务业因以入户服务、住家服务、机构集中服务三种服务模式为主而首当其冲,业务难以开展。② 天津市家政服务员在疫情前跨省劳务输入规模较大,但受疫情影响,家政服务员的跨省流动受阻,招工难、用工贵。很大一部分家政服务企业面临着客户和员工双向流失的发展困境。许多中小型家政服务企业发展因为缺少完备的保险机制,抗风险能力较差,被迫停止营业甚至直接注销。

五　促进家庭服务发展的对策建议

(一)建立多层次职业教育培训体系,提高从业人员综合素质

一是加强职业培训,提高从业人员素质,满足不同层次的家庭服务需求。首先,创新培训内容,优化培训结构,在注重专业技术和能力培训的基础上,加强对家政服务员职业精神和职业道德素养、法律及维权相关知识、卫生健康知识、沟通方法和技巧等方面的培养,全方面提高家政服务人员的素质。其次,坚持岗前和在职培训相结合,完善岗前培训、在岗技能提升培训和高级家庭服务业从业人员培训等多层次培训模式。③ 最后,积极打造家庭服务业从业人员差异化的培训模式和长效化培训机制,坚持企业培训与高校教育、社会机构培训相结合,初、中、高级和技师级不同等级技术培训相结合,进一步提高家庭服务业从业人员的专业化水平和综合素质。

二是加强对家庭服务行业经营主体的教育与培训,提高企业和个体经营

---

① 杨军剑:《我国家政服务质量存在的主要问题及对策建议》,《经济研究导刊》2021 年第 4 期。

② 张贝妹、冯玉珠:《后疫情时代河北省家政服务业发展的路径和对策研究》,《经营与管理》2021 年第 6 期。

③ 李宏、何春晖:《基于政府职能的推进家庭服务业发展研究》,《社会科学论坛》2010 年第 16 期。

户管理者或负责人经营管理水平。

三是优化培训方式，大力推进家庭服务在线培训，为家政服务从业人员提供更多的线上课程，如婴幼儿护理、养老护理、病患陪护等专业性且实用性强的课程设置，以短视频演示为主，让家政从业人员充分利用碎片化时间开展学习。

四是不断提升家庭服务培训力度及实训质量。加大财政投入力度，鼓励行业、企业、院校和社会力量积极参与家庭服务业从业人员培训；强化实训基地建设，为提高教育培训质量、培养高素质实用型人才提供保障。

（二）适应转型升级要求，提高家政企业发展能力

一是推动家政企业由传统中介制向现代员工制企业转型，大力支持和发展员工制家政服务企业，积极推进符合条件员工制家政企业按规定享受社会保险补贴、稳岗返还、职业技能培训等政策。企业应进一步规范用工方式，充分保障家政服务人员劳动权益。创新非住家的"点单式服务""分时段服务"新模式，推进家政服务职业化发展。

二是积极发展"互联网＋家政"业务。近年来，通过互联网开展经营活动日益成为家政企业重要的经营形式或方式，如开展宣传推广、网络订单和客户服务等经营活动，并且通过互联网开展经营活动所得营业收入增长显著，"互联网＋家政"是提高家政服务经营主体收益、促进家政服务行业发展的重要手段和路径。但现阶段家政服务企业或个体经营户对于互联网的利用率低，且利用层次低，仅表现为联系业务、分派订单等简单形式。政府相关部门应鼓励或参与家政企业联合打造集用户、订单、服务人员无缝对接，需求和供给智能匹配，评价、监督、管理于一体的家政服务智能网络平台，促进家政服务业创新发展。

三是提高企业管理水平，完善风险防控机制。企业应提高管理水平，加强管理，规范服务，提高服务质量；建立规章制度，从服务流程、收费标准、工作人员职责等方面要有完备规范的细则规定，同时在服务合同签订、人事聘用、员工培训考核和激励、财务管理以及风险防控等方面建立规章制度，做到有规可

依,有章可循。

四是重视品牌对家政行业的引领作用。企业应积极参与各种服务质量认证、著名商标评选以及家政明星企业评选,促成服务质量的构成要素、形成过程、考核依据、评价标准等过程和结果规范、统一、有据可依,达到消费者认可的家政企业品牌质量。家庭服务行业入行容易,租间门面、安个电话、招几个人就可以开张营业,但由于家庭服务机构员工稳定性差、用工难度大、服务规范难等制约因素,从业机构大多以"游兵散将、东西突击"的模式生存,发展前景堪忧。家庭服务从业机构要摆脱当前困境,建设大型家政龙头企业,开展连锁经营服务是一条重要途径,通过扶大扶强、重点倾斜、孵化小微家政机构,带动小型及个体家政服务店加盟,开展连锁经营。

(三)多措并举,加大对家庭服务行业发展支持力度

一是制定出台扶持家庭服务业发展政策和保障性措施。制定颁布家庭服务业发展的实施细则,鼓励家庭服务机构进行经营模式创新,如对实行"员工制"的企业通过财政或专项资金给予必要的奖励或补贴。建立和完善针对家庭服务业的税费减免和税收优惠制度,对家庭服务业利润低的服务项目减免税收。对在家庭服务业管理部门依法依规注册登记和备案的企业和个体经营户,经核实后,实行规定年限内的税收减免、优惠及免除注册、管理费用、核减水电使用费等制度,以降低家庭服务企业的运营成本。在防疫常态化发展背景下,政府也要时刻关注行业发展的动态,出台备用的应急预警方案,完善行业发展的风险防控机制。

二是建立健全家庭服务业的市场准入和家庭服务行业标准,健全社会信用体系及标准。相关部门要充分加强对家庭服务业的指导和管理职能,与家庭服务行业协会合作,制定统一的行业标准以及家庭服务业管理办法,指导制定家政服务人员服务能力评定标准,发布家政服务技能等级薪酬指导意见。通过家政服务标准及制度修订、宣传贯彻,规范从业人员标准化操作和实施标准化监督,实现家庭服务业发展转型升级。同时,建设家政服务综合管理平台,推动家政服务信息化建设。

三是政府应加强分类指导，推进家庭服务业重点领域发展。根据居民家庭实际服务需求和服务机构重点服务内容，聚焦家庭服务业重点领域和薄弱环节，加强分类指导，如在居民和家庭服务方面，开展多渠道、多业态提供专业化的家政服务，注重供给规模，尤其是在服务质量上满足消费者的服务需求；在陪护和健康服务方面，推动发展专业、规范的护理服务；在养老和照护服务方面，鼓励居家养老服务与家政企业融合发展，满足老年家庭基本服务需求。

四是政府相关部门应有意识地加大对家庭服务业和家庭服务从业者形象的正面宣传。加大对家庭服务优质和诚信企业、家庭服务优质品牌等的宣传力度，着力宣传规范经营模式、健康服务方式、劳务关系和谐等家庭服务良好的典型范例，以扩大家庭服务业和家庭服务企业及优质家庭服务品牌的社会影响力。举办家庭服务业职业技能大赛，技术能手、服务明星评选等，表彰激励优秀家政从业人员，激发家庭服务行业人员提升职业技能的热情，同时增强从业人员对工作的认知度、归属感。此外，应积极宣传正确的家庭服务消费观，积极引导消费者树立平等和尊重的思想，正确对待家庭服务业从业人员，尊重他们的人格和劳动。